पति-पत्नी संबंध
सदा तरोताज़ा
बनाए रखने के सूत्र

पति-पत्नी में कड़वाहट, दुराव-छिपाव
व तनाव-टकराहट दूर करने के
व्यावहारिक तौर-तरीके

शीला सलूजा
चुन्नीलाल सलूजा

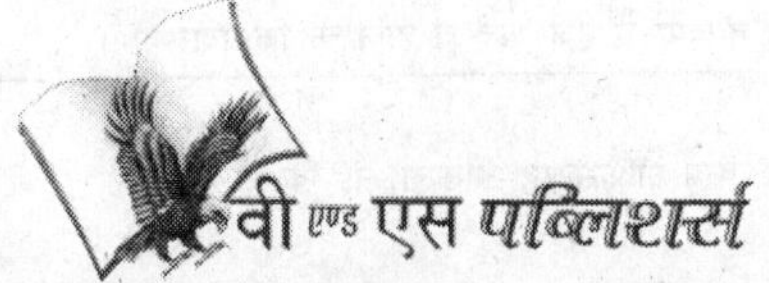

प्रकाशक

वी एण्ड एस पब्लिशर्स

F-2/16, अंसारी रोड, दरियागंज, नई दिल्ली-110002
☎ 23240026, 23240027 • *फैक्स:* 011-23240028
E-mail: info@vspublishers.com • *Website:* www.vspublishers.com

क्षेत्रीय कार्यालय : हैदराबाद
5-1-707/1, ब्रिज भवन (सेन्ट्रल बैंक ऑफ इण्डिया लेन के पास)
बैंक स्ट्रीट, कोटी, हैदराबाद-500 095
☎ 040-24737290
E-mail: vspublishershyd@gmail.com

शाखा : मुम्बई
जयवंत इंडस्ट्रिअल इस्टेट, 2nd फ्लोर - 222,
तारदेव रोड अपोजिट सोबो सेन्ट्रल मॉल, मुम्बई - 400 034
☎ 022-23510736
E-mail: vspublishersmum@gmail.com

फ़ॉलो करें:

हमारी सभी पुस्तकें **www.vspublishers.com** पर उपलब्ध हैं

ISBN 978-93-814486-1-8

संस्करण: 2016

मुद्रक: परम ऑफसेटर्स, ओखला, नई दिल्ली-110020

दाम्पत्य संबंधों में मधुरता बनाए रखने के सूत्र

➤ दाम्पत्य प्रेम मानव जाति का सृजन करता है, मित्रतापूर्ण प्रेम उसे पूर्ण बनाता है।

–फ्रांसिस बेकन

➤ दाम्पत्य जीवन चित्त की शान्ति का एक प्रधान साधन है।

–प्रेमचन्द

➤ भारतीय दाम्पत्य जीवन कोमलता एवं प्रगाढ़ प्रेम से परिपूर्ण जीवन है।

–डॉ. एस. राधाकृष्णन्

➤ जिसे पतिव्रत जैसा साधन मिल गया है, उसे और किसी साधन की क्या आवश्यकता है? इसमें सुख, संतोष और शान्ति सब कुछ है।

–प्रेमचन्द

➤ सुयोग्य पति पत्नी को सम्मान की अधिकारिणी बना देता है।

–मनुस्मृति

➤ पत्नी पुरुष की अर्द्धांगिनी और परम् मित्र है। संसार में जिसका सहायक कोई न हो, उसकी पत्नी जीवन यात्रा में साथ देती है।

–महात्मा गांधी

शीला सलूजा एवं चुन्नीलाल सलूजा
की अन्य श्रेष्ठ पुस्तकें

बच्चों की प्रतिभा कैसे उभारें

शिक्षा, खेल एवं अन्य क्षेत्रों में छिपी क्षमता पहचानकर अपने बच्चे की उन्नति एवं सफलता के लिए उसकी प्रतिभा को उभारनें के ठोस उपाय सुझाने वाली एक ऐसी पुस्तक, जो प्रत्येक मां-बाप और संरक्षक के लिए व्यावहारिक मार्गदर्शिका है।

सुघड़ गृहिणी

जीवन शैली, दाम्पत्य एवं व्यवहार

परिवार की खुशहाली, सुख, समृद्धि, सामाजिक प्रतिष्ठा सभी के सुचारू कार्यक्षेत्र का सम्बल, सबकी उन्नति और सफलता में सहायक गृहिणी की जीवन शैली, दायित्व एवं व्यवहार पर एक सशक्त अध्ययन, जो आज की गृहिणी को पूरी तरह जागरूक बनाने में सक्षम है।

आपका दाम्पत्य जीवन स्नेहिल, सुगंधित और पुष्पित हो, इसके लिए आवश्यक है कि आप अपनों से आत्मीय रूप से जुड़ें। दूसरों को अपनाएं। दाम्पत्य जीवन में उस लड़की का मान-सम्मान करें, जो सब कुछ छोड़कर आपके घर-संसार में आकर मिल गई है। बहू के रूप में आप के घर आई लड़की लक्ष्मी है। आप उसका जितना आदर करेंगे, वह आपके प्रति, आपके परिवार के प्रति उतनी ही अधिक समर्पित होगी। समर्पण का यह भाव ही दाम्पत्य जीवन का आदर्श है।

लेखक की कलम से...

अंदर के पृष्ठों में

स्व-कथन

विद्वानों ने सांसारिक सुखों का वर्गीकरण करते हुए कहा है कि पहला सुख निरोगी काया, दूसरा सुख सुघड़ पत्नी, तीसरा सुख सुयोग्य संतान और चौथा...! सुख आर्थिक सुदृढ़ता की बातें कही गई हैं। हमारी अपनी मान्यता है कि सुखी एवं सफल दाम्पत्य जीवन ही इन सब सुखों का मूल है। यदि व्यापक स्तर पर समीक्षा की जाए, तो स्नेहिल और सौहार्दपूर्ण पारिवारिक वातावरण न केवल व्यक्ति को शारीरिक रूप से स्वस्थ बनाता है, बल्कि उसे मानसिक रूप से भी विचारवान, चिंतनशील और व्यावहारिक सोच वाला बना देता है। कुशल गृहिणी के रूप में सुघड़ पत्नी अर्धांगिनी बन दाम्पत्य जीवन में मधुरता लाने के नित्य नए स्रोत स्थापित करती है। परिवार को समग्र रूप से सजाने-संवारने में पत्नी का यह सहयोग ही दाम्पत्य जीवन का मूल आधार है।

समझदार पति-पत्नी परिवार को कितना सुखी और समृद्ध बना सकते हैं, यह तो सर्वविदित है। आपको अपने सामाजिक और पारिवारिक जीवन में ऐसे अनेक चित्र देखने को मिल सकते हैं। हमने दाम्पत्य जीवन के इन्हीं चित्रों से प्रभावित और प्रेरित होकर यह पुस्तक लिखी है। दरअसल 'दाम्पत्य संबंधों में मधुरता बनाए रखने के सूत्र' एक पुस्तक न होकर पति-पत्नी की सुखद जीवन शैली है। अतः आप भी दाम्पत्य जीवन की इस शैली को अपनाएं।

आपका दाम्पत्य जीवन स्नेहिल, सुगंधित और पुष्पित हो, इसके लिए आवश्यक है कि आप अपनों से आत्मीय रूप से जुड़ें। दूसरों को अपनाएं। दाम्पत्य जीवन में उस लड़की का मान-सम्मान करें, जो सब कुछ छोड़कर आपके घर-संसार में आकर मिल गई है। बहू के रूप में आप के घर आई लड़की लक्ष्मी है। आप उसका जितना आदर करेंगे, वह आपके प्रति, आपके परिवार के प्रति उतनी ही अधिक समर्पित होगी। समर्पण का यह भाव ही दाम्पत्य जीवन का आदर्श है। मेरी मान्यता है कि जिन लड़कियों को नए परिवार में इस प्रकार का स्नेहिल व्यवहार मिलता है, वे अपने दाम्पत्य जीवन से भी अधिक सन्तुष्ट होती हैं। जो अभिभावक अपनी बेटियों को ससुराल पक्ष से जुड़ने के लिए प्रेरित तथा प्रोत्साहित करते हैं, वे लड़कियां और उनका दाम्पत्य जीवन अधिक सुखी रहता है।

वर्तमान समाज व्यवस्था में दाम्पत्य जीवन शैली में बदलाव आया है। आज परम्परागत मान्यताओं के स्थान पर अधुनातन एवं प्रगतिशील सोच ने अनेक जटिलताओं और जड़ताओं को तोड़कर अधिक खुलापन तथा पारस्परिक समझ को व्यापक अर्थों में समाहित किया है।

इसलिए इसमें व्यावहारिक पक्षों को अधिक महत्व दिया गया है, ताकि सभी वर्गों के दम्पतियों के लिए यह उपयोगी और सार्थक बन सके।

आपके सुखी और समृद्धशाली जीवन के लिए हमारी हार्दिक शुभकामनाएं।

संजीव सदन **–शीला सलूजा**
फिज़िकल कॉलेज रोड, शिवपुरी (म.प्र.) **–चुन्नीलाल सलूजा**

अध्याय 1

दाम्पत्य जीवन और समाज

अच्छे बीज से अच्छा पौधा और अच्छे पौधे से अच्छे फलों की उत्पत्ति होती है। यही प्राकृतिक सत्य है। स्नेहिल, पारिवारिक और सामाजिक वातावरण में पति-पत्नी के संबंधों में जो प्रगाढ़ता आती है, वही दाम्पत्य जीवन की सरसता है। सरसता के इस स्रोत की अपनी एक सामाजिक पृष्ठभूमि है।

भारतीय संस्कृति के अनुसार विवाह एक धार्मिक संस्कार है। इस संस्कार को जहां आधुनिक समाजशास्त्री एक समझौते अथवा इकरार की संज्ञा देते हैं, वहीं कुछ इसे एक आवश्यक सामाजिक कर्म मानकर इसे सामाजिक मान्यता और प्रतिष्ठा देते हैं। हिंदू धर्म ग्रंथों में विवाह संस्था को धार्मिक प्रतिष्ठा देने के लिए प्राचीन काल से ही इस विचार को मान्यता दी गई है। पत्नी-विहीन पुरुष को यज्ञ जैसे धार्मिक अनुष्ठ।न को करने का अधिकार नहीं होता। सैकड़ों वर्षों से इस विचार को आदि आदर्श के रूप में केवल इसलिए अपनाया गया, ताकि समाज में विवाह को समाज व्यवस्था का अंग माना जाए। धार्मिक क्रिया-कलापों में पत्नी के अनिवार्य साहचर्य को आज भी सामाजिक जीवन में प्रतिष्ठित कर दाम्पत्य जीवन को सामाजिक स्वीकृति प्रदान की गई है। एक ओर जहां विवाह को दाम्पत्य जीवन का द्वार कह कर उसकी सार्थकता को मान्यता दी गई है, वहीं इसे सामाजिक व्यवस्था का आधार मानकर इसे श्रेष्ठ जीवन-यापन की प्रमुख आवश्यकता माना गया है।

विवाह संस्था को उसकी पवित्र भावना और उदात्त संबंधों के कारण धर्म शास्त्रों से जोड़कर उसे नैतिक आदर्शों से जोड़ा गया है। ऐसा कर इसे सामाजिक व्यवस्था के अनिवार्य और आदर्श रूप में मान्यता दी गई है। पति-पत्नी का संबंध एक धार्मिक बंधन है। इस बंधन का उद्देश्य कहीं भी काम-वासना की तृप्ति नहीं, बल्कि यह एक सामाजिक प्रतिष्ठा का अवसर होता है। इस अवसर पर लड़का सामाजिक रूप से लड़की के पाणि (हाथ) को स्वीकार करते हुए घोषणा करता है, ''मैं सौभाग्य के लिए तुम्हारा पाणि ग्रहण करता हूं, मैं शरीर में प्राण रहते हुए तुम्हारे गृहपति होने के दायित्वों का निर्वाह कर, धर्म के माध्यम से अपने पत्नी व्रत का पालन करूंगा···।''

स्त्री-पुरुष के इस संबंध को संसार के सभी धर्मों में किसी-न-किसी रूप में धार्मिक क्रिया से जोड़कर उसे सामाजिक प्रतिष्ठा प्रदान की गई है और व्यवस्था का अंग माना है। भारतीय संस्कृति में जिस 'अग्निहोत्र' की व्यवस्था की गई है, इस क्रिया में भी पति-पत्नी को संयुक्त रूप से प्रातः, सायं अग्निहोत्र कर कुल देवताओं को हवनाहुति देने के प्रावधान किए गए थे। पति-पत्नी के इस प्रकार सहकार्य ही दाम्पत्य संबंधों को प्रतिष्ठित करने में आज भी सहायक हुए हैं। आज भी देश के अनेक राज्यों में ऐसे परिवार हैं, जो 'अग्निहोत्र' क्रिया में विश्वास रखते हैं और इन विश्वासों के कारण ही उनके दाम्पत्य जीवन में हमेशा खुशहाली बनी रहती है।

दाम्पत्य संबंधों के परिप्रेक्ष्य में पत्नी के प्रति पति की भावनाओं को बहुत प्राचीन काल से ही सामाजिक प्रतिष्ठा मिली हुई है। धर्मग्रंथों के अनुसार पत्नी को

स्वीकार कर किसी पति ने अवश्य ही यह कहा होगा—"हे प्रिये! हम दोनों की आंखों का मधु कभी समाप्त न हो, तुम मेरे मन को अपने हृदय में स्थापित कर मेरा संबल बनो, मेरी प्रेरणा बन मेरा मार्ग प्रशस्त करो, ताकि मैं जीवन-भर तुम्हारे कंधे का सहारा पा सकूं। अपने आपको दृढ़ कर सकूं।"

दाम्पत्य संबंधों की ऐसी सामाजिक भावनाएं और कल्पनाएं ऐतिहासिक सत्य के रूप में हमें अपने प्राचीन ग्रंथों में स्थान-स्थान पर मिलती हैं। स्त्री-पुरुष (पति-पत्नी) के संबंधों की महत्ता को प्रमाणित करने वाले अनेक उदाहरण हमारे धर्मग्रंथों में वर्णित हैं। इन उदाहरणों में पत्नी को पुरुष की अर्धांगिनी के रूप में मान्यता दी गई है। पति-पत्नी को एक-दूसरे का पूरक बताया गया है। एक-दूसरे के बिना दोनों अपूर्ण बताए गए हैं।

प्रजनन संबंधी आधुनिक विचार और सिद्धांतों को भी पूरा-पूरा सामाजिक समर्थन पति-पत्नी के सामान्य जीवन के आधार पर ही मिला है। जीवन तत्त्व का अंश वास्तव में संतति के शरीर के प्रारंभ से ही होता है, जिसे केवल दाम्पत्य जीवन से ही मान्यता मिलती है।

समाज में स्त्रियों का स्थान

धार्मिक ग्रंथों में स्त्रियों को आदि शक्ति के रूपों में देखा गया है। आधुनिकता के नए परिवेश में भी केवल 'पारिवारिक' स्त्रियों को ही वह रूप और मान्यता मिली है। नारी का प्रेरक स्वरूप भी इसी परिवेश की देन है। इसी नारी को ही ईश्वर की सर्वोत्तम कृति के रूप में सराहा गया है। स्त्री को जहां मां के रूप में पूज्य माना गया है, वहीं उसका पत्नी और प्रेयसी रूप भी समाज में प्रतिष्ठा का विषय रहा है। आशय यह है कि स्त्री के सभी रूप समाज में आदरणीय रहे हैं। वह हमेशा से सुख और शांति का भंडार रही है। सामाजिक और सांस्कृतिक विकास का कोई भी पक्ष स्त्रियों की भूमिका से अछूता नहीं रहा है।

समाज में नारी के स्थान को निरूपित करने के लिए समय-समय पर साहित्यकारों, रचनाकारों, विचारकों, शिल्पियों ने उसे प्रतिष्ठा दिलाई है। धर्मशास्त्रों में स्त्रियों के बारे में कहा गया है कि स्त्री पुरुष का संबल है। उसे स्त्री का अभाव तब खटकता है, जब वह शक्तिहीन होता है। स्त्रियां पुरुषों को पापों से विमुख करती हैं। एकांत में वह कामिनी को प्रसन्न करने के लिए प्रयासरत रहता है। स्त्रियां भी पुरुषों की इस कृतज्ञता के लिए उसकी इन बातों को गोपनीय रखती हैं। जहां तक मानवीय कमजोरियों का संबंध है, वे स्त्री-पुरुष में समान रूप से होती हैं। इसलिए इन

कमजोरियों के आधार पर किसी को उच्च अथवा निम्न समझना, एक-दूसरे पर अपनी उच्चता स्थापित करने के प्रयास करना, निंदा द्वारा उच्च बनना, अधिकार जताकर उच्चता प्रकट करना, आतंक अथवा प्रताड़ना द्वारा उच्चता प्रदर्शित करना न केवल बेमानी है, बल्कि सच्चाइयों को नकारने जैसी दुराग्राही सोच भी है, जो दाम्पत्य संबंधों के परिप्रेक्ष्य में एक पक्षीय सोच है।

वैवाहिक संस्कार दाम्पत्य संबंधों को एक विशिष्ट मोड़ देते हैं। इसलिए आचारनिष्ठ स्त्री-पुरुष से ही विवाह के आदर्शों पर चलने की अपेक्षाएं सामाजिक जीवन में हमेशा से की जाती रही हैं। इसी अपेक्षा के परिप्रेक्ष्य में कहा जाता है कि सभी प्राणियों के आहार, निन्द्रा और मैथुन की प्रवृत्ति समानरूप से पाई जाती है। मनुष्य में भी पशुत्व के ये गुण हैं, लेकिन मनुष्य में ईश्वर ने अपनी कमजोरियां-दुर्बलताओं को जीतने की अद्‌भुत शक्ति प्रदान की है। उसे विवेकशील बनाया है। इसी विवेकशीलता के कारण मनुष्य ने अपनी काम-वासनाओं पर विजय प्राप्त की है और इसी शक्ति के कारण ही उसे इस सृष्टि का श्रेष्ठ प्राणी होने का गौरव मिला है। यह एक शाश्वत सत्य है कि काम वासनाओं और दूसरी मूल-प्रवृत्तियों पर विजय पाना अत्यंत कठिन है, संभवतः इसी कमजोरी के परिप्रेक्ष्य में ही सामाजिक जीवन में विवाह को मान्यता और वासनाओं के उद्दामवेग को शामिल करने के प्रावधान किए गए हैं। धर्मशास्त्रों में भी उल्लेख है, कि अच्छे-अच्छे ऋषि-मुनि, तपस्वी भी इनके प्रहारों से नहीं बच सके और इनकी कठोर तपस्या भी 'मेनका' की रूप राशि के सामने भंग हो गई। विवाह की सामाजिक व्यवस्था में यद्यपि कहीं भी इसका उद्देश्य काम-तृप्ति नहीं माना, किंतु इस सत्य को भी कहीं नहीं झुठलाया गया कि यह भी एक सामाजिक आवश्यकता है।

एक दूसरी व्यवस्था के परिप्रेक्ष्य में इस बात को भी स्पष्ट कर दिया गया है कि ब्रह्मचर्य के बाद मनुष्य को अपने पितृ-ऋण के भार मुक्त होने के लिए विवाह करना आवश्यक है। इस लक्ष्य की प्राप्ति के लिए मंगलकारी जीवन व्यतीत करने के लिए विवाह कर, संतान उत्पन्न कर, पितृ ऋण से मुक्त होना चाहिए। सामाजिक व्यवस्था के इस पक्ष को भी समय-समय पर मर्यादाओं में केवल इसलिए बांधा गया है ताकि समाज में व्यभिचार, अनाचार न बढ़े। यहां तक कि पति को छोड़कर पर पुरुष से संबंध रखने वाली स्त्री अथवा पत्नी को छोड़कर पर स्त्री से संबंध रखने वाले पुरुष के इन कार्यों को 'पाप' की संज्ञा दी गई। सामाजिक रूप से कुछ वर्जित व्यवहारों तथा संबंधों की व्यवस्था की गई, ताकि सामाजिक और पारिवारिक जीवन की पवित्रता बनी रहे। पति-पत्नी के संबंधों को

सामाजिक नियमबद्ध करने से ही विवाह संस्था को पवित्रता मिली, यहां तक कि उसे अनेक मंत्रों से मंडित किया गया। उसे सांस्कृतिक और धार्मिक प्रतिष्ठा देकर नैतिक आदर्शों के रूप में ढाला गया। पत्नी को पतिव्रत और पति को पत्नीव्रत पालन करने की शिक्षाएं दी गई। दोनों मन में परस्पर विश्वास और निष्ठा के भाव पैदा कर एक-दूसरे को जन्म-जन्म तक साथ निभाने की बातें लोक जीवन में प्रचारित-प्रसारित की गई। सामाजिक जीवन में गौरी पूजा, करवा-चौथ जैसे व्रत, अनुष्ठान की व्यवस्था कर दाम्पत्य जीवन को एक आदर्श बनाया गया।

विवाह के कुछ सामाजिक नियम बनाए गए। आदर्श और यथार्थ के बीच कुछ समझौते कर, विवाह की कुछ उत्तम प्रणालियों को सामाजिक मान्यता दी गई। कुछ अनुचित व्यवहारों-माध्यमों को त्यागा गया। धार्मिक और सांस्कृतिक दृष्टि से विवाह के चाहे जितने भी प्रकार और नाम वर्णित किए जाते हों, प्रावधान और व्यवस्थाएं चाहे जितनी भी भिन्न हों, सबका अंतिम उद्देश्य पति-पत्नी का धर्माचार है। स्त्री-पुरुष में भावनात्मक जुड़ाव है। मन मिलने-मिलाने का व्यवहार है।

प्रगतिशीलता के इस नए दौर में, जहां लड़के-लड़कियां एक-दूसरे से, बाहरी रूप, आडम्बर पर मुग्ध होकर, विपरीत सेक्स के प्रति आकर्षित होकर एक-दूसरे को प्यार करने लगते हैं, एक-दूसरे के प्रति आसक्त होकर लव अफेयर्स स्थापित कर अपना वर्तमान और भविष्य दांव पर लगा देते हैं, ग्लैमर भरी सोच को जिंदगी समझकर गुमराही के अंधेरों में खो जाते हैं। प्रेम-विवाह कर अपनी काम वासनाओं को शमित करते हैं, ऐसे विवाह और संबंध दाम्पत्य संबंधों और मर्यादाओं की उपेक्षा तो करते ही हैं, साथ ही ऐसे दाम्पत्य संबंधों में सरसता के सारे स्रोत भी शीघ्र ही सूखने लगते हैं और अंत में स्थिति तनाव-बिखराव की बनने लगती है। वास्तव में, इस प्रकार से विवाह माता-पिता की सहमति से होने के कारण 'दाम्पत्य संबंधों' की गंभीरताओं को अनदेखा करते हैं। अभिभावक भी या तो केवल बच्चों की इच्छाओं के लिए अथवा कभी-कभी बच्चों की विवशताओं के सामने समर्पित होकर इस प्रकार के विवाहों को अपनी सहमति प्रदान कर देते हैं। ऐसे विवाहों में 'प्रेम अंधा होता है' या फिर 'प्यार किया तो डरना क्या?' जैसी अंधी उत्तेजना में आकर 'चट मंगनी पट विवाह' कर दिए जाते हैं। ऐसे विवाहों में ही कभी-कभी 'मियां-बीबी राजी तो क्या करेगा काजी' कह कर विवाह कर दिए जाते हैं अथवा कर लिए जाते हैं। वास्तव में ऐसे विवाह दाम्पत्य संबंधों की मधुरता पर हमेशा प्रश्न चिह्न लगाते हैं।

वर्तमान सामाजिक परिवेश में ऐसे विवाहों को जहां सामाजिक समर्थन मिलने लगा है, वहीं ऐसे विवाहों की परिणति भी शीघ्र ही सामने आने लगी है। विवाह विच्छेद

(तलाक) की बढ़ती घटनाएं केवल इसलिए बढ़ रही हैं, क्योंकि विवाह से जिन सामाजिक उद्देश्यों की पूर्ति होनी चाहिए वे उद्देश्य आधुनिकता की चमक-दमक में गौण से हो जाते हैं। दाम्पत्य संबंधों की मधुरता के स्रोत जो जीवन भर पति-पत्नी की प्यास बुझाते रहते हैं, वे शीघ्र ही सूखने लगते हैं। कुछ परिवारों में लड़के-लड़कियों के जीवन में मधुमास आने से पहले ही पतझड़ आ जाता है और वे विवाह के तुरंत बाद ही नदी के दो किनारे बनकर रह जाते हैं। जिनके बीच में ब्याह की कल-कल बहती धारा के स्थान पर होती है घृणा और पछतावे की सूखी धूल।

इसके अपवाद हो सकते हैं। लेकिन यहां आशय केवल इतना ही है कि विवाह संस्कार को आधुनिक जीवन में गंभीरता से न लेना, इसे गुड्डे-गुड़ियों का खेल समझना है, जो किसी भी दृष्टि में सामाजिक आदर्शों के और अपेक्षाओं के अनुकूल नहीं है। पाश्चात्य संस्कृति अथवा विचारों का अंधानुकरण कर भारतीय दाम्पत्य जीवन में सरसता नहीं लाई जा सकती। द्राम्पत्य संबंध ही नहीं बल्कि वैयक्तिक स्वतंत्रता के ऐसे अनेक सामाजिक पक्ष हैं, जो हमारी सामाजिक व्यवस्था में अनुशासन के अंग हैं। सामाजिक व्यवस्था की देन हैं, इन्हें किसी भी प्रकार से परिवार और समाज से अलग नहीं किया जा सकता। यहां इसका यह अर्थ भी नहीं कि विवाह जैसे नितांत व्यक्तिगत मामले में युवा-युवतियां पूरी तरह आंखें बंद कर लें, यहां आशय केवल इतना ही है कि विवाह संपूर्ण भावी जीवन की धुरी है। आदर्श सामाजिक और पारिवारिक व्यवस्था का आधार है, इस संबंध में किसी भी प्रकार की उदासीनता उचित नहीं।

आधुनिक प्रगतिशील जीवन में विवाह की सार्थकता, दाम्पत्य संबंधों से जुड़ी हुई है। इसलिए वर माला नहीं गिरनी चाहिए, जहां दाम्पत्य जीवन की संपूर्ण अपेक्षाएं पूरी होती हों।

इस संबंध में अपनी सोच को व्यापक बनाने के लिए निम्न बातों को सदैव ध्यान में रखें–

- सामाजिक जीवन में अपनी जाति, धर्म, रीति-रिवाजों और व्यवहारों पर गर्व करें। कभी भी अपनी जाति, धर्म पर मन में हीन भावनाएं, विचार न लाएं।
- अपने धार्मिक और सांस्कृतिक होने का परिचय दें।
- अपने वस्त्र, खान-पान, त्योहार, व्रत आदि को सामाजिक प्रतिष्ठा दें।
- प्रभात, संध्या जैसे धार्मिक संस्कारों को क्रिया रूप में अपनाएं और उनका अनुसरण करें।

- सामाजिक संस्कारों, व्यवहारों का सम्मान करें और घर में उनका पालन करें।

लेकिन यह भी ध्यान रखें

- सामाजिक वर्जनाओं को बिना जाने, बिना जानकारी लिए उनका उल्लंघन न करें, न ही उनका मजाक उड़ाएं।
- भावी जीवन के संबंध में निर्णय लेते समय भावनाओं में न बहें, न ही अपनी पारिवारिक प्रतिष्ठा की उपेक्षा करें।
- अपनी सोच को 'जो होगा देखा जाएगा' का आधार न दें, बल्कि होने वाले संभावित परिणामों का ख्याल रखकर ही निर्णय लें।
- जानकर अनजान न बनें।

अध्याय 2

दाम्पत्य जीवन का आधार : विवाह संस्कार

दाम्पत्य जीवन की शुरुआत भले ही विवाह के बाद होती है, लेकिन सफल संबंधों के अंकुर तो पूर्व ही प्रस्फुटित होने लगते हैं। यह कहने की आवश्यकता नहीं कि ये अंकुर ही पहले पौधा, फिर वृक्ष बनते हैं। आप भी दाम्पत्य संबंधों के इन अंकुरों को अपने युवा बच्चों के मन में पैदा होने दें, ताकि उनका दाम्पत्य जीवन समृद्धशाली बने।

बड़े-से-बड़े भवन की नींव भी एक ईंट से रखी जाती है। दाम्पत्य संबंधों की स्थापना भी इस सत्य से परे नहीं है। युवा मन में भावी जीवन साथी की कल्पनाएं आयु के अनुसार स्वतः ही साकार होने लगती हैं। आंखों में उभरते लाल डोरे, दिन में भी सपने देखती आंखें, शून्य में भी किसी अपने को तलाशती चंचल आंखें जब किसी पर ठहरने लगती हैं, तो परस्पर आकर्षण, लगाव और आसक्ति का भाव पैदा होने लगता है। परस्पर आकर्षण का यह भाव यद्यपि विपरीत सेक्स के प्रति एक स्वाभाविक आकर्षण से अधिक कुछ नहीं होता, लेकिन युवा हृदय एक-दूसरे का प्रोत्साहन पाकर अपनी भावनाओं को साकार करने लगते हैं। युवा मन की ये कल्पनाएं ही विवाह के लिए युवा मन की तैयारी या पूर्व पीठिका कही जा सकती हैं।

मनोवैज्ञानिक कारण

युवा अवस्था के आते ही लड़के-लड़कियों की कल्पनाएं रंगीन होने लगती हैं। उनमें अनेक प्रकार के शारीरिक और मानसिक परिवर्तन आने लगते हैं। शरीर के अंग हृष्ट-पुष्ट होने लगते हैं। चेहरे की कमनीयता में एक विशेष प्रकार की लाली आ जाती है। शरीर से भी कांति का प्रदर्शन होने लगता है। लड़कियां अपने आप से ही शरमाने लगती हैं। लड़के मन में कुछ रोमांचकारी कल्पनाएं करने लगते हैं। उनमें कुछ अनोखा और साहसिक कार्य करने की इच्छा पैदा होने लगती है। विपरीत सेक्स को अपनी ओर आकर्षित करने, उसे रिझाने के लिए वे सजने-संवरने लगते हैं। अपने आदर्शों के अनुरूप वे मन में ऊंची-ऊंची कल्पनाएं करने लगते हैं और अपने अनुरूप जीवन साथी की तलाश में उनके मन में उमंगों की हिलोरें उठने लगती हैं। एकांत में अपने अंगों को देखना, एकांत पाकर लड़के-लड़कियों से अपनी प्रशंसा सुनना, एक-दूसरे के संपर्क में आने की इच्छा करना, एक-दूसरे के अंगों को स्पर्श करने की इच्छा करना आदि ऐसे मनोवैज्ञानिक परिवर्तन हैं, जो युवा लड़के-लड़कियों में आ जाते हैं। युवा बच्चों में होते ये परिवर्तन अभिभावकों से भी छिप नहीं पाते और अभिभावक उनकी इच्छाओं को मूर्त रूप देने के लिए उन्हें विवाह बंधनों में बांधकर उनमें दाम्पत्य परिपक्वता लाने की सोचने लगते हैं।

देखने-दिखाने में आसक्ति भाव

अभिभावकों द्वारा जब प्राथमिक स्तर पर लड़के-लड़की के विवाह की बात हो जाती है, तो लड़के-लड़की को देखने-दिखाने में आसक्ति का भाव जागृत होता है, जो उन्हें एक-दूसरे से भावनात्मक रूप से जोड़ता है। परस्पर पसंदगी का यह

आधार ही दोनों को विवाह, लगाव और बंधनों में बंधने के लिए प्रेरित करता है। इसके बाद ही विवाह की औपचारिकता पूरी की जाती है। इस संस्कार को पूरा करने के लिए हिंदू वैदिक धर्म के अनुसार सप्तपदी द्वारा, मुस्लिम धर्म के अनुसार निकाह द्वारा, सिख धर्म के अनुसार आनंद कारज द्वारा सामाजिक आयोजन कर विवाह की रस्म पूरी की जाती है।

दाम्पत्य संबंधों की मधुरता के अन्य अंकुर

विवाह दाम्पत्य संबंधों का आधार है, जिस प्रकार से पौधा लगाने के पहले बीज आरोपित किए जाते हैं, उसी प्रकार के युवा लड़के-लड़कियों के मन में दाम्पत्य संबंधों के भावों को पैदा करने के लिए विवाह पूर्व ही अनेक संस्कार आरोपित किए जाते हैं। यद्यपि ये सारे के सारे विवाह के ही अंग माने जाते हैं और विवाह क्रम में ही होते हैं, लेकिन वास्तव में इनका अपना एक मनोवैज्ञानिक, सामाजिक, भावनात्मक महत्त्व है। इनके द्वारा ही युवाओं के मन में दाम्पत्य जीवन की 'चाह' पैदा की जाती है और ये स्वयं मानसिक रूप से इसके लिए तैयार होते हैं।

1. हलदी अथवा तेल चढ़ाना। कन्या पूजन अथवा 'माइयां' बैठाना।
2. 'गाना' बांधना अथवा कंगन चढ़ाना। लड़के पक्ष वाले भी लड़के को 'गाना' बांधकर उसमें दायित्व बोध को जागृत करते-कराते हैं।
3. परिवार में सुहाग गीतों का गाया जाना। आज भी लगभग सभी समाजों में विवाह के अवसर पर लोकगीत गाए जाते हैं। यद्यपि आज के संपन्न और प्रगतिशील परिवारों में इसका चलन कम हो गया है, लेकिन फिर भी 'लेडिस संगीत' के रूप में आज भी यह परंपरा चली आ रही है। इन विवाह गीतों में जहां लड़के-लड़कियों के मन में एक-दूसरे के प्रति आसक्ति के भाव पैदा किए जाते हैं, वहीं उन्हें कुछ लोक नीतियों से भी परिचित कराया जाता है।

मेहंदी लगाना

मेहंदी लगे हाथ नवविवाहिता की निशानी होते हैं। हाथों में मेहंदी लगते ही लड़कियां अपने आपको अपने सपनों के 'राजकुमार' से जोड़ने लगती हैं। और फिर सुंदर भविष्य के सजीले सपनों में खोई रहती हैं। मेहंदी भारतीय लोक जीवन में सुहाग का प्रतीक-सी बन गई है।

बारात

विवाह के लिए कन्या के द्वार पर बारात लेकर जाना वर पक्ष का कर्तव्य है। इस आचरण का भी मनोवैज्ञानिक पक्ष है, जो दाम्पत्य संबंधों से सीधा संबंध रखता है। बारात के इस व्यवहार में भी अनेक ऐसे दस्तूर बनाए गए हैं, जो दाम्पत्य संबंधों की मधुरता और सरसता को बढ़ाते हैं। लड़के के जूते चुराना, वर पक्ष का 'छंद सुनाने के बाद ही घर में प्रवेश' वर पक्ष का कन्या पक्ष की अविवाहिता लड़कियों को (लड़की की बहनों तथा सहेलियों को) चांदी के छल्ले बांटना, उपहार बांटना आदि ऐसे व्यवहार हैं, जो लड़के के मन को कन्या पक्ष से जोड़ते हैं। इन्हें किसी भी स्थिति में दाम्पत्य संबंधों से अलग नहीं किया जा सकता। वास्तव में ये ही ऐसे अंकुर हैं, जो दाम्पत्य संबंधों के आधार बनते हैं।

मुकलावा अथवा गौना

यद्यपि आधुनिक सामाजिक परिवेश में इन दोनों व्यवहारों का कुछ भी महत्त्व नहीं रह गया है लेकिन फिर भी इस व्यवस्था का आधार दाम्पत्य जीवन के प्रति समर्पण का भाव ही था। आज भी कुछ समाजों में जहां विवाह छोटी उम्र में कर दिया जाता है, वहां इस प्रथा का प्रचलन है। इसका उद्देश्य भी यही है कि जब युवा लड़के-लड़कियां मानसिक और शारीरिक रूप से वैवाहिक जीवन जीने के योग्य हो जाएं तो उन्हें 'विदा' किया जाए। इस व्यवहार के पीछे भी यही सामाजिक विचार है कि लड़के-लड़की के मन में दाम्पत्य संबंधों की चेतना आ जाए और वे पूर्ण रूप से परिपक्व होकर ही अपने इन संबंधों के प्रति समर्पित हों। जिससे वे स्वस्थ रहें और भविष्य आनंदपूर्ण रहे।

दाम्पत्य संबंधों के जुड़ाव के अन्य व्यवहार

विवाह के तुरंत बाद लड़कियों को नए परिवार में घुलने-मिलने के अनेक अवसर दिए जाते हैं। कुछ अवसरों को तो दस्तूर अथवा प्रथाओं की मान्यता दे दी गई है। इन सब प्रथाओं-व्यवहारों के पीछे एक ही उद्देश्य है कि पति-पत्नी आपस में एक-दूसरे के निकट आएं, एक-दूसरे को स्वीकारें। परस्पर स्वीकृति का यह अहसास एक-दूसरे के दिल में एक-दूसरे के लिए कसक और आकर्षण पैदा करे और वे एक-दूसरे से घनिष्ठता से जुड़ें। उत्तर भारत के लगभग सभी समाजों में कुछ इस तरह के व्यवहारों को सामाजिक मान्यता मिली हुई है।

कंगना (कंगन) खोलना

विवाह के बाद लड़का-लड़की का और लड़की लड़के का 'गाना', 'कंगन' अथवा 'बंधन' खोलते हैं, इसलिए इसे जो जितनी जल्दी खोल देता है, वह 'जीता' माना जाता है। 'हार-जीत' के इस खेल को परिवार के सदस्य अनेक प्रकार की चुहलबाजियों के बीच 'लड़के-लड़की' को खिलाते हैं और एक-दूसरे के अत्यंत निकट लाने का प्रयास करते हैं। लड़का जीत कर भी हार स्वीकार करता है, क्योंकि इस हार में भी दाम्पत्य जीवन की मधुरता घुली रहती है।

अंगूठी का खेल

नव दम्पतियों को परिवार के सदस्यों के सामने ही पानी में अंगूठी अथवा छल्ला ढूंढ़ने का खेल खेलना पड़ता है। इस खेल में भी दोनों में आत्मीयता बढ़ती है। अब नव पति-पत्नी में इतना सामीप्य स्थापित हो जाता है, कि वे एक-दूसरे का दिल जीत लेते हैं। परस्पर स्नेह का यह खेल ही पति-पत्नी को जोड़ते हैं।

तिल राई का खेल

विवाह के दूसरे दिन ही नव सास और परिवार की अन्य महिलाएं नववधू से हंसी-ठिठोली करते हुए अपने हाथों में तिल या राई भर-भर कर उसकी गोद में डालती हैं। बदले में नई नवेली बहू से अपेक्षा करती हैं कि वह हमें इतने ही पुत्र दे। हंसी-ठिठोली में नववधू को पुत्रवती होने का आशीर्वाद दिया जाता है। यह खेल उसे न केवल परिवार से जोड़ता है, बल्कि मन में भी पुत्र प्राप्ति की ललक भर देता है, जो दाम्पत्य जीवन की सरसता का पर्याय बन जाती है।

कुल देवताओं का पूजन

घर में आई गृहलक्ष्मी से कुल देवताओं की पूजा कराई जाती है, इस प्रकार की पूजा से जहां लड़कियां मन से नए परिवार के प्रति समर्पित होकर उससे जुड़ती हैं, वहीं उनका मनोबल भी बढ़ता है और वे नए परिवार में अपना स्थान स्वयं बना लेती हैं।

रसोई घर में प्रवेश

विवाह के बाद घर आए हुए मेहमानों के सामने ही घर में आई गृहलक्ष्मी का रसोई में प्रवेश कराया जाता है, जहां वह मेहमानों के लिए कोई विशेष 'डिश' बनाती है। खाना बना कर अपनी सुघड़ता का परिचय देती है। इस 'डिश' को सम्मान पूर्वक

घर के बड़े-बुजुर्गों और रिश्तेदारों के सामने परोसा जाता है। इस प्रकार की सुघड़ता से जहां गृहलक्ष्मी परिवार के सदस्यों का दिल जीतती है, वहीं उसे मान-प्रतिष्ठा और स्नेह भी मिलता है। पति की आंखों में भी वह उसी प्रकार की चमक पाकर उससे जुड़ती है। सास की खास बनती है और इस प्रकार से सुखद दाम्पत्य जीवन की शुरुआत होती है। वास्तव में रसोई में प्रवेश दाम्पत्य जीवन का वह मधुर व्यवहार है, जिसका लड़की के जीवन में विशेष महत्त्व है। इस एक व्यवहार से ही युवा मन भावनात्मक रूप से एक-दूसरे से इस प्रकार जुड़ता है कि वे जीवन भर एक-दूसरे से अलग नहीं हो पाते।

सुहागरात

पति-पत्नी एक-दूसरे के लिए हो जाने की इस रात को सुहागरात के रूप में मनाया जाता है। यद्यपि इस संबंध में कवियों, लेखकों और रचनाकारों ने अनेक कल्पनाएं की हैं, लेकिन यहां इस विषय में इतना ही कहना पर्याप्त होगा कि इस रात को पति-पत्नी आपस में जितने करीब से जुड़ेंगे, उनके दाम्पत्य संबंधों में उतनी ही दृढ़ता आएगी। इसलिए इस दिन एक-दूसरे को इतना समझें कि परस्पर समझ का कोई भी पक्ष अधूरा न रह जाए।

हनीमून

यद्यपि यह संपन्न परिवारों के व्यवहार का अंग है, लेकिन वर्तमान में यह मध्यवर्गीय परिवारों में भी उत्साह और उमंग के साथ मनाया जाने लगा है। नव विवाहित पति-पत्नी कुछ दिनों के लिए घर से दूर अपने वैवाहिक जीवन के आनंद की अनुभूति के लिए जाते हैं। इन दिनों में जहां वे एक-दूसरे को समझने-समझाने का प्रयास करते हैं, वहीं वे पूरे समर्पण भाव के साथ एक-दूसरे के लिए समर्पित भी होते हैं। परस्पर जुड़ाव, लगाव और समर्पण का यह व्यवहार उनके जीवन को कितना खुशहाल रखता है, यह इस बात पर निर्भर करता है कि वे इस अवधि में एक-दूसरे के लिए कितने समर्पित होते हैं। एक-दूसरे को कितना आत्मसात् करते हैं। परस्पर मिलन के ये क्षण बहुत मधुर होते हैं।

सच तो यह है कि हनीमून ही पति-पत्नी का वह समय होता है, जिसमें पहली बार ही वे एक-दूसरे का ढेर सारा प्यार पाने, शारीरिक और मानसिक रूप से एक-दूसरे को समझने, संतुष्ट होने तथा भावनात्मक रूप से एक-दूसरे के अत्यंत करीब आने को आतुर हो उठते हैं। उनकी इस आतुरता को हनीमून ही पूरा करती है। वीरेन्द्र कुमार जैन के अनुसार विवाह बंधन तो एक-दूसरे के साथ बंधने और समर्पित

होने का अहसास दिलाता है, लेकिन रोमांस के क्षणों में एक-दूसरे का प्यार भरा चुम्बन दोनों को इतने निकट ला देता है कि दोनों एक-दूसरे की आंखों के रास्ते दिल में समा जाते हैं। पति-पत्नी को चाहिए कि इन दिनों में एक-दूसरे के प्रति ऐसा कोई व्यवहार न करें, जो एक-दूसरे को मन से दूर कर दे।

थोड़े बहुत परिवर्तनों और विविधताओं, इंद्रधनुषी छेड़छाड़ के ये व्यवहार, प्यार-मनुहार की ये मधुर कल्पनाएं लगभग सभी जातियों और प्रदेशों में दाम्पत्य जीवन की धूप-छांव के समान पाए जाते हैं। समग्र रूप से इन व्यवहारों और रीति-रिवाजों का उद्देश्य नवविवाहित लड़के-लड़कियों को सामाजिक भावनाओं से जोड़ना है। ये भावनात्मक सामाजिक अंकुर दाम्पत्य संबंधों को बढ़ाते हैं। नव दंपतियों के दिल में एक-दूसरे के प्रति आकर्षण और चाह पैदा करते हैं और उसके प्रेम को अटूट मजबूती देते हैं।

अपने स्तर पर इस विषय में आप इसे अवश्य करें

- पूरे विश्वास के साथ परिवार से जुड़ें।
- अभिभावकों को अपना हितैषी, परम शुभचिंतक मानें।
- संबंध जोड़ने से पहले एक-दूसरे के चरित्र, व्यवहार और आदतें जान लें। इस विषय में किसी प्रकार का कोई समझौता न करें।
- विज्ञापनों, विचौलियों में उतना ही विश्वास करें, जितना कि आवश्यक हो।
- सामाजिक पर्वों पर आयोजन घर में करें।

लेकिन ध्यान रखें

- किसी प्रकार की गलतफहमी का शिकार न बनें।
- किसी भी प्रकार का गलत समझौता न करें।
- सामाजिक रीति-रिवाजों की उपेक्षा न करें।
- संबंधों की स्थापना में किसी भी स्तर पर झूठ, फरेब अथवा दिखावे का प्रदर्शन न करें।
- भावनाओं में न बहें।
- पति-पत्नी उमंगों की पतंगें साथ-साथ उड़ने दें।

अध्याय 3

विवाह : समाज का अनुपम उपहार

दो पक्षों में हुई सामाजिक सहमति समझौता कहलाता है। विवाह भी एक ऐसा ही समझौता है। इसका सम्मान करने वालों को पुरस्कार में मिलती है उम्र कैद। दाम्पत्य संबंधों के उपहार स्वरूप मिली यह उम्र कैद वरदान है, इसे अभिशाप न बनाएं...।

विवाह एक सामाजिक समझौता है। इस समझौते के अनुसार पति-पत्नी एक-दूसरे में विश्वास व्यक्त कर निष्ठापूर्वक जुड़ते हैं। पति-पत्नी का यह जुड़ाव भारतीय लोक-जीवन में शिव ने एक पवित्र व्यवहार के रूप में दिया है। पति-पत्नी के इन्हीं संबंधों को दाम्पत्य जीवन की मर्यादाओं से जोड़ा गया है। इस समझौते के द्वारा स्त्री अपने पति से जुड़ी रहती है और पति अपनी पत्नी से। एक पत्नी मूलक इस आदर्श व्यवस्था का अपना महत्त्व है। विवाह की सप्तपदी अथवा आनंद कारज की चार 'लांवा' अथवा निकाह की परस्पर सहमति के द्वारा इस समझौते को सामाजिक और कानूनी रूप से मान्यता मिलती है। इस समझौते के अंतर्गत पति-पत्नी को सारे समाज और पूर्वजों के समक्ष अपने जीवन-साथी को स्वीकार कर अपने पति/पत्नी व्रत पर अटल रहने के लिए वचनबद्ध होना है। न जाने कैसे सुरेश बाबू के कदम बहक गए। परिवार का अकेला बेटा। गांव की जमींदारी का पुराना रईसी घराना था। खेती से भी अच्छी आमदनी थी। पैसे का अभाव न था। भारतीय आदर्शों में पली-बढ़ी सुरेखा, सुरेश को नयनों की डोर में न बांध पाई। वह देर रात घर से बाहर रहने लगे। गांव की रूपा की रूप राशि में कुछ ऐसे फंसे कि फंस कर रह गए। रूपा की रूप राशि का जादू इस तरह उनके सिर पर चढ़ा कि रूपा सुरेश बाबू की रखैल बन गई। परिवार में कलह न हो, इसलिए सुरेखा 'सौत' का दुःख सहती, लेकिन मुंह से कुछ न कहती।

संयुक्त परिवार था। बड़े भैया की लड़की लाजो की शादी में कन्यादान का दायित्व सुरेश बाबू को ही सौंपा गया। इसलिए विवाह मंडप में अन्य लोगों के साथ सुरेश को भी बैठना पड़ा। विवाह में पुरोहित जी सप्तपदी के द्वारा लड़के-लड़की का विवाह संस्कार करवा रहे थे, न जाने कैसे सप्तपदी के शब्द सुरेश बाबू के कानों में प्रहार करने लगे। जैसे-तैसे कन्यादान किया, लेकिन उनका मन बड़ा विचलित हो रहा था। सप्तपदी का प्रभाव था या फिर अपने ही मन में बैठी उनकी आत्मा की आवाज, उन्हें लगा जैसे किसी ने उन्हें सोते से जगा दिया हो।

दूसरे ही दिन सुरेखा को बाहों में लेकर सुरेश बाबू बहुत देर तक खड़े रहे, फिर पत्नी से माफी मांगते हुए, अपने किए पर पश्चात्ताप के आंसू बहाते रहे। गुमराही के अंधेरों में सुरेश को सप्तपदी ने इतना प्रभावित किया था कि वे हमेशा के लिए रूपा को भूल कर एक बार फिर से सुरेखा के हो गए।

सुरेश जैसे एक नहीं अनेक पुरुष हमारे सामाजिक परिवेश में हैं, जो सप्तपदी अथवा विवाह की इस 'लांवा' को उस गंभीरता से नहीं लेते हैं। इनका 'मजाक' उड़ाते हैं। ऐसे व्यक्ति ही विवाह को उम्र कैद की सजा समझकर बोझ भरी जिंदगी

जीते हैं। वे यह भूल जाते हैं कि विवाह एक ऐसा संस्कार है, जो दाम्पत्य जीवन की सरसता का मुख्य आधार है। ऐसे लोगों की सोच ही उनके दाम्पत्य जीवन में हमेशा एक-दूसरे के प्रति 36 का आंकड़ा बनाए रखती है, जबकि दाम्पत्य जीवन की सार्थकता तो हमेशा 63 बने रहने में है।

पति अथवा पत्नी व्रतधारी सप्तपदी के समक्ष ही ये प्रण करते हैं कि जब तक उनके शरीर में प्राण रहेंगे, वे दोनों एक-दूसरे के होकर रहेंगे। उनके अच्छे-बुरे कार्यों में सहभागी रहेंगे। उनके मन में एक-दूसरे के प्रति अनुराग कभी कम न होगा।

पति-पत्नी का सांसारिक, पारिवारिक कर्तव्यों का जितना सटीक वर्णन सत्य सप्तपदी अथवा विवाह संबंधी इस समझौते में किया गया है, यदि पति-पत्नी इनका अक्षरशः पालन करें, तो वे न केवल हर प्रकार के रोग-शोक से मुक्त हो सकते हैं बल्कि परिवार की अनेक समस्याओं का समाधान भी स्वतः ही हो जाएगा। सामाजिक समझौते का यह आदर्श और व्यवहार हर लड़के को राम और हर लड़की को सीता जैसे आदर्शों के अनुरूप बनाता है। पति-पत्नी के ऐसे संबंध भला दाम्पत्य जीवन को क्योंकर समृद्धशाली न बनाएंगे?

सच तो यह है कि परिवार और पुरुष के हृदय में स्त्री के लिए हमेशा से ही एक गौरवपूर्ण स्थान रहा है। पुरुष की पूर्णता पत्नी के बिना नहीं हो सकती। धर्मग्रंथों ने भी इस सत्य को स्वीकार किया गया है कि 'भार्या' की प्राप्ति कर संतानोत्पत्ति करने पर ही पुरुष पूर्ण होता है।

धर्मग्रंथों में स्त्री को पुरुष की सखी या सहचरी के रूप में मान्यता दी गई है। आज भी यह कहते हैं कि प्रत्येक पुरुष की महानता के पीछे किसी-न-किसी स्त्री का हाथ होता है। वह चाहे गौतमबुद्ध की यशोधरा हो या तुलसीदास की रत्नावली, गांधी जी की कस्तूरबा हो या जवाहरलाल नेहरू की कमला, देवदास की पारो हो या कोई और। हमारे सामाजिक जीवन में ऐसी स्त्रियों का कहीं अभाव नहीं रहा है, जो अपने स्नेहिल दाम्पत्य जीवन में सुखी, संपन्न होकर पति की प्रेरणा रही हैं।

विवाह संस्कार को दो आत्माओं के मिलन की संज्ञा दी जाती रही है। नव दंपती एक-दूसरे को अंतःकरण से स्वीकार कर गृहस्थ जीवन में प्रवेश कर दाम्पत्य जीवन की मर्यादाओं का पालन कर प्रगति की ओर प्रशस्त होते हैं। पाश्चात्य देश आज भी शारीरिक चमक-दमक और ग्लैमर को ही महत्त्व देते आए हैं। आधुनिकता की चमक से हमारे जीवन में भी कुछ ऐसी भावनाएं और व्यवहार आए हैं। सुंदरता

को (शारीरिक और तन की) महत्त्व देकर संबंध स्थापित करने वालों की संख्या दिनोंदिन बढ़ रही है। इसका परिणाम यह हुआ है कि हमारे दाम्पत्य जीवन में कटुता और रिक्तता आने लगी है। वास्तव में सुखी जीवन के लिए तन की सुंदरता नहीं आत्मा की सुदंरता का ही मूल्यांकन किया जाना चाहिए। आत्मा का यह सौंदर्य ही दाम्पत्य जीवन की सफलताओं का आधार है, इसलिए विवाह संबंधों में मन की सुंदरता की परख करें, यह तन की सुंदरता से कहीं अधिक उत्तम सिद्ध होगी। दहेज, प्रलोभन, छल, दिखावा, फिजूलखर्ची आदि के बहाव में आकर विवाह संबंध कभी भी सफल नहीं होते। इसलिए दाम्पत्य संबंधों के परिप्रेक्ष्य में इन तथ्यों को स्वीकारें।

विवाह हो जाने के बाद पति-पत्नी के दोष निकालना, अभावों की दुहाई देना, भाग्यहीनता का रोना रोकर परिवार अथवा पत्नी के पलायन करना, पारिवारिक दायित्वों के प्रति विमुख होना आदि ऐसे व्यवहार हैं, जो आत्महीनता को बढ़ाते हैं। परस्पर क्लेश, असंतोष, अविश्वास और दूरियां बढ़ाते हैं। वास्तव में पति-पत्नी परस्पर विश्वास के साथ एक-दूसरे के गुणों को विकसित करें। उनमें गुणों की तलाश करें। अपनी खुशियों की तलाश अपने ही घर-संसार में करके देखें, आपको वह सब मिलेगा जिसकी आप अपेक्षा करते हैं।

जब आपने, आपकी पत्नी ने परिवार के समक्ष, इष्ट मित्रों के सामने, कुल देवताओं को साक्षी मानकर, एक-दूसरे के होकर खुले दिल से प्रतिज्ञा की है कि आप पत्नी-पति को दिए हुए वचनों से कभी विमुख नहीं होंगे, तो फिर यह निराशा क्यों? पति-पत्नी अपनी निजी इच्छाओं को पारिवारिक हितों के ऊपर न मानकर विचार करें और पारिवारिक हितों को ही सर्वोच्च मानें। ध्यान दें कि आपके हित भी पारिवारिक हितों में ही समाहित हैं। सप्तपदी के सामाजिक आदर्श व्यक्ति अथवा सामाजिक हितों की रक्षा के लिए हैं। वर-वधू जब पवित्र अग्नि के समक्ष इन प्रतिज्ञाओं को दोहराते हैं, तो उनकी वे निजी इच्छाएं एक-एक कर होम होती जाती हैं, जिनसे दाम्पत्य जीवन की पवित्रता नष्ट हो सकती है।

विवाह व्यक्ति को उच्छृंखल और स्वार्थी बनने से रोकते हैं। उसकी स्वार्थपरकता पर अंकुश लगता है। वह नए-नए रिश्तों से जुड़कर आत्मीयता प्राप्त करता है। वह आत्मीयता जहां उसे पत्नी से जोड़ती है वहीं वह सास-ससुर और समाज के अन्य लोगों से भी जोड़ती है। उसकी सोच में संकीर्णता के स्थान पर व्यापकता आती है, जो दाम्पत्य जीवन का प्रमुख गुण होता है।

दाम्पत्य जीवन की सरसता, सरलता और सहिष्णुता के लिए पति-पत्नी में प्रेममूलक अनुकूलता आवश्यक होती है। जब दोनों के मन में एक-दूसरे के लिए प्रेम भावनाएं उमड़ती हैं, तो उनमें स्वार्थ लोप हो जातें हैं। उनमें सौभाग्य स्थिर रूप से प्रकट होने लगता है।

चूंकि दाम्पत्य जीवन की सार्थकता पतिव्रत और पत्नीव्रत के निर्वाह पर ही निर्भर है, इसलिए सप्तपदी की प्रतिज्ञाओं के बाद ही वर-वधू मंत्रों के बीच सात कदम चलते हैं। प्रत्येक कदम उन्हें दाम्पत्य जीवन के इन गूढ़ रहस्यों के प्रति सावधान करता है और उन्हें दाम्पत्य जीवन में दीक्षित करता है। वास्तव में विवाह संस्कार और सप्तपदी का आचरण वर-वधू को जहां समाज के प्रति समर्पित करता है, वहीं उन्हें दाम्पत्य जीवन के लिए भी संकल्पित करता है।

विवाह के बाद पति-पत्नी प्रत्येक सामाजिक कार्य के लिए समानरूप से सहभागी हो जाते हैं। सप्तपदी में पुरुष अपनी सारी इच्छाएं, जैसे कि व्यापार, भवन निर्माण, भावी जीवन की योजना, यहां तक कि अपने मित्रों के साथ उठने-बैठने तक में पत्नी की सहमति की अपेक्षा करता है। इसी क्रम में पत्नी भी परिवार को एकजुट रखने की प्रतिज्ञा कर, अपना सौभाग्य पति के हाथ में सौंप कर परिवार मर्यादाओं का पालन करने के लिए वचनबद्ध होती है। एक पत्नीव्रत व एक पतिव्रत की प्रतिज्ञा घातक यौन रोगों से बचाव की सामाजिक गारंटी है। इन प्रतिज्ञाओं की अनदेखी ही हमारे सामाजिक प्रदूषण का कारण है। यदि युवा-युवतियां सामाजिक आदर्शों का पालन करें तो बहुत हद तक वे समाज में फैल रही इस अपसंस्कृति पर अंकुश लगा सकते हैं।

बदलती हुई सामाजिक परिस्थितियों के दाम्पत्य जीवन के आदर्शों का निर्वाह यद्यपि कठिन काम अवश्य है, लेकिन उसकी उपेक्षा कतई नहीं की जा सकती। पति-पत्नी हमेशा से गाड़ी के दो पहिए बन कर रहे हैं। इन पहियों का संतुलन यदि बराबर रहता है, तो जीवन की गाड़ी निरंतर सुख देती है। आज हमारी सारी-की-सारी सामाजिक व्यवस्था पुरुष-प्रधान है। लेकिन यह भी एक सत्य है कि पुरुष प्रधान इस व्यवस्था में भी पुरुष कभी-कभी अपने पारिवारिक परिवेश में इतना कमजोर हो जाता है कि उसे अपने ही आंसू बहाने के लिए स्नेहिल पत्नी के कंधे की आवश्यकता होती है। वही उसे शक्ति प्रदान करती है। दाम्पत्य जीवन की सरसता भोगवादी चिंतन से नहीं आ सकती। भावनाओं के अनेक कमजोर पक्षों में पत्नी ही पति का संबल बनती आई है। परिवार और समाज से जुड़ी पत्नी इस बात का प्रमाण है कि पुरुष की पूर्णता उसकी पत्नी में ही है। पति अपने मन की

बात केवल पत्नी से ही कह पाता है, वही उसका मनोबल बढ़ाती है। पत्नी का प्रेरक रूप ही उसे निरंतर अभावों से संघर्ष करने के लिए प्रेरित करता है।

आज भी समाज शास्त्रियों का मत है कि दाम्पत्य संबंधों का पालन करके ही विश्व समुदाय को भयानक यौन रोगों से बचाया जा सकता है। दाम्पत्य सुखों का यह शाश्वत एक बार पुनः स्वीकारें। विवाह को एक सामाजिक समझौते के रूप में स्वीकारें, यह एक ऐसी उम्र कैद है, जो समाज ने हमें दाम्पत्य जीवन की पूर्णता के लिए उपहार में दी है।

इस विषय में व्यावहारिक सोच का पक्ष इस प्रकार है–

- पति, पत्नी का मान-सम्मान करें।
- पति, पत्नी से भावनात्मक रूप से जुड़ें।
- पारिवारिक अपेक्षाएं जानें।
- अपने आपको नए घर से जोड़ने का हर संभव प्रयास करें।
- परिवार के बड़े-बूढ़ों का यथेष्ठ मान-सम्मान करें।

ध्यान रखें–

- अपने शारीरिक रंग-रूप पर न इतराएं, न गर्व करें।
- आर्थिक संपन्नता का प्रदर्शन न करें।
- पति को पत्नी मूर्ख अथवा 'लल्लू' समझने की मूर्खता न करें।
- परिवार अथवा मोहल्ले के अन्य लोगों का मान-सम्मान करें।
- अपनी हीनताओं का रोना हर जगह न रोएं। न ही अभावों का प्रदर्शन करें।

कल्पना करें कि आपकी पत्नी ने अपनी आत्मकथा लिखी है। उसका शीर्षक जानने का प्रयत्न करें।

अध्याय 4

आंखों में बसाएं : सुहाने सपने

युवा मन में कुछ अपने सपने होते हैं। लड़कियां एकांत पाकर इन सपनों में कल्पनाओं के रंग भरने लगती हैं। जागी आंखों में भी सपने देखने वाली सोच, आज की लड़कियों की सबसे बड़ी कमजोरी है। सिनेमाई चमक-दमक और ग्लैमर से बचें। दाम्पत्य जीवन में कदम रखती लड़कियां इस सत्य को स्वीकारें कि सपने सदा ही सच नहीं होते।

नेहा की सूखी नदी जैसे चेहरे की उदासी और शून्यता मुझसे छिप न सकी। लंच टाइम में ही मैंने एकांत पाकर उससे पूछ लिया—"क्यों, क्या तू खुश नहीं अमित से···।"

"ठीक है।" एक ठंडा सा उत्तर था नेहा का। आंखों में नए-नवेले पति के साथ गुजारे आठ दिनों जैसी कोई उष्णता न पाकर मैंने कुछ और अधिक जानने के लिए पूछ ही लिया—"कुछ बताएगी भी या बस ठीक है। ठीक है। कहकर मुझसे कुछ छुपाना चाहती है। देख मैं तेरी सहेली ही नहीं, बड़ी दीदी भी हूं और अगर तू माने तो तेरी हमराज भी, मुझे सब कुछ सच-सच बता न क्या बात है।"

"क्या खाक बताऊं, कुछ भी तो नहीं है उसमें बताने लायक। एक सीधा-साधा-सा आम पति है, न तो उसमें उमड़ती नदी जैसा बहाव है, न बादलों जैसी गर्जना, बस जो-सो है, गुजारा हो ही जाएगा···।"

मुझे सच्चाई समझते देर न लगी। मैं कुछ अधिक न जानते हुए भी सब कुछ जान गई थी। वास्तव में नेहा चाहती थी कि उसके सपनों का राजकुमार फिल्मी हीरो जैसा रोमांटिक, सजीला, रोबीला, आलवेज रेडी, क्लीन शेव, लंबी टाई वाला, गोरा सूट-बूट धारी हीमैन हो, जो उसके आगे-पीछे फिरे। उसे लालायित नजरों से देखे, उसकी सुंदरता, रंग-रूप और बनाव-शृंगार की प्रशंसा करे, उसके कानों में बहुत करीब आकर बोले, 'आई लव यू...।' उसे अपनी बाहों में भर कर प्यार करे। उसका सिर अपने हाथों में लेकर उसे अपलक निहारे, अपनी आंखों में खो जाए और दोनों बैठे-बैठे बहुत-सी बातें करें। लगता था कि नेहा का यह सपना बिखर-सा गया था, इसलिए वह 'चुप-सी' हो गई थी।

नवविवाहिता लड़कियों के मन में अपने भावी पति के प्रति संजोए ये सपने कोई अस्वाभाविक नहीं। सिनेमाई संस्कृति और बाहरी चमक-दमक भरी सोच ने मन की आकांक्षाओं को इतना अधिक बढ़ा दिया है कि इस प्रकार के सपने हर लड़की अपने मन में बसाए रहती है। भावी पति के बारे में बड़ी-बड़ी अपेक्षाएं पालना जैसे एक फैशन-सा हो गया है। सबसे विचित्र बात यह है, कि वे अपनी इन कल्पनाओं, अपेक्षाओं से किसी भी प्रकार का समझौता भी नहीं करना चाहतीं।

इस विषय में वास्तविकता यह है कि जीवन की सच्चाइयां फिल्मी दुनिया से भिन्न होती हैं। फिल्मी दुनिया और वास्तविक दुनिया में बड़ा अंतर होता है, और यह अंतर समझ लेना चाहिए। कुछ ऐसी सोच लड़कों की भी होती है, जो अपनी भावी

पत्नी में 'ऐश्वर्या' और 'श्री देवी' को ढूंढ़ते हैं और न पाने पर इतने कुंठित हो जाते हैं कि उन्हें अपना सारा जीवन ही अंधकारमय लगता है। मेरे एक नव विवाहित मित्र की यह पीड़ा कुछ इसी ओर संकेत करती है। "मैं चाहता था कि मेरी पत्नी सुंदर, चंचल और कजरारी आंखों वाली किसी फिल्मी अभिनेत्री से कम न हो, लेकिन शादी के दो महीने बाद भी उसकी आदतों, बातों, व्यवहार, बातचीत में कोई परिवर्तन नहीं आया, वह हमेशा एक गृहस्थ औरत की तरह रसोई में घुसी रहती है, उसे मेरा और मेरी भावनाओं का जरा भी ख्याल नहीं, यहां तक कि मेरे दफ्तर से जल्दी वापस आ जाने के बाद भी। न जाने वह इतनी 'ठंडी' क्यों है—लगता है मेरे दाम्पत्य जीवन में कभी कोई बहार न आ पाएगी। उसे कैसे अपने मन की बातें कहूं, जब कि वह मेरी इन भावनाओं को समझती ही नहीं···। पत्नी की यह बेरुखी मुझसे सही नहीं जा रही, मैं घर से भाग जाना चाहता हूं, लेकिन इससे घर वालों की बदनामी होगी, क्या मेरी पत्नी मेरी कल्पनाओं के अनुरूप बन सकेगी?"

ऐसे लड़के-लड़कियों को जो अपनी पति-पत्नी में फिल्मी नायक-नायिकाओं जैसी 'छवि' देखना चाहते हैं, यह सोच लेना चाहिए कि फिल्मों के नायक-नायिका लेखक की अपनी कल्पना होते हैं। वे भी एक सामान्य प्राणी होते हैं। केवल भारी भरकम मेकअप, बनाव-शृंगार और कैमरे का कमाल ही उन्हें हीरो-हीरोइन बनाता है। उनका अपना वास्तविक जीवन भी उतना ही सामान्य होता है जितना कि हमारा आपका। इसलिए यदि आपकी कल्पनाओं में कोई 'बसा' हुआ है, तो आप अपने भावी जीवन साथी को, अपने पति अथवा पत्नी को अपनी अपेक्षाओं के अनुरूप स्वीकारें। आपकी पत्नी आपका सहयोग पाकर बिलकुल आपकी कल्पनाओं के अनुरूप हो जाएगी। इस विषय में किसी प्रकार की निराशा, कुंठा मन में न लाएं। केवल अपने नजरिए को बदलें। अपनी अपेक्षाओं का रोना एक-दूसरे के सामने रोने और अपने भाग्य को कोसने के बजाय अपनी इन अपेक्षाओं को, अपने इन सपनों को साकार करने की सोच मन में लाएं। पत्नी को नए परिवार में ढालना तो पति का कर्तव्य है। गांव अथवा कसबों का जीवन महानगरी जीवन से भिन्न होता है। वहां का पहनावा, जीवन शैली महानगरों से अलग होती है, इसलिए आपका यह दायित्व है कि आप अपनी पत्नी को 'लक्ष्मी' के स्थान पर शिल्पा बनाएं और यदि आप इस विषय में थोड़े से भी विवेक से काम लेंगे, तो यह सब बड़ी सरलता से हो जाएगा। क्योंकि लड़कियों के भी अपने सपने होते हैं और वे भी इन्हें आंखों में बसाना चाहती हैं।

विवाह के बाद दोनों के सपने साकार हों, इसके लिए आवश्यक है कि आप—

1. सज-संवर कर रहें, एक-दूसरे की आंखों में झांक कर देखें और अपने लिए व्यक्त की गई भावनाओं को साकार करें।
2. पत्नी को बाहर घुमाने ले जाएं, यह घूमना चाहे पार्क तक ही क्यों न हो। शाम के धुंधलके में, एकांत में हाथों में हाथ डालें, कुछ दूर तक बातें करते पैदल चलें।
3. सामान्य शिष्टाचार का पालन करें। नव विवाहित पत्नी, पति को काम पर जाते समय दरवाजे तक छोड़ने आए और फिर उन्हें अपनी आंखों से विदा करे।
4. मेहमानों के आने पर दोनों खुले दिल से उनका स्वागत करें। किसी भी पक्ष का मेहमान हो, उसे भरपूर स्नेह, आत्मीयता मिलनी ही चाहिए। मेहमानों के होते हुए किसी भी हालत में 'सिर बांधकर कोप भवन' में न बैठें। इसका बुरा प्रभाव पड़ता है।
5. स्वस्थ रहें अन्यथा "बीमार लड़की मेरे गले बांध दी गई" जैसा आरोप आपके परिजनों पर लग सकता है। इस विषय में बड़ी सावधानी बरतें। यदि आपका स्वास्थ्य ठीक नहीं रहता है, तो इस विषय में सारी बातें पहले ही स्पष्ट कर दें। स्वास्थ्य के प्रति निरंतर सावधान रहें।
6. पुरुष मेहमानों में ज्यादा रुचि न लें। घर आए पुरुषों से मर्यादित दूरी बनाकर रखें।
7. हमेशा मायके के ख्यालों में न खोई रहें और न ही "हमारे वहां तो...।" कह कर ससुराल पक्ष की किसी हीनता का वर्णन बढ़ा-चढ़ा कर करें।
8. पति को 'लल्लू' अथवा मूर्ख न समझें।
9. पत्नी पर 'ईर्ष्या रखती है...' जैसे आरोप न लगाएं। इससे उसके मन में देवर, नंद, जेठ-जेठानी के प्रति हमेशा तनाव बना रहेगा और वह उन्हें हमेशा शक की नजरों से देखेगी।

इस प्रकार की सोच अपनाकर पति-पत्नी अपनी आंखों के सपनों को साकार कर सकते हैं। शादी के प्रारंभिक दिनों से ही इन सब बातों का ख्याल रखें। एक-दूसरे की पसंद-नापसंद जानें।

पति से बड़ी-बड़ी अपेक्षाएं पालना, फिर इन अपेक्षाओं के पूरा न होने पर दुखी होना, परस्पर ताने, उलाहने देना आदि ऐसे व्यवहार हैं, जो न केवल

दाम्पत्य जीवन की सरसता को सोखते हैं, बल्कि एक-दूसरे के जीवन को भी नीरस और तनावग्रस्त बनाते हैं। इन व्यवहारों से पति-पत्नी दोनों के मन में निराशा, कुंठा और अवसाद के भाव पैदा होते हैं। इससे दाम्पत्य संबंधों में दूरियां बढ़ती हैं।

अपने मन में यह स्वीकारें कि ईश्वर की कृपा से आपको एक चरित्रवान, स्वस्थ, सुदर्शन व्यक्तित्व वाला प्रतिभाशाली पति मिला है, एक घर-संसार मिला है, जिसमें सास-ससुर, जेठ-जेठानी, देवर, ननदें आदि सब तो हैं। आपके जीवन में अभाव कहां है?

यात्रा के दौरान प्रारंभ में हमें कोई भी सहयात्री बैठने के लिए स्थान नहीं देता, लेकिन जैसे ही गाड़ी चलती है, सहयात्री हमारी मानसिक स्थिति का मूल्यांकन कर हमें न केवल बैठने के लिए स्थान देते हैं, बल्कि आत्मीय भाव से हमसे जुड़ भी जाते हैं। यात्रा के ये सुखद क्षण भी हमारे जीवन की मधुर स्मृतियां और संबंध बन जाते हैं।

बहू के रूप में नव विवाहिता लड़कियों की सोच भी कुछ ऐसी ही होनी चाहिए। उन्हें अपनी सारी खुशियों की तलाश घर में ही करनी चाहिए।

दिल्ली की एक प्रसिद्ध विवाह सलाहकार से चर्चा के क्रम में एक बात स्पष्ट रूप से उभर कर सामने आई। उनका मत है कि अपने पति में किसी फिल्मी हीरो की छवि देखने वाली लड़कियों के दाम्पत्य जीवन में टकराव की स्थिति शीघ्र ही पैदा हो जाती है। आपको गहराई से सोचना चाहिए कि अगर फिल्मी अभिनेत्रियों का दाम्पत्य जीवन ही सफलता का मापदंड है, तो फिर मीनाकुमारी जैसी फिल्म अभिनेत्री के दाम्पत्य जीवन में वह शून्यता कभी न आती, जो उसे जीवन-भर भोगनी पड़ी।

पत्नी की महत्त्वाकांक्षा के कारण पति के मन में उत्पन्न हुई हीनता अथवा कुंठा को यदि पत्नी स्वयं समझकर उसे दूर करे, तो दाम्पत्य संबंधों में शुष्कता आने का प्रश्न ही पैदा नहीं होता। अतः ऐसी किसी भी परिस्थिति के कारण संबंधों में आ रही रिक्तता के लिए पत्नी स्वयं पहल करे। इस प्रकार की पहल से जहां दाम्पत्य जीवन में सरसता के नये स्रोत पैदा होंगे, वहीं दोनों में नजदीकियां बढ़ेंगी। दोनों के मन में विश्वास बढ़ेगा।

पति की प्रेरणा और उसका संबल बनकर ही आप उसमें 'हीमैन' को देखें। कदम-कदम पर उसे मान-प्रतिष्ठा देकर उसका मनोबल बढ़ाएं। उसकी सामाजिक, पारिवारिक और आर्थिक सीमाएं जानें। पति को मूर्ख समझकर, उसे अपने सपनों

का 'दुश्मन' समझकर अपने घर-संसार में आग न लगाएं। न ही अपनी हीनताओं का रोना रोएं। अपने दाम्पत्य संबंधों में तनाव और टकराव की स्थिति पैदा न करें।

अपनी उच्चता पर इतराने की आदत आपको सबकी सवालिया नजरों का शिकार बनाएगी। शिष्टता और शालीनता से परस्पर बैठकर विचार-विमर्श कर एक-दूसरे की बातें आंखों-आंखों में पढ़ें।

सामाजिक और पारिवारिक जीवन में किसी भी अपमान अथवा अभाव के लिए परस्पर में हिमायती बन एक-दूसरे का साथ दें। अपमान अथवा हीनता का कोई भी झोंका एक-दूसरे को न लगने दें। एक-दूसरे की आंखों में आंखें डालकर देखें, अपने सपनों की तलाश करें और फिर अपने इन सपनों को स्वयं साकार कर उनकी मिठास स्वयं अनुभव करें, तथा साथी को भी इसका अहसास कराएं। पत्नी को हमेशा सेज पर फूल सजाने के लिए प्रेरित करते रहें, ताकि वह आपको अपने सपनों का राजकुमार समझने में कभी भूल न करे।

अपने पति अथवा पत्नी की कमजोरियों, हीनताओं, दोषों, कमियों अथवा आदतों को उछालकर आपको किसी से कुछ न मिलेगा। यहां तक कि पति और पत्नी भी पसंद नहीं करते कि कोई उन्हें इस प्रकार से 'अपमानित' करे। आप जहां जग हंसाई के पात्र बनेंगे, वहीं आप उसकी सहानुभूति भी खो देंगे। दाम्पत्य संबंधों की मधुरता के लिए यह बहुत आवश्यक है कि आप विशाल हृदय से एक-दूसरे को स्वीकारें।

सो-सो हैं, कहने की अपेक्षा आप यह भी कह सकती हैं कि मैंने तो उन्हें 'पास' कर दिया, अब तू खुद ही देख लेना…सो मैंने पचास नंबर दिए हैं, तू चाहे तो उन्हें सत्तर-अस्सी भी दे सकती है…। इस प्रकार की उत्साही और आशा भरी सोच ही आपके सपनों के अनुरूप बना देगी और वे आपके 'ही मैन' बन जाएंगे।

कुछ इस प्रकार की सोच ही मन में लाएं। हमारी पुरुष प्रधान सामाजिक व्यवस्था में विवाह के बाद ही पुरुष पारिवारिक जिम्मेदारियों के आ जाने से परिपक्व होते हैं। पति की बहुत-सी कमजोरियां उसकी पत्नी ही दूर करती है, इसलिए नव विवाहिता लड़कियों को हमेशा इस बात का ध्यान रखना चाहिए। अपने सपनों को साकार बनाने के लिए स्वयं भी पहल करें। एक-दूसरे की इच्छाओं का सम्मान करें और आपस में सहयोग करके ही आप अपने घर को स्वर्ग बना सकते हैं। एक-दूसरे में अपनी कल्पना को साकार देख सकते हैं। कुछ तथ्य इस प्रकार हैं :

- समझौता करने की सोच पालें।
- विकल्प स्वीकार करने के लिए हमेशा तैयार रहें।
- अपनी खुशियां घर में ही तलाश करें।
- अपनी आर्थिक, सामाजिक और पारिवारिक सीमाएं जानें।
- सच्चाई स्वीकारें।

लेकिन ध्यान रखें–

- अपनी कमीज को दूसरों की अपेक्षा मैली अनुभव न करें।
- अभावों को अभिशाप न समझें।
- और पाने के चक्कर में जो सुलभ है, उसे भी न खो दें।
- सीमाओं से बाहर अपेक्षाएं न पालें।
- अपनी हीनताओं का रोना न रोएं।

पत्नी को खिलाए हुए अंगूरों की मिठास उसकी आंखों के चुंबन से जानें।

अध्याय 5

दाम्पत्य जीवन : व्यावहारिक सोच

आदर्श सिद्धांत और व्यवहार तीन ऐसे रंग हैं, जिनमें इंद्रधनुषी दाम्पत्य जीवन की छटा देखी जा सकती है। इन तीनों रंगों की जामा ही दाम्पत्य जीवन की सरसता है। किंतु व्यवहार की अपनी विशेषता है, इसलिए अपनी सोच को व्यावहारिक रूप देकर देखें। आदर्श और सिद्धांत इसके आगे फीके पड़ने लगेंगे।

शिवपुरी से दिल्ली जाकर बस गए मेरे एक प्रतिष्ठित मित्र ने अपने दाम्पत्य जीवन के 25 वर्ष पूरे कर लेने के अवसर पर दी जाने वाली पार्टी में मुझे आमंत्रित करते हुए लिखा कि वे अपने इस जीवन में कभी भी यह नहीं भूले कि मेरी पत्नी भी किसी की बेटी है, किसी की बहन है, किसी की मां है। मैंने हमेशा उसकी भावनाओं का सम्मान किया है और मेरे सुखी दाम्पत्य जीवन का, मेरी सारी सफलताओं का एक मात्र मूल मंत्र यही है।

आप चाहे गांव या कसबे के मध्यवर्गीय परिवार के पढ़े-लिखे व्यक्ति हों अथवा महानगर के किसी संपन्न कुलीन परिवार के सदस्य हों या फिर सामान्य आर्थिक स्तर के कोई अधिकारी अथवा व्यापारी; इस सत्य को मन-ही-मन स्वीकार कर लें कि दाम्पत्य जीवन की सफलता का सीधा संबंध पति-पत्नी के आपसी रिश्तों से होता है। पति-पत्नी में यह भावनात्मक जुड़ाव, परस्पर समझ और सेवा भावना जितनी अधिक होगी, संबंधों में दृढ़ता उतनी ही अधिक होगी। अतः इस विषय के व्यावहारिक पक्ष को ही सफलता का आधार मानें।

पति-पत्नी के ये संबंध किसी बरसाती उफनती नदी या जंगल में लगी आग जैसे नहीं होते, न ही उनके इन संबंधों में किसी दिखावे अथवा प्रदर्शन की आवश्यकता होती है। विवाह के प्रारंभिक दिनों में भले ही कुछ युवाओं में प्रेम की यह उष्णता कुछ अधिक ही प्रकट होती है, लेकिन पति-पत्नी के आपसी संबंध के कारण ये भी शीघ्र ही दिशा पा जाते हैं और उनमें गंभीरता आने लगती है। पति-पत्नी के इन स्नेह-स्रोतों की तुलना निरंतर बहने वाले उस शीतल स्रोत से की जा सकती है, जो जीवन भर एक-दूसरे की प्यास बुझाते हैं। इन संबंधों के कारण ही वे जीवन भर एक-दूसरे से जुड़े रहते हैं। रूप, यौवन का आकर्षण तो दो-चार वर्षों तक बना रहता है, लेकिन दाम्पत्य संबंधों का आकर्षण उम्र के साथ-साथ बढ़ता जाता है। यह आकर्षण ही उन्हें जीवन साथी, हमराही और हमराज बनाता है। परस्पर प्रेम का यह सत्य ही दाम्पत्य जीवन की व्यावहारिक सोच है। इसे आप अपने स्तर पर कभी भी और कहीं भी कम न होने दें।

विवाह के बाद स्त्री गृह कार्य का संचालन कर गृहलक्ष्मी बन जाती है और पुरुष परिवार का संरक्षक बन परिवार का कर्ता बन जाता है। घर के कामों में दोनों ही एक-दूसरे का सहयोग करने लगते हैं। किसान दिन भर हल चलाकर खेती करता है, तो पत्नी उसका भोजन लेकर 'कुएं-खेत' पर आती है। अब जब समय बहुत परिवर्तित हो गया है, तो भी पत्नी ही घर को सजाती-संवारती है। पारिवारिक अपेक्षाओं की पूर्ति करती है। आर्थिक आवश्यकताओं के लिए उच्च जीवन-यापन

की इच्छा के लिए अब उसने नौकरी करना भी प्रारंभ कर दिया है। पत्नी का नौकरी-पेशा होना प्रगतिशील सोच समझी जाने लगी है। यहां विवाद यह नहीं कि पत्नी का नौकरी-पेशा होना आवश्यक है कि नहीं । यदि पत्नी प्रतिभावान है, उसमें योग्यता है, पारिवारिक आवश्यकता है, तो उसे नौकरी अवश्य करनी चाहिए। असल बात तो यह है कि पारिवारिक अपेक्षाएं क्या हैं? पत्नी की मान-प्रतिष्ठा तभी बढ़ती है, जब वह अपनी पारिवारिक अपेक्षाओं की पूर्ति करने लगती है। यदि उसके नौकरी करने से दाम्पत्य संबंधों में मधुरता आती है, वह पति की सहयोगी बन उसके कंधे से कंधा मिलाकर उसे सहयोग देती है, तो इस व्यवहार में दोष या हीनता कहां है?

दाम्पत्य संबंधों में निकटता लाने के लिए पति-पत्नी को अपनी सोच और क्रियाओं में हमेशा नवीनता लाते रहना चाहिए। उनमें परस्पर जितना अधिक आकर्षण बना रहेगा, उनमें जुड़ाव उतना ही अधिक होगा, जैसे कि प्रशंसा सुनना व्यक्ति की एक मनोवैज्ञानिक कमजोरी है। संबंधों को सुदृढ़ बनाने के लिए उस कमजोरी का लाभ उठाना चाहिए। पति-पत्नी को चाहिए कि वे एक-दूसरे के अच्छे कार्यों, गुणों की प्रशंसा करें। प्रशंसा से आशय केवल उसके रूप-सौंदर्य की प्रशंसा नहीं, बल्कि उनके उन कार्यों की प्रशंसा से है, जिससे पति अथवा पत्नी की मान-प्रतिष्ठा बढ़ रही है। पति अथवा पत्नी को समाज में विशिष्ट स्थान मिल रहा है। उन कार्यों की प्रशंसा करें, जो उन्हें परिवार से जोड़ रहे हैं। इस प्रकार की प्रशंसा एक-दूसरे की आंखों से प्रकट होनी चाहिए।

बहू के रूप में वह परिवार का केंद्र बिंदु होती है। अपने इस रूप के कारण ही उसकी सामाजिक प्रतिष्ठा बढ़ती है। परिवार के प्रत्येक सदस्य की अपेक्षाएं उसी से जुड़ी रहती हैं। उसे जहां पति की इच्छाओं का सम्मान करना पड़ता है, वहीं सास-ससुर, नंद-देवर, जेठ-जेठानी और उनके बच्चों आदि की रुचियों, इच्छाओं, मान्यताओं और मर्यादाओं सभी का भी ध्यान रखना पड़ता है। ऐसे में बहू की स्थिति 'बत्तीस दांतों के बीच में जीभ' जैसी होती है, जिसके जरा से भी असंतुलित हो जाने पर कट जाने का भय बना रहता है। नए परिवार में समन्वय न कर पाने के कारण जहां बहू को अपना सारा जीवन दांव पर लगाना पड़ता है, वहीं पारिवारिक असमानताओं को भी अपने अनुरूप बनाना पड़ता है, जो कि अपने आपमें एक कठिन काम होता है। पति-पत्नी दोनों ही कर्तव्यों, मर्यादाओं में बंधे हुए इन परिस्थितियों से समन्वय करते हैं। जो दंपत्ती एक-दूसरे की भावनाओं का सम्मान कर, उन्हें समझकर, उनमें सामंजस्य बना लेते हैं, वे ही इस क्षेत्र में सफल

होते हैं, वरना घर वाले ही पति को 'जोरू का गुलाम', 'चिड़ी का गुलाम' कहकर उसका मजाक उड़ाने लगते हैं या पत्नी की उपेक्षा करके उसे भी हीनता की दृष्टि से देखने लगते हैं। वास्तव में पत्नी की उपेक्षा से भी स्नेह घटता है और एक दिन ऐसा आ जाता है, जब कि दोनों एक-दूसरे को चाहते हुए भी उतना स्नेह नहीं दे पाते, जिसकी आवश्यकता दाम्पत्य संबंधों के लिए आवश्यक होती है।

विवाह के समय लड़की के मन में अपने भावी पति के प्रति जो सुखद कल्पनाएं होती हैं, उन्हें मूर्त रूप देने, उन्हें सार्थक बनाने के लिए कदम-कदम पर प्रयास करने पड़ते हैं। इन प्रयासों की सफलता पति के आचरण, सोच, व्यवहार और सहयोग पर भी निर्भर होती है। यह बताने-समझाने की आवश्यकता नहीं कि ताली दोनों हाथों से बजती है। प्रोत्साहन के अभाव में अच्छे-अच्छे साहसी व्यक्तियों का धैर्य भी टूट जाता है। यदि पत्नी के इन प्रयासों को पति की ओर से प्रोत्साहन नहीं मिलता, तो आखिर पत्नी भी थककर, टूटकर बैठ जाती है। उसकी उमंगें भी ठंडी होने लगती हैं, भावनाएं दम तोड़ने लगती हैं। अतः यदि आप चाहते हैं कि आपके दाम्पत्य जीवन में सरसता के नित्य नए स्रोत बनें, तो संकल्पित होकर परस्पर विश्वास व्यक्त कर व्यावहारिक सोच अपनाएं।

पत्नी से प्रेम प्रदर्शित करने, जुड़ने का सबसे सरल उपाय यह है कि आप अपने घरेलू कामों में उससे जुड़ें, उसके सहयोगी बनें। उसके सामने हमेशा सरल प्रश्न ही रखने की कोशिश करें। पत्नी यदि भोजन बनाने, कपड़े धोने जैसे कामों में व्यस्त है, तो आप घर के अन्य कामों में उसका सहयोग करें। घर के कामों में आपकी इस प्रकार की संलग्नता जहां आपको पत्नी से जोड़ेगी, वहीं आप अपने घर-संसार को अपनी कल्पनाओं के अनुरूप नए रंग दे सकेंगे। घर की सफाई चमक-दमक और रख-रखाव से जहां गृहिणी की छवि बनती है, वहीं गंदा और अस्त-व्यस्त घर हमें मानसिक रूप से उत्तेजित, चिड़चिड़ा, क्रोधी, हीन और कमजोर बनाता है। ऐसे में यदि कोई आपकी तुलना किसी ऐसे अन्य व्यक्ति से करता है, तो आपके मन में हीन भाव आना स्वाभाविक ही होता है। हममें ईर्ष्या जागृत होती है और हम अनावश्यक रूप से ही तनावग्रस्त होती हैं। हमें दूसरे के गुण भी अच्छे नहीं लगते।

काम से थका-हारा पति चाहे वह किसान हो अथवा बाबू, प्रशासनिक अधिकारी हो अथवा कर्मचारी, व्यापारी हो अथवा शिक्षक पत्नी की बाहों की इच्छा करता है। उसे यहां न केवल नया उत्साह, सकून और मानसिक शांति मिलती है, बल्कि वह 'ठहराव' भी अनुभव करता है। प्रेम का यह रूप दाम्पत्य संबंधों को निखारता है।

इन संबंधों के बारे में पाश्चात्य विचारकों की सोच भले ही हमारी सोच से भिन्न है, लेकिन इतना आवश्यक है कि पति-पत्नी को अपने इन संबंधों को हमेशा नया बनाना चाहिए। जो लोग इन संबंधों को शारीरिक आवश्यकता की संज्ञा देते हैं, उन्हें भी समझ लेना चाहिए कि परस्पर आसक्ति के इस व्यवहार संबंधों की मधुरता का व्यवहार कहना ही अधिक सार्थक है। इन संबंधों में भी संयम रखने का उतना ही महत्त्व है, जितना अन्य व्यवहारों में शालीनता का। दाम्पत्य संबंधों की यह निकटता जितनी सरस होगी, तृप्ति उतनी ही अधिक होगी। अतः पति-पत्नी को मिलन के इन क्षणों को यथासंभव प्रसन्न, उल्लासित और आनंद में व्यतीत कर, एक-दूसरे से जुड़ने की सोच पालनी चाहिए। एक-दूसरे में खो जाने अथवा एक-दूसरे को पा लेने का उनका यह व्यवहार ही उन्हें एक-दूसरे के 'योग्य' बनाता है। इस प्रेम व्यवहार को मधुरता की उस सीमा तक जीना चाहिए, जहां दोनों में कुछ भी शेष न रहे।

इन संबंधों के बारे में जहां मनोवैज्ञानिक और समाजशास्त्री बड़ी-बड़ी बातें करते हैं, परस्पर संतुष्टि के लिए अनेक 'हथकंडे' अपनाने की बातें कहते हैं, इस विषय में बड़ी स्पष्ट सोच यह है कि पति-पत्नी में कुछ भी 'गोपनीय' नहीं होता। इसलिए इन मधुर क्षणों को सफल-सार्थक और प्रेममय बनाने के लिए एक-दूसरे के दिल से जुड़ें, संकोच की सारी सीमाएं एक-दूसरे को समर्पित कर दें।

वैवाहिक जीवन की सार्थकता केवल काम-वासना की तृप्ति तक सीमित नहीं बल्कि विवाह के बाद ही पति-पत्नी एक-दूसरे के मित्र, संरक्षक, हमराह बन एक-दूसरे की कमियों को पूरा करने वाले होते हैं। व्यक्ति यह भी प्रयास करता है कि वह अपनी पत्नी को अपनी इच्छाओं के अनुरूप बना ले या फिर वह स्वयं उसकी इच्छाओं के अनुरूप बन जाए।

''अब तुम समाधिया खानदान की बहू हो, तुम्हें यह सब पहनना शोभा नहीं देता। यह मंगल सूत्र और ये कड़े हमारे खानदान की निशानी हैं...। जैसे निर्देश लड़कियों में गर्व-गौरव पैदा करते हैं और वे अपने आपको उस खानदान के अनुरूप बनाने-ढालने की कोशिश करती हैं।

विवाह पूर्व के ऐसे कुछ प्रसंग, विवाद, बातें, व्यवहार हो सकते हैं, जिन्हें 'स्वादिष्ट भोजन में कंकड़ के समान' समझा जा सकता है। ऐसे कंकड़ यद्यपि उसी समय फेंक दिए जाते हैं, लेकिन कभी-कभी उनका कसैलापन अथवा किरकिराहट बनी रहती है। ऐसे व्यवहार, ऐसी बातें परछाईं की भांति लड़कियों के साथ ससुराल में आ जाती हैं या फिर लड़के वालों के मन में फांस बनकर हमेशा कसक पैदा करती

रहती हैं। कभी-कभी कुछ गलतियां परस्पर संबंधों में 'पुरानी चोट' की तरह दर्द मारने लगती हैं। अतः आप इन व्यवहारों से बचें। इन्हें हरा करने की सोच मन में कभी न लाएं।

कुछ समय का वियोग दाम्पत्य संबंधों में प्रगाढ़ता और निकटता लाता है। इस सत्य को इसी पुस्तक के आगे अध्याय में व्यापक स्तर पर स्पष्ट किया गया है। थोड़े समय की दूरियां दाम्पत्य संबंधों को और मधुर बनाने वाली होती हैं। लंबे समय तक साथ-साथ रहने के कारण जो 'ऊब' अथवा उदासीनता आपसी संबंधों में आ जाती है, उसमें इन दूरियों के कारण ही नयापन आ जाता है। पत्नी के मायके चले जाने पर जब सूना-सूना घर काटने को दौड़ता है, तो पति को पत्नी की महत्ता का अहसास होता है और बहू न रहने से पूरा घर जब बिखरने लगता है तो बहू न होने का अहसास परिवार में सबको होने लगता है। इस प्रकार का बिछोह एक-दूसरे को समझने-समझाने के लिए बहुत आवश्यक है। तलाक लेने के इच्छुक पति-पत्नी को भी इसलिए इसका अवसर दिया जाता है कि आप एक-दूसरे से दूर रहकर देखें, ताकि दोनों को एक-दूसरे की उपयोगिता और महत्त्व का अहसास हो।

सामाजिक जीवन में ऐसे बहुत से अवसर आते हैं जब पति प्राध्यापक होता है और पत्नी प्रधानाचार्य होती है। पति कार्यालय सहायक होता है और पत्नी प्रशासनिक अधिकारी, पत्नी बी.ए., बी.एड. पति हाई स्कूल···। ऐसी स्थिति में दोनों के मन में जहां हीन भावनाएं आती हैं, वहीं कभी-कभी उच्चता अथवा अहम भाव के कारण पति-पत्नी में ईगो(अहम्) का टकराव भी होने लगता है। ऐसे में यदि पति-पत्नी एक-दूसरे से बड़े होने की सोच मन में पालने लगते हैं तो उच्चता, अहम और अभिमान सिर चढ़कर बोलने लगता है। ऐसे में जहां दाम्पत्य संबंधों में तनाव, टकराव और बिखराव की स्थिति निर्मित हो जाती है, वहीं घर की सुख-शांति भी भंग हो जाती है। पति के कदम बहक कर प्रायः नशे की ओर बढ़ जाते हैं। पति-पत्नी को एक-दूसरे के छोटे-छोटे दोष भी बड़े दिखाई देने लगते हैं। पूर्वाग्रहों की सोच विकराल रूप धारण कर एक-दूसरे के वैवाहिक संबंधों को इतना विषाक्त न बनाए कि पति-पत्नी एक-दूसरे की भावनाओं का सम्मान न करके अपनी उच्चता को सिद्ध करने लग जाते हैं। उच्चता का अहम् कभी-कभी पति-पत्नी को न्यायालय के दरवाजों तक पहुंचा देता है। स्थिति वही ढाक के तीन पात बन कर रह जाती है।

''मुझे तो मेरा दोष बता दीजिए। जब मैं स्वयं कमाती हूं, खुद खाती हूं, तो फिर

मेरे खाने-पहनने पर किसी को जलन क्यों...और अगर कोई जले तो मेरे ठेंगे पर...।'' जैसी ईंट का जवाब पत्थर से देने वाली सोच पारिवारिक स्त्रियों के लिए कोई औचित्य नहीं रखती। इस प्रकार की सोच जहां अहम् अथवा अभिमान वाली है, वहीं शिष्टता और शालीनता से भी परे है। दाम्पत्य जीवन में जहां तक हो इस प्रकार की भावनाओं से बचें।

यह बात ध्यान में रखें कि पढ़ाई-लिखाई या सामाजिक स्टेटस एक अलग बात है और दाम्पत्य जीवन अलग। परिवार में पति-पत्नी को दाम्पत्य जीवन की सार्थकता पर विशेष ध्यान देना चाहिए। एक-दूसरे को हीन समझने की अपेक्षा पूरा सम्मान देना चाहिए।

इस भ्रामक सोच से मुक्त हों कि पति-पत्नी में औपचारिक व्यवहारों का कोई महत्त्व नहीं। वास्तव में औपचारिक व्यवहार ही शिष्टाचार होते हैं। इसलिए मानसिक संतुष्टि के लिए इन्हें भी उतना ही महत्त्व दें। अच्छे कार्यों, व्यवहारों की प्रशंसा, कृतज्ञता, संबोधनों में सम्मानजनक शिष्टता, जी 'जी हां', 'जी नहीं...' 'आप', 'आप बैठिए...', 'आप लीजिए' जैसी बातें सीधे दिल पर प्रभाव डालती हैं। अतः आप परस्पर में इन व्यवहारों का निर्वाह करें। परिवार के अन्य सदस्यों यहां तक कि बच्चों, पड़ोसियों और मित्रों से भी ऐसे ही शिष्ट व्यवहार की अपेक्षा करें। शिष्टाचार की इन सीमाओं का उल्लंघन न करें। इससे आप कहीं भी अपमानित होने की स्थिति में न आएंगी और न ही आपको कोई अपशब्द बोल सकेगा।

पति-पत्नी में वैचारिक मतभेद, विषय विशेष पर एक मत न होना आदि ऐसी अनेक छोटी-छोटी बातें हो सकती हैं, जो विवाद का कारण हों। बात चाहे कितनी ही छोटी अथवा बड़ी हो, परिवार के अन्य सदस्यों, बच्चों के सामने, मेहमानों के सामने पति-पत्नी किसी भी बात पर बहस अथवा वाद-विवाद कर इसे अनावश्यक चर्चा का विषय न बनाएं। दूसरों का समर्थन जुटाने के लिए अपने तर्क भी प्रस्तुत करें। किसी भी विषय पर इस प्रकार की विजय पाने की सोच मन में न लाएं। इस संबंध में सच्चाई यह है कि मामला आप दोनों के बीच का है। संदर्भ भी आप ही दोनों हैं और फैसला भी आप दोनों के बीच होना है। अतः इस विषय में किसी तीसरे पक्ष की क्या आवश्यकता है? आप किसी तीसरे पक्ष को क्यों लाना चाहती हैं? यहां तक कि पति-पत्नी के ऐसे विवादों में अभिभावकों को भी तटस्थ ही रखना चाहिए और उन्हें इस सत्य को स्वीकार करना चाहिए कि मामला उन दोनों के बीच ही रहे।

वाणी की कर्कशता दाम्पत्य जीवन की सरसता को सोखने वाली होती है। पति-पत्नी में जब भी ऐसी कोई अप्रिय स्थित निर्मित हो, अपशब्द बोलकर अपनी स्थिति कमजोर न बनाएं। पत्नी पर हाथ उठाने की गलती भूलकर भी न करें। इस स्थिति के लिए आपकी स्थिति बहुत दयनीय हो सकती है। ऐसे व्यवहार के कारण दाम्पत्य संबंधों के टूटने का खतरा रहता है।

दाम्पत्य संबंधों की सरसता के लिए पति-पत्नी में आर्थिक दुराव-छुपाव नहीं होना चाहिए। पत्नी परिवार की गृहलक्ष्मी-गृहवामिनी होती है। उसे परिवार की आय के सभी स्रोतों की जानकारी होनी चाहिए। मध्यवर्गीय परिवारों में तो पत्नी को 'गृहमंत्री' की पद-प्रतिष्ठा केवल इसलिए प्राप्त होती है, क्योंकि वह अपने सीमित आर्थिक साधनों में ही परिवार की मान-प्रतिष्ठा को सुरक्षित रखती है। यदिं पति-पत्नी दोनों कमाते हैं तो पत्नी को अपने कमाऊ होने पर इतराने की आवश्यकता नहीं। वास्तव में पत्नी का नौकरी करना तभी तक सार्थक है, जब तक कि उसके इस कार्य से परिवार पर कोई प्रतिकूल प्रभाव नहीं पड़ता। पारिवारिक अपेक्षाओं को नजर-अंदाज कर पत्नी का नौकरी करना हर हालत में परिवार पर भारी पड़ने वाला व्यवहार है। इसलिए इस भ्रम को मन से निकाल दें कि आर्थिक संपन्नता ही परिवार की खुशी का आधार है। अगर ऐसा होता तो धनी लोग ही सुखी होते।

दाम्पत्य संबंधों की सार्थकता, जीवन की खुशहाली, प्रगतिशील सोच के लिए पति-पत्नी में स्थापित भावनात्मक संबंधों की अभिव्यक्ति का अपना महत्त्व है। इस अभिव्यक्ति को जो पति-पत्नी आंखों-आंखों में व्यक्त करते हैं, एक-दूसरे के भावों को समझ लेते हैं, स्वीकारते हैं, परस्पर एक आकर्षण से जुड़े रहते हैं, दुःख-सुख बांटते हैं, स्नेह सेवा और सहानुभूति व्यक्त कर प्रसन्न होते हैं, उन्हीं का जीवन सफल होता है।

दाम्पत्य संबंधों की मधुरता के लिए उसके इन व्यावहारिक पक्षों से जुड़े तो मधुरता के नित्य नए स्रोत फूटने में समय न लगेगा। इसके लिए पति-पत्नी दोनों को चाहिए कि–

- पति-पत्नी जीवन की कठोर वास्तविकताएं स्वीकारें।
- विषम परिस्थितियों में किसी को अकेला छोड़ना आपके दाम्पत्य संबंधों पर प्रश्न चिह्न लगाता है, इसलिए मिलकर संघर्ष करें।
- एक-दूसरे की सलाह मानें।

- घर आए पुरुष मेहमानों, पति के मित्रों से एक मर्यादित दूरी बनाकर रखें।
- अपने घर-संसार की योजनाएं दोनों मिल कर बनाएं।

लेकिन ध्यान रखें

- अपनी हीनताओं का रोना दूसरों के सामने न रोएं।
- पत्नी की किसी बात का मजाक न उड़ाएं।
- रात देर से घर न आएं।
- विवाद होने पर संबंध तोड़ लेने की हदों तक न पहुंचें।

विवाह के अलावा अन्य सभी प्रकार के शारीरिक संबंधों का परिणाम पश्चात्ताप ही निकलता है।

अध्याय 6

मिठास बढ़ाती हैं दूरियां भी

कालिदास ने मेघदूत के माध्यम से अपनी प्रेयसी के बारे में क्या-क्या कल्पनाएं की थीं, कुछ ऐसी कल्पनाएं ही आपके मन में भी पैदा होती हैं, जब आप पति-पत्नी दूर होकर एक-दूसरे की मधुर स्मृतियों में खोए होते हैं। पति-पत्नी के मन में एक-दूसरे के प्रति यह भावनात्मक जुड़ाव ही उन्हें एक-दूसरे के निकट लाता है। दाम्पत्य संबंधों में आया यह जुड़ाव दूरियों को नजदीकियों में बदल देता है।

व्यक्ति का महत्त्व तभी समझ में आता है, जब वह पास में न हो। वैसे भी जो सुलभ होता है, उसका कोई महत्त्व नहीं समझता। कुछ इसी प्रकार की सत्यता का अनुभव हमें तब होता है, जब पति अथवा पत्नी कुछ दिनों के लिए दूर हो जाते हैं। मिलन की इच्छा लिए हमारा एक-एक दिन, एक-एक वर्ष के समान व्यतीत होता है। व्यापारिक अथवा प्रशासनिक काम-काज के क्रम में, सामाजिक संबंधों के निर्वाह अथवा शिक्षण-प्रशिक्षण, बीमारी आदि के क्रम में कुछ दिनों के लिए एक-दूसरे से दूर अथवा अलग रहना पड़ता है। यद्यपि इस प्रकार की दूरियों अथवा विवशताओं को पति-पत्नी भारी मन से स्वीकारते हैं, लेकिन स्वीकारना तो पड़ता ही है। इसलिए इस विषय में पति-पत्नी कुछ व्यावहारिक सोच अपनाएं। इस प्रकार की कुछ दिनों की दूरी अथवा विछोह को उसी प्रसन्नता और उत्साही मन से स्वीकारें, जिस प्रसन्नता से मिलन को स्वीकारते हैं। इस व्यवहार को भी दाम्पत्य जीवन का एक सत्य मानें कि रात जितनी अंधेरी होगी, सुबह उतनी ही उजली होगी। इंतजार के बाद का मिलन उतना ही सुखद, मधुर और स्निग्ध होगा।

देखने-सुनने तथा पढ़ने में यह बात भले ही कुछ विरोधाभासी, कुछ विपरीत सोचवाली, और अटपटी-सी लगती है कि दाम्पत्य संबंधों की ये दूरियां नजदीकियां कैसे बन सकती हैं, लेकिन यह मनोवैज्ञानिक सत्य है। व्यावहारिक यथार्थ है। जीवन की खुली सच्चाई है। सामाजिक और पारिवारिक व्यवस्था का आधार है। दाम्पत्य संबंधों में निकटता लाने का एक सिद्धांत है। आदर्श जीवन-यापन की खुली सोच है। यहां तक कि प्रकृति ने भी पति-पत्नी के संबंधों के क्रम में इसे मान्यता देकर पति को 'कुछ दिनों' तक पत्नी से दूर रहने की व्यवस्था की है।

थोड़े दिनों का यह विछोह पत्नी के मायके जाने, पति के काम पर जाने से हो जाना एक सामान्य सामाजिक व्यवहार है। सरकारी स्तर पर अब अनेक सेमीनारों, गोष्ठियों, मीटिंगों आदि का आयोजन होने लगा है, जिसमें पति-पत्नी को जाना लगभग तय-सा होता है। दाम्पत्य संबंधों में सरसता, निकटता और स्थायी उष्णता लाने के लिए यह एक उत्तम सोच है। इन थोड़े से दिनों में ही दोनों को एक-दूसरे की 'महत्ता' 'उपयोगिता' और 'सार्थकता' नजर आने लगती है और दोनों ही मन-ही-मन में एक-दूसरे के महत्त्व को स्वीकारने लगते हैं।

इस आकर्षण और लगाव को स्थायित्व प्रदान करने के लिए वर्ष में, महीने में, सप्ताह में, कुछ दिनों के लिए एक-दूसरे से दूर रहना सीखें। इससे जहां परस्पर में आकर्षण और लगाव बना रहेगा, वहीं दोनों के दिल में एक-दूसरे के लिए 'कसक'

अथवा 'तड़फन' बनी रहेगी। यह तड़फन ही दाम्पत्य संबंधों की ताजगी और सरसता एक-दूसरे की आंखों में बसी रहेगी।

पति को भी यह अवसर मिलता है कि वह अपनी पत्नी को 'रिझाने' के लिए कुछ अपने तरीके से सोचे...रिझाने के इस तरीके में वह उसके लिए उपहार लेकर आता है। पत्रों अथवा फोन पर बातें कर उससे दिल से जुड़ने के प्रयास करता है और प्रत्युत्तर में पत्नी भी पत्र लिखकर अपनी दूरियों को नजदीकियों में बदलती है। वास्तव में परस्पर का यह जुड़ाव उन्हें बहुत अंदर तक एक-दूसरे से जोड़ता है और ऐसे व्यवहारों को अस्वाभाविक मानें।

जब भी पति दूर पर अथवा बाहर जाए, तो उनके सामान में कुछ ऐसी वस्तुएं अवश्य रख दें, जो बाहर भी उन्हें आपकी याद दिलाती रहें। ऐसी वस्तुओं में खाने-पीने की वस्तुएं हो सकती हैं। दैनिक उपयोग की कुछ वस्तुएं जैसे रूमाल, टाई, मोजे, मफलर, लोई, शाल आदि रख दें। इस प्रकार की वस्तुएं आपको एक-दूसरे से जोड़ेंगी और आप एक क्षण के लिए भी एक-दूसरे को नहीं भूलेंगी।

सही बात तो यह है कि पति घर के बाहर ही अच्छे लगते हैं, इसलिए इस प्रकार की दूरियों को आप सहज, सरल हृदय से स्वीकारें और इस प्रकार की दूरियों को कोसने के स्थान पर प्रेरणा बन उन्हें इसमें खुशी-खुशी सहयोग दें। लौटने पर प्रसन्न होकर पति की उपलब्धियों तथा यात्रा का वृत्तांत सुनें। इस प्रकार की दूरियों को कोस-कोस कर कैरियर में बाधक न बनें।

"मैं बाहर टूर पर नहीं जा सकता...।" जैसे उत्तर सुन कर संस्थान के अधिकारी प्रसन्न नहीं होते। वास्तव में पति की प्रगति में आप इस प्रकार की परेशानियां पैदा न करें। इससे पति के मन में हीनता की भावना पैदा हो सकती है और वे आपके प्रति नीरस हो सकते हैं।

इंतजार के बाद मिलन तो होता ही है। आप भी इस मिलन से जुड़ें। दाम्पत्य संबंधों में ये दूरियां एक मीठी सच्चाई है। इसके गूढ़ रहस्य को समझें। दूरियों के इस व्यवहार को नजदीकियों में बदलें। दाम्पत्य संबंधों में नए फूल खिलाएं। एक लंबे इंतजार के बाद मिलन में जो उष्णता और ताजगी आप अनुभव करेंगी उसका अहसास पति को भी कराएं। इसके लिए पति को सदैव–

- उत्साही मन से विदा करें।
- उनके आने का तीव्रता से इंतजार करें।
- पति की अनुपस्थिति में किसी भी स्थान पर हों, फोन पर संपर्क बनाए रखें।

- कुछ अंतरंग उपहार लाएं।
- अपनी सफलताओं के लिए पत्नी को भी श्रेय दें।

यह भी ध्यान रखें

- पति की अनुपस्थिति में किसी अन्य के घर जाने का, रात रहने का प्रोग्राम न बनाएं।
- मां, बच्चों अथवा पड़ोसियों की शिकायतें लौटने के तुरंत बाद न करें।
- साथ चलने की जिद न करें।
- सामान की लिस्ट न दें। न ही कोई सामान मंगाएं।
- कैरियर में बाधक न बनें।

पति-पत्नी के मध्य वियोग यदि कम समय का हो तो दाम्पत्य संबंधों में प्रथम मिलन जैसी उत्सुकता आनंद और ताजगी भर देता है। इन क्षणों की अनुभूतियों को दिल की गहराई से महसूस करें।

अध्याय 7

प्रशंसा-भरी नजरें

प्रशंसा-भरी एक नजर ही पति-पत्नी को जोड़ने के लिए काफी है। परस्पर संतुष्ट नजरें जहां भीड़ में एक-दूसरे से जुड़ी रहती हैं, वहीं उन्हें गर्व भी होता है कि अमुक मेरी पत्नी है, पति है। घर से बाहर जाते समय या काम से लौटते समय इसी नजर से एक-दूसरे को देखें। मिलन जैसी अनुभूति का अहसास दिन भर बना रहेगा।

प्रशंसा-भरी नजरें दाम्पत्य जीवन का 'टॉनिक' है। कुछ मनोवैज्ञानिकों का मत है कि जहां पति-पत्नी एक-दूसरे को मानसिक रूप से संतुष्ट करते हैं, वहीं एक-दूसरे को अपनी संतुष्टि का अहसास भी कराते हैं। प्रशंसा का दाम्पत्य जीवन में वही स्थान है, जो मशीनों में स्नेहक (लुब्रीकेन्टस) का।

प्रशंसा से तात्पर्य यहां किसी प्रकार की झूठी तारीफ, चमचागीरी अथवा खुशामद करने से बिलकुल नहीं है। न ही एक-दूसरे की 'लल्लो-चप्पो' करने की आवश्यकता है। प्रशंसा तो पति-पत्नी के परस्पर का मनोवैज्ञानिक व्यवहार है, जो मुंह की अपेक्षा आंखों से ही अधिक प्रकट होता है। विशेषकर पत्नी पति द्वारा की गई प्रशंसा की अधिक इच्छुक होती है। पति-पत्नी में आपस की प्रशंसा का मुख्य उद्देश्य एक-दूसरे का दिल जीतना होता है। अतः आप इस रहस्य को जान लें कि आपकी थोड़ी-सी कोशिश आपको दिलों में स्थान दिला सकती है।

मनोवैज्ञानिक प्रभाव

सच तो यह है कि प्रशंसा-भरी नजरों का पति-पत्नी पर मनोवैज्ञानिक प्रभाव पड़ता है। जब दोनों एक-दूसरे की आदतों, पसंद-नापसंद कमियों अथवा गुणों को जान समझ लेते हैं, तो एक-दूसरे के दिल में स्थान पाने के लिए इन बातों का भी ख्याल रखने लगते हैं। इस प्रकार के व्यवहार दोनों को एक-दूसरे का सहयोगी बनाते हैं, जिससे उनका दाम्पत्य जीवन भी खुशहाल और समृद्ध होने लगता है।

प्रशंसा-भरी नजरें पति-पत्नी को एक-दूसरे का सहयोगी बनाती हैं, प्रतिद्वंद्वी नहीं। जब पति-पत्नी एक दूसरे की कमियों का प्रदर्शन न करते हुए उसमें भी अपनी चाहत और विश्वास व्यक्त करने लगते हैं, तो उनमें टकराव अथवा तनाव निर्मित होने का सवाल ही पैदा नहीं होता।

बात चाहे पार्टी में जाने की हो अथवा किसी मित्र या बॉस को घर बुलाने की, बेटी को स्कूल में प्रवेश दिलाने की हो या फिर सास-ससुर की आर्थिक सहायता करने की, निरर्थक बहस कर अविश्वास पैदा न होने दें।

आपका उद्देश्य चाहे जो भी हो, लेकिन पति-पत्नी की आंखों में चमक पैदा करने के लिए एक-दूसरे से जुड़ें। उनके अच्छे कार्यों, व्यवहारों, सोच, सफलता पर एक-दूसरे की प्रशंसा करें। इस विषय में ध्यान रखें कि आपकी प्रशंसा झूठी अथवा इतनी बढ़ा-चढ़ाकर नहीं होनी चाहिए कि वह अपना उद्देश्य ही खो दे। जब आप दूसरों के अच्छे कार्यों की प्रशंसा करते हैं, तो वह अपने एक अच्छे कार्यों के लिए उत्साहित होता है, गर्व अनुभव करता है और यह गर्व तथा उत्साह ही उसे और

सफलता के लिए मानसिक रूप से मजबूत बनाता है।

एक-दूसरे द्वारा की गई प्रशंसा का दाम्पत्य जीवन पर स्थायी और मधुर प्रभाव पड़ता है। पत्नी के नए पहनावे, बनाव-शृंगार, भोजन आदि की प्रशंसा आपको उसकी निकटता प्रदान करती है। इसलिए इसका उपयोग अवश्य करें।

''आज तो बिलकुल हेमामालिनी लग रही हो...'' जैसी बात सुनकर पत्नी के चेहरे पर जो लालिमा आए, उसे मन-ही-मन पीने की इच्छा अवश्य करें। इस प्रकार की इच्छा जागृत कर समझिए कि आपकी प्रशंसा को 'बल' मिल गया। इसी प्रकार से अपनी बातचीत में प्रशंसा का कोई ऐसा शब्द न कहें, जो उनके दिल पर बोझ बन जाए–''तुम्हें अपने बालों का 'स्टाइल' सपना जैसा बनाना चाहिए...उसके बाल कितने सुंदर लगते हैं, ... ।'' आप शायद यह नहीं जानते कि इस प्रकार की प्रशंसा कर आप क्या कर रहे हैं? इसी प्रकार से जब आप 'शालिनी के हाथ के बने बेसन के लड्डुओं की तारीफ' करते हैं, तो भी पत्नी के मुंह का स्वाद कसैला करते हैं। इस प्रकार की प्रशंसा करते समय आप यह भूल जाते हैं कि पति अथवा पत्नी को यह बात बिलकुल सहन नहीं होती। इस प्रकार की प्रशंसा एक-दूसरे के लिए हीनता तथा उपेक्षा की भावना भरती है, जो ईर्ष्या में बदलकर आपसी विश्वास को कम कर देते हैं।

जैसे प्रभा ने जब अपने आगरे वाले जीजा जी की तारीफ करते हुए निरंतर ताने कसे कि ''आगरे वाले जीजा जी की तो बात ही निराली है। कितना विशाल हृदय है उनका! हमेशा हंसते-खेलते रहते हैं। चेहरे पर मैंने कभी शिकन तो देखी ही नहीं...एक आप हैं कि जब देखो माथे पर बल पड़े ही रहते हैं। सूरत पर बारह बजे रहते हैं... ।''

आखिर नितिन को कहना ही पड़ा, ''तो तुम भी चली जाओ अपने आगरे वाले... ।''

वह तो अच्छा हुआ कि प्रभा को शीघ्र ही अपनी गलती का अहसास हो गया। तुरंत बात बदल कर उसने पति-पत्नी में तनाव होने से बचा लिया। इस प्रकार की प्रशंसा सुनना पति-पत्नी के लिए कठिन को जाता है। वास्तव में पति-पत्नी को एक-दूसरे के सुरुचिपूर्ण कार्यों, व्यवहारों की प्रशंसा करनी चाहिए।

पति-पत्नी के साथ बातचीत करते समय शिष्टता और शालीनता का ध्यान रखें। इनका उल्लंघन कभी न करें। 'गाली देकर बात करना', 'अपशब्द बोलना', 'अनर्गल बातें करना', हीनता सूचक बातें करना शिष्टता की सीमाओं में नहीं आता। नशा करके फिर पुरानी बातों से एक-एक कर एक-दूसरे की 'खबर' लेना आदि दाम्पत्य संबंधों को बिगाड़ता है। अतः इन बातें का ध्यान रखें और भूल कर भी ऐसे व्यवहार घर में न होने दें।

आप पत्नी को प्यार से चाहे जो बुलाते हों, लेकिन परिवार के अन्य सदस्यों, मेहमानों, पार्टी अथवा सामाजिक उत्सवों में परिचितों के सामने पत्नी को सम्मान सूचक संबोधन ही दें। तू, तेरा, तुम जैसे शब्दों का प्रयोग न करें। पत्नी पर 'हुक्म चलाने' में आपकी वाह-वाही नहीं। इससे दाम्पत्य संबंधों में टकराहट आएगी और दरार पड़ सकती है।

कुछ प्रगतिशील सोच वाली महिलाएं भी आत्म प्रदर्शन कर दूसरों से या पति से प्रशंसा बटोरना चाहती हैं और ऐसी महिलाएं अपनी आर्थिक संपन्नता का प्रदर्शन और अपना प्रभाव जमाती हैं। ऐसी महिलाएं कुछ देर के लिए भले ही संतुष्ट हो जाएं, लेकिन वास्तव में उनकी प्रशंसा की भूख कभी नहीं मिटती और वे कभी संतुष्ट नहीं हो सकतीं। उनके इस आचरण का सुनने वाले पर प्रायः बुरा प्रभाव ही पड़ता है। इसलिए प्रशंसा एक-दूसरे को रिझाने के लिए की जानी चाहिए, कुढ़ाने के लिए नहीं।

दाम्पत्य जीवन में प्रशंसा के इस मनोवैज्ञानिक पक्ष को मन से स्वीकारें –

- एक-दूसरे के लाकर दिए पहनावे को पहनें और फिर उसे ऊपर से लेकर नीचे तक देखें···देखते ही रहें।
- हमेशा सज-संवर कर रहें।
- एक-दूसरे की पसंद जानें और उसे मान्यता दें।
- अपनी शादी का अलबम वर्ष में अनेक बार, साथ-साथ देखें।
- पति से चूड़ियां खनका कर बात करें।

लेकिन ध्यान रखें

- "घर में ही तो हूं···।" कहकर अथवा सोचकर अपने बनाव-शृंगार के प्रति उदासीन न हों।
- सबके सामने 'उनकी' असलियत न खोलें।
- पति की किसी आदत के लिए मन में हीनता न लाएं।
- यह बात मन से निकाल दें कि शिकायत करके आप पति अथवा पत्नी में कोई सकारात्मक प्रभाव डाल सकेंगे।
- शिकायतें दाम्पत्य संबंधों की सरसता को सोखती हैं।

परस्पर की खूबियों (विशेषताओं-गुणों) को सराहें-सींचें।
उन पर फूल आने का इंतजार करें।

अध्याय 8

दाम्पत्य संबंधों की सरसता : बातचीत

पति-पत्नी के प्यार भरे रिश्तों में निकली पवित्र सांसों की खुशबू, आंखों की अभिव्यक्ति जहां दोनों के दिलों में मधुर घंटियां बजाती हैं, वहीं शब्दों की अभिव्यक्ति भी उन्हें एक-दूसरे से बातें करने के लिए प्रेरित करती है। दिल की गहराइयों से जुड़े इस सत्य को समझें कि पति-पत्नी आपस में बातें कर अपने प्यार और रोमांस को बढ़ा सकते हैं।

वास्तव में संपूर्ण जीवन की सरसता पति-पत्नी के भावनात्मक जुड़ाव से जुड़ी हुई है। इसको मूर्त रूप देने के लिए प्रकृति ने मनुष्य को अभिव्यक्ति, बातचीत अथवा वाणी की शक्ति प्रदान की है। वाणी मनुष्य को दी गई सर्वोत्तम ईश्वरीय देन है। मनुष्य अपने विचारों, भावों, इच्छाओं, भावनाओं यहां तक कि प्रणय की अभिव्यक्ति भी वाणी के माध्यम से कर सकता है।

कठोर, शुष्क और कर्कश वाणी में वह प्रभाव नहीं होता जो स्निग्ध, मधुर और शिष्ट वाणी में होता है। परस्पर संबंधों की मधुरता, सामीप्य और निकटता के लिए पति-पत्नी को मिल-बैठकर आपस में बहुत-सी बातें करनी चाहिए। पति-पत्नी में बातों की कोई सीमा नहीं होती। कोई विषय निर्धारित नहीं होता। चूंकि पति-पत्नी में बातों का कोई विषय नहीं होता इसलिए एक-दूसरे से उनकी रुचि की बातें ही करें। इन क्षणों में एक-दूसरे की इच्छाएं जानें और फिर उन्हें विश्वास में लेकर इन इच्छाओं की पूर्ति करें। एक-दूसरे के विचारों को मान्यता, प्रतिष्ठा दें। पारिवारिक विवादों, समस्याओं, आर्थिक अभावों का रोना ऐसे क्षणों में न रोएं।

वाणी के इस माध्यम से जहां आप आपसी गलतफहमियों को दूर कर सकते हैं, वहीं परस्पर आ गई कटुता को भी सहज-सरलता से सुलझा सकते हैं। कभी-कभी अहम के मारे अथवा कुछ संकोच के कारण भी बहुत-सी बातें आपस में अनकही रह जाती हैं। भय, शर्म और झिझक के कारण भी पति-पत्नी चाहते हुए भी कुछ बातें नहीं कह पाते। कुछ महिलाएं पति के आतंक के कारण उनसे उचित संवाद स्थापित नहीं कर पातीं। इन सबका परिणाम यह होता है कि भावनाएं अतृप्त रह जाती हैं। कभी-कभी तो पति-पत्नी वर्षों साथ-साथ रहने के बाद भी घुल-मिल पाते, या फिर कुछ महिलाएं अपनी बात न कहकर अपने को उपेक्षित पा 'मुंह फुला' लेती हैं। आपस में अनबोला बनाए रखती हैं। ऐसे परिवारों में बातचीत के अभाव के कारण कभी-कभी स्थिति बड़ी विस्फोटक हो जाती है।

ऐसे पति-पत्नी ही अपमान के कड़वे घूंट पीते-पिलाते हैं। ऐसे व्यवहार जहां दाम्पत्य संबंधों की सरसता को सोखते हैं, वहीं पति-पत्नी में जुड़ाव के अवसर भी समाप्त होते जाते हैं। इसलिए पति-पत्नी दाम्पत्य जीवन में ऐसे अवसर न आने दें। बातचीत कर बड़ी-से-बड़ी समस्या का सम्मानजनक समाधान निकल ही आता है।

कई बार पति-पत्नी में वैचारिक मतभेदों के कारण अथवा अन्य किसी छोटी-सी बात पर भी बहस होने लगती है, तकरार शुरू हो जाती है। अब तुमसे बहस कौन करे...? तुम समझने की कोशिश तो करती नहीं, तुम्हारी समझ में तो कुछ आता नहीं... जैसी बातें कह कर पति अथवा पत्नी आपस में बात ही नहीं करते या फिर

बातचीत का क्रम तोड़ देते है। एक-दूसरे के प्रति उदासीनता बरतने लगते हैं। इस प्रकार की संवादहीनता अथवा अनबोले की यह स्थिति पति-पत्नी में तनाव का कारण बनती है।

ध्यान रखें कि आपकी हलकी-सी मुस्कुराहट और बोलती आंखें आपके दाम्पत्य संबंधों की सरसता को बढ़ाते हैं, तो फिर मुंह से बोलकर तो आप फूल ही फूल बिखेर सकते हैं। अतः सदैव इस तरह रहें–

- बातचीत में मधुर हास्य बिखेरें।
- प्यार भरी मीठी बातें करें। पत्रों में लिखें।
- पुरुष मित्रों से संबंधों की पारदर्शिता बनाए रखें।
- पति के मित्रों के मन में आई गलतफहमी को अपने स्तर पर ही दूर कर दें।
- आंखें नीची कर बात करें। इसमें शिष्टता झलकती है।

ध्यान रखें कि

- आंखें लड़ाने की आदत अच्छी नहीं है, इससे बचें। यह गलतफहमी पैदा करने वाला व्यवहार है।
- द्विअर्थी बातचीत में रुचि न लें।
- पति-मित्रों के साथ असहज होकर रम्मी, ताश-पपलू खेलने जैसा व्यवहार न करें। न ही फोन पर लंबी-लंबी बातचीत करें।
- किसी बात में असहमति होने पर मुंह न फुलाएं।
- पति अथवा पत्नी की कमजोरियों की बातें मित्र मंडली गें न करें।

पत्नी जब आपसे बातें कर रही हो तो भले ही उसकी बात न सुनें, मगर उसकी ओर मुस्कुरा कर देख अवश्य लें, जिससे वह आपकी आत्मीयता के प्रति शंकालु न हो।

अध्याय 9

रूठें ही नहीं, मनाएं भी

रूठना यदि आपका अधिकार है, तो मनाने की कला भी आपको आनी चाहिए। दाम्पत्य संबंधों का यह ऐसा व्यवहार है, जो सरसता बढ़ाने वाला है लेकिन इसे समय से अधिक न बढ़ने दें। अहम भरी सोच का यह व्यवहार जब एक जगह ठहर जाता है, तो इसमें सड़न पैदा होने लगती है। गुस्से के नीचे लहलहाते प्यार को ऊपर लाने की व्यावहारिक सोच अपनाएं, रूठे पति-पत्नी एक-दूसरे को मनाएं।

'तुम रूठी रहो मैं मनाता रहूं, इन आदतों पर और प्यार आता है'...जैसा गीत भले ही आप कभी-कभी ही गुनगुनाते हों, लेकिन इतना अवश्य है कि दाम्पत्य जीवन में इस प्रकार के गीतों का अपना महत्त्व है और यह दाम्पत्य जीवन की एक खुली सच्चाई है। अतः ऐसे बहुत ही कम दम्पती होंगे, जिन्हें रूठने-मनाने का अवसर न आता हो। आप भी अपने दाम्पत्य जीवन में सरसता लाने के लिए इस प्रकार की सोच से विमुख न हों। हां, यदि आपको रूठना अच्छा लगता है, तो मनाने में भी वही तत्परता बरतें। क्योंकि जिस तरह से बहुत दिनों तक एक ही स्थान पर ठहरा पानी सड़ांध देने लगता है, कुछ ऐसी ही स्थिति तब पैदा होने लगती है जब पति अथवा पत्नी बहुत दिनों तक रूठे रहते हैं।

इस विषय में इस सत्य को स्वीकारें कि जहां प्यार होता है, वहां तकरार भी होती है। जहां तकरार होती है वहां एक-दूसरे से रूठने-मनाने का सिलसिला भी चलना जरूरी है। वहीं मनुहार (मनाना) होता है। वास्तव में यही सब तो प्यार है। दाम्पत्य जीवन में यह प्यार भरी चुहलबाजी भी साथी है।

सुलभा को जब रूठे हुए एक घंटा हो गया और उसे लगा जैसे राकेश पर उसके रूठने का कोई प्रभाव ही नहीं पड़ रहा है, तो आखिर उससे भी रहा न गया। सुलभा चोट खाई हुई नागिन की तरह राकेश की आंखों के सामने फैले अखबार को फेंकती हुई तीसरा नेत्र दिखाते हुए चौथे स्वर में बोली, "एक घंटे से मैं रूठी हुई बैठी हूं और साहब हैं कि इनके कानों पर जूं भी नहीं रेंगी। आखिर हमें कौन मनाएगा, क्या हमारा दिल नहीं चाहता कि कोई हमें मनाए...मैं भी तो आपको मनाती हूं...।" और फिर सुलभा ने अपनी बाहें राकेश के गले में डाल दीं।

पति-पत्नी में रूठने-मनाने का यह व्यवहार हमारे पारिवारिक जीवन की पहचान है। इस विषय में एक सत्य यह भी है कि जहां दो बर्तन होते हैं, उनके खनकने की आवाज तो आती ही है। अतः इस आवाज को भी मधुरता देने का दायित्व पति-पत्नी का ही है। इस विषय में केवल इतना ध्यान रखें कि रूठने-मनाने के इस व्यवहार में कहीं भी कर्कशता अथवा झल्लाने जैसी बात न करें। डांट-फटकारकर अथवा अपमानित कर भी एक-दूसरे को न मनाएं।

"किस गंवार से पाला पड़ा है? हमारी तो जिंदगी ही खराब कर दी इन जाहिलों ने...कहां की बीमारी मेरे गले बांध दी है...मुसीबत है, चैन से सांस भी नहीं लेने देती..." जैसी प्रतिक्रिया अथवा विवशता चेहरे पर न लाएं और न ही अपनी सोच को इस प्रकार का बनाएं।

मनाने में देर न करें

जब आप यह चाहती हैं कि कोई आपको मनाए तो फिर वो भी यही चाहते हैं कि कोई उनके इस प्रकार के रूठने को महत्त्व दे। समझे। आखिर दोनों में से किसी को तो उनकी इच्छाओं का सम्मान कर एक-दूसरे को मनाना ही पड़ेगा।

एक मनोवैज्ञानिक का मत है कि पति-पत्नी की लड़ाई चौबीस घंटे में समाप्त हो जानी चाहिए। यदि पति-पत्नी की तकरार अथवा विवाद चौबीस घंटे से अधिक चलता है तो फिर उनमें विकार आने ही लगते हैं। ये विकार आपसी संधि-समझौते योग्य नहीं रह पाते।

इस बात को महत्त्व न दें कि आपकी गलती नहीं तो आप क्यों मनाएं। गलती चाहे जिसकी भी हो 'सॉरी' कहने में कोई हीनता आपके मन में नहीं आनी चाहिए। कभी-कभी तो गलती न होने पर भी 'सॉरी' कहकर आप उनके दिल में 'स्थान' पा सकती हैं।

तनाव न बढ़ाएं

घर में जब तक कोई रूठा रहता है तब तक घर का वातावरण एक अजीब से तनाव से घिरा रहता है, इसलिए रूठे व्यक्ति को अवश्य ही मनाएं और परिवार का वातावरण तनावमुक्त बनाएं। तनाव रहित पारिवारिक वातावरण में ही खुशियां ठहर सकती हैं। रूठने वाले की इच्छा जानें और उसका सम्मान करें। इस सत्य को भी जान लें कि कोई केवल इसलिए रूठता है, क्योंकि आप उसकी इच्छाओं का सम्मान नहीं करते। आप रूठने वाले व्यक्ति के प्रति किसी प्रकार की दुराग्रही सोच, भावना मन में न लाएं। रूठने के कारण तनाव का यह समय जितना लंबा होगा, आपके मन में विचार उतने ही खराब आएंगे। आपकी मानसिक सोच भी विकृत होगी। अनबोले की स्थिति निर्मित होगी। यहां तक कि इस बीच आप अपना क्रोध अथवा खीझ भी बच्चों पर निकालेंगे। अधिकारी अपनी इस खीझ को अधीनस्थ कर्मचारियों पर निकालेगा और इस प्रकार से आपका पूरे दिन ही मूड खराब रहेगा। अतः घर से तनावमुक्त होकर ही निकलें। पत्नी पति को मनाकर निकलें। इस विषय में बिना कुछ सोचे स्वयं पहल करें। आपकी पहल ही उन्हें आसानी से मना देगी।

कुछ देकर मनाएं

पति-पत्नी में लेना-देना तो पड़ता ही है। यदि रूठने-मनाने से व्यवहार में भी

आपको कुछ देना-लेना पड़े तो इस लेन-देन में भी संकोच न करें। अवसर के अनुकूल वह सब लें-दें जिसकी इच्छा आपके मन में है। उनकी पसंद की कोई साड़ी लाकर दें। किसी जेवर की इच्छा हो तो उसे पूरा करें। उसके पसंद की 'लिपस्टिक' अथवा अन्य ऐसी वस्तु जिसका उल्लेख वह आपके सामने कई बार कर चुकी है, लाकर दें। पत्नी को मनाने का सबसे सरल उपाय यही है कि आप उसे उसकी अंतरंग किसी वस्तु का उपहार लाकर दें।

पति को मनाने के लिए उसकी मनपसंद 'डिश' बना कर रखें। स्वयं सज-संवर कर रहें। तितली बनकर उनके आगे-पीछे फिरें। अच्छा खाना और आकर्षक चितवन पाकर भला कोई पति अपनी पत्नी से दूर रह सकता है? भले ही फिर उसे आपको ही मनाना क्यों न पड़े। रूठने-मनाने के इस व्यवहार को कहीं भी अपनी प्रतिष्ठा का प्रश्न न बनाएं, क्योंकि पति-पत्नी की प्रतिष्ठा तो दोनों की आपसी समझ में होती है।

आकर्षक बनें

पत्नी से पति के रूठने का कारण यह भी होता है कि वह सज-संवर कर नहीं रहती। कभी व्यस्तता के बहाने, कभी काम के बहाने, कभी बच्चों के बहाने तो कभी 'अभी रसोई का काम पड़ा है...' के बहाने पति से दूर बनी रहती है। मध्यवर्गीय परिवारों और विशेषकर संयुक्त परिवारों में तो पत्नी को पति की जरा भी 'परवाह' नहीं होती। अपने सजने-संवरने में इस प्रकार की उदासीनता पति को बिलकुल सहन नहीं होती और फिर वह भी उसी माहौल में रहने लगता है।

अपने आकर्षण का जादू पति पर अवश्य चलाएं और अपने इस आकर्षण को कहीं भी कम न होने दें। घर में जितनी देर तक पति रहे, उसके आकर्षण का केंद्र बनी रहें। उसके मन पसंद रंग की साड़ी, सूट पहनें। केश सज्जा करें। सौंदर्य प्रसाधनों का उपयोग करें। जब भी समय मिले उसकी निकटता प्राप्त करें। दिन भर उसे अपने नयनों की डोर से बांधे रहें।

यहां तक कि रात में भी अपने बनाव-शृंगार के प्रति उदासीन न हों। पति के पसंद की 'नाइटी' पहन खुशबू फैलाकर उन्हें मीठी चितवन से देखें। आंखों में आंखें डालकर अपने दिल की बातें कहें। सुनें। उनके गिले-शिकवे दूर करें।

इस प्रकार का व्यवहार कर आप स्वयं अनुभव करेंगी कि रूठने से मनाना आसान है।

यदि बात इतनी सरल न हो, आपकी सीमाओं से बाहर हो रही हो तो कुछ मनोवैज्ञानिक उपाय भी कर के देखें।

क्रोध न करें और न ही किसी प्रकार की आत्महीनता मन में लाएं

पति का रूठना यदि अपनी सीमाएं पार कर गया है और वे किसी दुष्चक्र या विषम परिस्थितियों में फंस गए हैं, तो अपनी ओर से उन्हें समय दें। इस बीच क्रोध कर अथवा रोकर अपनी आत्महीनता का प्रदर्शन न करें। अपनी बात को सहज-सरल तरीके से कहें। आदर्शों की दुहाई देकर उन्हें जली-कटी सुनाकर नहीं मना सकती। केवल आपका शांत चित्त ही उन्हें रास्ते पर ला सकता है, इसलिए शांत चित्त से दूसरे के मस्तिष्क में अपनी बात डालें।

रूठने मनाने के इस व्यवहार को दाम्पत्य जीवन की धूप-छांव से अधिक कुछ न लें। इस व्यवहार के बारे में मन में हीनता भी न पैदा होने दें। इसे बहुत अधिक देर तक अपने 'बेडरूम' में न रहनें दें। इसके लिए आपको चाहिए कि–

- पति के चरित्र पर विश्वास करें।
- उसे अपने नयनों की डोर से बांधें।
- जल्दी रूठें तो जल्दी मान भी जाएं।
- एक-दूसरे को कुछ अंतरंग उपहार अवश्य दें।
- 'कुट्टी' को 'दोस्ती' में बदलने के बहाने स्वयं ढूंढ़े।

लेकिन ध्यान रखें

- बात-बात में रूठना ठीक नहीं।
- कर्कश बातें न कहें।
- क्रोध में आकर आत्महीनता का व्यवहार न करें। न ही अपने आपको अपमानित अनुभव करें।
- बिना खाए सोने के लिए न जाएं।
- किसी और की गलतियां पति-पत्नी पर न थोपें।

> ***हर पत्नी एक औरत होती है, हर औरत पत्नी नहीं हो सकती।***

अध्याय 10

घर में भी सज-संवर कर रहें

गंदा अव्यवस्थित घर, अस्त-व्यस्त वस्त्र, बिखरे बाल, इधर-उधर पड़ी हुई घर की वस्तुएं देखकर पति तो सिर पकड़कर बैठ ही जाता है, बच्चे भी अपने मित्रों को घर में लाने से संकोच करते हैं। जब कि सजी-संवरी पत्नी के रूप में वह सबका मन मोह लेती है। पति-पत्नी से, बच्चा-मां से मिलने को उत्सुक रहता है पति की इस उत्सुकता को कभी खत्म न होने दें, हमेशा तैयार रहें।

नारी शब्द के साथ ही सौंदर्य की अनूभूति होने लगती है। इस सुंदरता में अगर थोड़ी सजावट और हो जाए तो सोने पे सुहागे का काम करती है। पत्नी के सजने-संवरने का सब से अधिक प्रभाव पति पर ही पड़ता है। सजने-संवरने का यहां अर्थ यह नहीं कि आप हमेशा भारी-भरकम गहने शरीर पर लादे रहें या फिर सौंदर्य प्रसाधनों को अपने चेहरे पर इतना पोतें कि आपको देखकर घर के लोग ही 'हीरोइन' कहकर आपका मजाक उड़ाने लगें। यहां आशय सिर्फ यह है कि प्रायः हमारे पारिवारिक जीवन में महिलाएं तभी सजती-संवरती हैं जब वे घर से बाहर जा रही हों। घर के अंदर तो वैसे ही रहती हैं, जैसे अभी-अभी सोकर उठी हों। अपने सजने-संवरने के प्रति उनकी यह उदासीनता जहां दाम्पत्य संबंधों में नीरसता लाती है, वहीं उनमें आत्मविश्वास का भी ह्रास होने लगता है। ऐसी महिलाएं सोचती हैं कि 'अरे घर पर बनाव-शृंगार की क्या जरूरत है...यहां हमें कौन देखता है?' ऐसी महिलाएं जो स्वयं अपना बनाव-शृंगार नहीं कर पातीं, वे घर को कैसे व्यवस्थित रख पाती हैं। उनका पूरा का पूरा घर भी अव्यवस्थित ढंग से पड़ा रहता है। एक ओर गंदे कपड़े पड़े हुए हैं, तो दूसरी ओर सुबह की चाय के जूठे कप...एक ओर जूते पड़े हैं, कहीं सुबह का अखबार, तो कहीं झाड़ू या फिर बच्चे के दूध की शीशी। वास्तव में इस प्रकार की सोच वाली महिलाओं को उस समय काफी नीचा देखना पड़ता है, जब कोई असमय ही घर में आ जाता है अथवा उन्हें असमय ही कहीं जाना पड़ता है।

सज-संवर कर रहना, हमेशा तरोताजा, स्मार्ट रहना आज की प्रगतिशील महिलाओं की पहली पसंद है। इस प्रकार की सजी-संवरी पत्नी भी जहां पति को अपनी ओर आकर्षित करती है, वहीं उसमें आत्म संतुष्टि का एक ऐसा भाव होता है जो उसे हमेशा प्रसन्न रखता है।

अच्छी सलीके से पहनी हुई साड़ी, कुछ चूड़ियां, हलकी-सी लिपस्टिक, लगी हुई छोटी-सी सुहाग बिंदी और चेहरे पर खिली हुई मधुर मुस्कान आपके व्यक्तित्व को तो आकर्षक बनाएगी ही, साथ ही दफ्तर से लौटे पति की भी इस मुस्कान से स्वागत कर सकेंगी। अपने इस सजने-संवरने को आप स्वयं भी दर्पण में देखें और घर में सजने-संवरने के लिए आप जो कर सकती हैं, अवश्य करें। घर में सज-संवर कर रहना एक जीवन शैली है, सलीकेदार जीवन शैली। इसे कला के रूप में स्वीकारें। इससे आपकी प्रतिष्ठा बढ़ेगी और आपके घर में आने वाले मेहमानों, पड़ोसियों, यहां तक कि सहकर्मियों पर भी आप अच्छा प्रभाव डालेंगी। सच तो यह है कि आधुनिक जीवन में हर पति भी यह चाहता है कि उसकी पत्नी सलीके से

रहे। हर समय सज-संवर कर शालीनता से घर आने वाले से पेश आए। जिससे उसकी मान-प्रतिष्ठा बढ़े।

जब पति काम से लौट कर घर आता है, तो अस्त-व्यस्त, बिखरे बालों वाली पत्नी को देखकर उसकी थकान कम नहीं होती, बल्कि और बढ़ जाती है।

दूर-दूर तक फैली हरियाली, सुंदर वादियां, देखकर मन प्रसन्न होता है। खिले फूलों को देखकर मन को शांति मिलती है, तो इसी प्रकार सजे-संवरे हमराही को देखकर भी तो मन शांत होगा? आप भी इस पारिवारिक सत्य को स्वीकारें।

खूशबू वहीं से आएगी जहां फूल होंगे, आंखें वहीं ठहरेंगी जहां सौंदर्य होगा, यह प्रकृति का नियम है। आप प्रकृति के इस नियम को अपने सजने-संवरने के सत्य के रूप में स्वीकारें। सज-संवरकर पति के आकर्षण का केंद्र बनें। दाम्पत्य जीवन में आपकी उदासीनता नीरसता का कारण बन सकती है।

''भाभी कहां जा रही हो...?'' सपना ने तैयार होकर खड़ी सुजाता को देखकर पूछा।

''कहीं भी तो नहीं...''

''फिर सुबह-सुबह सज-संवर कर''

सपना कोई उत्तर देती, इससे पहले आप ही बोलीं, ''समझ गई...समझ गई...'' और फिर शरारत भरी नजरों से भाभी की ओर देखती हुई बोली, ''अब मैं समझ गई कि भैया तुम्हारे आस-पास क्यों मंडराते रहते हैं...जब भी देखो दफ्तर से इतनी जल्दी घर क्यों आ जाते हैं...।'' सुजाता को लगा जैसे कोई उसकी इस सोच का समर्थन कर उसकी प्रशंसा कर रहा था।

वास्तव में पति-पत्नी में देह का आकर्षण भी एक सत्य है और इस सत्य को मुखरित करने के लिए पहल पत्नी को ही करनी पड़ती है। इसलिए आपकी आयु, आर्थिक और सामाजिक स्तर चाहे जो भी हो, हमेशा साफ-सुथरी, सुंदर, आकर्षक बनी रहें। इससे जहां आप अपने पति की लगाम खींच कर रखेंगी। वहीं आपके नयनों की डोर भी कभी कमजोर नहीं पड़ेगी। अपने आपको चुस्त-दुरुस्त, आकर्षक सुंदर और 'एवरग्रीन' बनाने के लिए कुछ उपाय भी करें।

सुरुचिपूर्ण वस्त्रों का चुनाव

पहनने से कपड़े अधिक भड़कीले, चटक रंगों के न होकर सादगीपूर्ण स्वच्छ होने चाहिए, लेकिन इतने सादगीपूर्ण न हों कि आपको लोग 'देवदासी' समझने लगें

और आप अपने पति की मीरा बनकर रह जाएं। वस्त्रों का रख-रखाव बड़ी सुघड़ता के साथ करें। उनकी इतनी सुंदर सिलाई करें कि वे आपके शरीर के अंगों के अनुसार ही बनें। लटके हुए अथवा ऊपर से थोपे हुए दिखाई न दें। अपने घर के दैनिक वस्त्रों का चुनाव कुछ इस प्रकार से करें कि उसमें आपका व्यक्तित्व आकर्षित हो और आप सुंदर दिखाई दें। हलके गुलाबी, हलके पीले, नीबू रंग के वस्त्र या मौसम के अनुसार गहरे रंगों के वस्त्र पहनें।

बनाव-शृंगार

रूप-राशि को सजाने-संवारने के लिए अनेक सौंदर्य प्रसाधन बाजार में सुलभ हैं। इनका इतना संतुलित उपयोग करें कि ये आपके नैसर्गिक सौंदर्य को बढ़ाएं। इनका इतना अधिक उपयोग न करें कि आपकी कमनीय त्वचा ही खराब हो जाए। यदि कभी-कभी ब्यूटी पार्लर जाना पड़े, तो इसमें संकोच न करें। सौंदर्य के प्रति अपनी अनुभूति को कभी न मरने दें। हमेशा आकर्षक और सजी-संवरी दिखाई दें। कुछ प्राकृतिक सौंदर्य प्रसाधन और घरेलू वस्तुओं का उपयोग भी करें। कच्चा दूध, मलाई, नीबू का रस, संतरे के छिलके, बेसन, दही का बना उबटन प्रयोग करें। इससे जहां आपके चेहरे की त्वचा में निखार आएगा, वहीं आपकी त्वचा कोमल और मुलायम बनी रहेगी। बालों के बारे में भी जागरूक रहें। इस प्रकार आप हमेशा आकर्षक और उनकी आंखों में बसी रहेंगी।

व्यस्तता न ओढ़ें

अकसर विवाह के कुछ दिनों बाद महिलाएं सजने-संवरने के प्रति उदासीन होने लगती हैं। इस बीच यदि वे मां बन जाती हैं, तो उनका अधिकांश समय बच्चे की देख-रेख में ही व्यतीत होने लगता है। ऐसी महिलाएं 'बिना काम के ही व्यस्त' बनी रहती हैं। इन्हें अपने सजने-संवरने के लिए समय ही नहीं मिलता और न ही वह उसकी आवश्यकता ही समझती हैं। व्यस्तता की यह चादर सुखों को ढक देगी।

अपने आप में आकर्षण पैदा करें

दिन-भर की भाग-दौड़ और घर-बाहर की जिम्मेदारियों के बाद बची शाम और रात को पति-पत्नी नितान्त मोहक क्षणों को जीना चाहते हैं। इन क्षणों में पति-पत्नी का पहनावा, चिन्तन और चितवन इतनी आकर्षक, मोहक होनी चाहिए कि वे अपने इन क्षणों को सुखद बना सकें। हल्की सफेद-नाइटी, रेशमी-गुलाबी जालीदार नाइटी और ऐसे ही अन्य वस्त्र जहां एक दूसरे में चुंबकीय आकर्षण बनाए रखते हैं, वहीं

अंतरंगता के ये क्षण उन्हें एक-दूसरे के प्रति समर्पित भाव से जोड़ने में भी सफल होते हैं।

अपनी रूप-राशि और शारीरिक रख-रखाव के लिए निम्न उपाय कर हमेशा तरोताजा, जवान और आकर्षक बनी रहें—

- प्रातः काल भ्रमण के लिए जाएं। यदि यह संभव न हो तो प्रातः जल्दी उठकर नित्य कर्म से निवृत्त होकर हलका व्यायाम करें। कुछ सरल आसन करें। योग के सरल आसन महिलाओं को स्वस्थ तथा चुस्त रखने में बड़े सहायक होते हैं। सुबह खाली पेट पानी पीने की आदत डालें। इससे आपकी कार्य क्षमता बढ़ेगी और आप दिन-भर तरोताजा बनी रहेंगी।
- चाय, शराब, काफी, तंबाकू, पाउच सुपारी, रात अधिक देर तक जागना आपके सौंदर्य पर विपरीत प्रभाव डालेगा, इससे बचें।
- दिन में कम सोएं। जो महिलाएं दिन में अधिक सोती हैं, उनका मोटापा तो बढ़ता ही है, साथ ही मानसिक रूप से भी अनेक विकृतियां घर करने लगती हैं।
- कुछ शारीरिक श्रम करें। इससे मांस-पेशियां सक्रिय बनती हैं। रात को अच्छी नींद आती है और मन प्रसन्न रहता है। तनाव से मुक्ति मिलती है। अवसाद की स्थिति नहीं निर्मित होती।
- भोजन के प्रति सावधानी बरतें। विशेष कर गर्भ के समय भरपूर पौष्टिक आहार लें। इससे जहां रक्ताल्पता नहीं आएगी, वहीं जच्चा-बच्चा स्वस्थ बने रहेंगे। तला हुआ भोजन अधिक मात्रा में न लें। जहां तक हो फल, रस और हरी सब्जियों का अधिक प्रयोग करें। मौसम के अनुसार सुलभ फलों का उपयोग रोग निरोधक क्षमता बढ़ाता है, अतः इनका अधिक-से-अधिक उपयोग करें।

कुछ इसी प्रकार की अपेक्षाएं पत्नी भी पति से करती हैं। उसका सजा-सजीला स्वस्थ शरीर न केवल पत्नी को मानसिक रूप से संतुष्ट रखता है, बल्कि उसे अपने पति के इस सजीले, रोबीले व्यक्तित्व पर गर्व भी होता है। पति के प्रति गर्व का यह अहसास उसे बहुत गहराइयों तक पति से जोड़ता है। पति-पत्नी का यह जुड़ाव ही दाम्पत्य जीवन की सरसता है। इसलिए आकर्षक बन एक-दूसरे की आंखों में एक-दूसरे की चाह पैदा करें। इसके लिए सदैव—

- साफ-सुथरे आकर्षक रंगों वाले कपड़े पहनें।

- अपने सजने-संवरने के प्रति जागरूकता बरतें।
- घर को फूलों से सजाएं।
- पहनने-ओढ़ने के कपड़े साफ रखें।
- परदे, चादरें, तकिए के गिलाफ आदि साफ-सुथरे रखें।

लेकिन ध्यान रखें

- तेज खुशबू का इस्तेमाल न करें।
- गहरे रंगों के कपड़े न पहनें।
- दिन में रसोई का काम करते समय मैक्सी, गाउन, आदि न पहनें।
- दिन में बहुत झीने, पारदर्शी कपड़े न पहनें।
- सजने-संवरने में घंटों न लगाएं।
- कभी-कभी ब्यूटी पार्लर में जाने में संकोच न करें।

खिले फूल पर ही भौंरे मंडराते हैं।

अध्याय 11

लड़ें, पर सलीके से

हर प्रकार से संतुष्ट दंपतियों में भी किसी-न-किसी बात को लेकर कभी-कभी कोई अप्रिय स्थिति निर्मित हो जाती है। पति-पत्नी में निर्मित हुई इस स्थिति से परस्पर में लड़ना-झगड़ना और फिर एक हो जाना ही दाम्पत्य जीवन की शैली है। आप भी लड़ें, लेकिन सलीके से। क्योंकि सलीके से लड़ना दाम्पत्य जीवन की सरसता को बढ़ाने वाला व्यवहार है।

पति-पत्नी की प्रेम रूपी जड़ें विश्वास और स्नेह के सहारे एक-दूसरे के दिल में बड़ी गहराई तक जमी होती हैं। साथ-साथ रहते हुए दोनों की सोच इतनी परिपक्व हो जाती है कि कई छोटी-छोटी बातों को दोनों ही समान रूप से नजरअंदाज करने लगते हैं। इन सबके बाद भी वैचारिक मतभेदों, जाने-अंजाने में या फिर किसी से भी हो गई भूल अथवा गलती या भ्रामक विश्वास अथवा धारणा के कारण कभी-कभी असामान्य स्थिति पैदा हो जाना सामान्य व्यवहार है। इस प्रकार के व्यवहार में अकसर पति-पत्नी में लड़ाई-झगड़ा होना या किसी बात पर नोक-झोंक होना सामान्य बातें हैं, लेकिन ये असामान्य न बनें, इसलिए पति-पत्नी को इन व्यवहारों के संबंध में व्यापक दृष्टिकोण अपनाना चाहिए। इस प्रकार के झगड़ों में पति-पत्नी को एक ही बात का ध्यान रखना चाहिए कि यदि वे सलीके से लड़ते हैं, तो उनके ये झगड़े उनके दाम्पत्य संबंधों में कहीं भी कोई तनाव अथवा बिखराव नहीं लाते, जबकि फूहड़ता से आपस में हुए ये झगड़े तनाव के कारण बन सकते हैं। ध्यान रहे कि आग और बात बुझाने से बुझती है और फैलाने से फैलती है। आपके आपस में झगड़ों का भी यही मनोविज्ञान है।

वास्तव में विवाह एक ऐसा प्यार भरा संबंध है, जो पति-पत्नी को एक-दूसरे पर उत्सर्ग के लिए प्रेरित करता है। इसलिए एक-दूसरे में झगड़ा होने का प्रश्न ही पैदा नहीं होता। प्यार में तो दिया जाता है, लेने की सोच तो किसी में होती ही नहीं।

यदि पति-पत्नी में किसी बात पर तकरार, मनमुटाव, असहमति अथवा विवाद हो भी जाए, तो इसमें लड़ने की क्या आवश्यकता है? अतः पहले तो यह प्रयास करें, कि झगड़ा किसी बात पर हो ही नहीं। यदि कभी हो भी जाए, तो विजयी होने की सोच मन में न लाएं। विजयी होने की इच्छा ही संघर्षों को लंबा खींचती है। इसलिए विवादों में, तो जहां भी आपको संतुष्टि का बिंदु दिखाई दे, वहीं समझौता कर लें।

अपने किसी भी विवाद अथवा व्यवहार पर कभी कोई संकल्प अथवा प्रतिज्ञा न करें। यदि द्रोपदी ने संकल्प न लिया होता तो शायद महाभारत भी न होता। इसलिए विकल्प अवश्य रखें।

"जब तक आप अलग नहीं हो जाते, मैं अन्न-जल ग्रहण नहीं करूंगी…।" जैसी बात जहां दाम्पत्य संबंधों को सोखती है, वहीं ऐसी बातों के पूरी होने पर आपके मन में हीनता हमेशा के लिए घर कर लेती है। यदि आपस में कोई ऐसी बात है भी, जिसे स्वीकारने अथवा अस्वीकारने से पति की प्रतिष्ठा बढ़ती है, उसे संतोष मिलता है, उसकी कोई समस्या हल होती है, तो ऐसे विवाद को तुरंत अपनी

सहमति देकर समाप्त करें। किसी भी बात अथवा व्यवहार को प्रतिष्ठा अथवा अहम का मुद्दा बनाकर तनाव की स्थिति निर्मित न करें। महत्त्वहीन बातों के लिए 'जिद' न करें। केवल अपनी बात मनवाने के लिए 'कोप भवन' में जाकर बैठना आधुनिक सोच वाली महिलाओं को शोभा नहीं देता। इसी प्रकार से प्रतिशोधी भावनाएं मन में लाकर ईंट का जवाब पत्थर से देने की सोच भी मन में न लाएं। जरा-जरा-सी बातों पर आपे से बाहर हो जाना और फिर कुछ अधिक उद्दंडता से पेश आना आपकी समस्याएं बढ़ाने वाला व्यवहार है। कभी-कभी इस प्रकार के विवादों में आकर पति-पत्नी अपनी सीमाओं का उल्लंघन कर जाते हैं। एक-दूसरे पर हाथ उठाने तक की नौबत आ जाती है। ऐसे कार्य दोनों को न्यायालय के दरवाजों तक ले जाते हैं, जहां उन्हें बदनामी और रुसवाई के सिवाय कुछ नहीं मिलता।

पति-पत्नी में कोई भी विवाद अथवा असहमति हो, तो उसे अपने तक ही सीमित रखें। जब तक बात आपकी सीमाओं में होती है, तब तक आपको उस पर सोचने-समझने, विचार करने, समझौतावादी सोच अपनाने, पश्चात्ताप करने का पर्याप्त समय मिल जाता है। इस समय में आप अपने चिंतन, आचरण का मूल्यांकन स्वयं करें। अपने निर्णयों पर पुनर्विचार करें। उसमें संशोधन करें। आवश्यकता अनुसार उसमें सुधार करें। हो सकता है कि इस समयावधि में आपका भ्रम दूर हो जाए, आपको अपने विचारों के समर्थन में कोई और प्रमाण अथवा तर्क मिल जाए और आप अपनी बात एक-दूसरे के सामने अच्छी तरह से रख सकें।

पति-पत्नी अपने किसी भी विवाद में किसी को भी मध्यस्थता के लिए न कहें। यहां तक कि घर वालों को भी नहीं। घर के कर्ता व्यक्ति को भी बहू-बेटे के विवादों में नहीं पड़ना चाहिए और उन्हें आपस में सहमति के लिए ही विवश करना चाहिए।

अपने सामाजिक और पारिवारिक संबंधों को बनाने के लिए अपनी सामाजिक और आर्थिक सीमाएं जानें। उन्हें अपने स्तर पर ही व्यवहार में लाएं। साधनों से अधिक व्यय करना, उधार लेकर शौक पूरे करना, फैशन अथवा दिखावे में जरूरत से ज्यादा खर्च करना, एक-दूसरे के देखा-देखी खर्च करना, ऋण लेकर घी पीने की सोच पालना, मांग कर साड़ियां अथवा आभूषण पहनना आदि ऐसे व्यवहार में पति-पत्नी में विवाद अथवा झगड़े के कारण बनते हैं। पति-पत्नी में नोक-झोंक के आधार बनते हैं। आप भी जानती हैं कि इस प्रकार के व्यवहार जहां आपको नीचा

दिखा सकते हैं, वहीं आपकी पारिवारिक प्रतिष्ठा को भी दांव पर लगाते हैं। आपको अनुचित समझौतों के लिए विवश कर सकते हैं। इसलिए ऐसे व्यवहारों से बचें।

प्रलोभनों में आकर किसी से भी संबंध न बढ़ाएं। समय-असमय पर जाने-आने के लिए यदि कोई आपको रोकता है, तो उसमें आपका हित छिपा है। अतः ऐसी बातों को अन्यथा न लें।

''मेरा जाना-आना सबको अखरता है...'' या ''मैं अगर एक रुपया भी खर्च करती हूं तो सबकी आंखों में आता है और खुद चाहे सौ-सौ रुपये पार्टियों में खर्च कर दें, तो कुछ नहीं...आखिर मैं भी तो कमाती हूं। फिर तुम्हारी छाती पर सांप क्यों लोटते हैं? मैं कहती हूं मेरी सारी कमाई कहां जाती है...।'' जैसी बातें कर आप परिवार में तनाव पैदा न करें।

हमेशा नहले पर दहला मारने की सोच अथवा उच्चता की भावना पालना आपके विवादों को बढ़ाएगा और बात कहीं भी समाप्त न होगी। अतः ऐसी बातें सुबह के सपने की भांति भूल जाएं। तुनक मिजाजी से पेश आना, ताने मारना, जली-कटी सुनाना, कर्कश अथवा अपशब्द बोलना आपको शोभा नहीं देता, इसलिए ऐसी बातों से बचें।

यदि पति-पत्नी में ऐसी कोई बात हो चुकी है और अब उसका कोई महत्त्व नहीं रह गया है, तो ऐसी बातें कहकर आप एक-दूसरे के जख्मों को हरा न करें और न ही ऐसे अप्रिय प्रसंगों को बार-बार एक-दूसरे को याद दिलाएं ''अच्छा वह समय भूल गए जब पापा ने आकर तुम्हारे गबन के पूरे पैसे जमा कर तुम्हें हथकड़ी लगने से बचाया था...अब मुझे आंखें दिखाते हो...।'' जैसी बातें दाम्पत्य संबंधों में शोभा नहीं देतीं। परस्पर बातचीत, व्यवहार और विचार-विमर्श कर एक-दूसरे में विश्वास व्यक्त करें। एक-दूसरे को झूठा-दगाबाज, अविश्वासी, चोर, मक्कार, चार-सौ बीस कहना अथवा समझना उचित नहीं। ऐसे व्यवहार तो मानसिक तनावों को बढ़ाएंगे और आपके जीवन में कभी सरसता नहीं आएगी।

घर में आए मेहमानों, सह कुटुम्बियों और स्वजनों का दिल खोलकर स्वागत करें। उन्हें पूरा-पूरा मान-सम्मान दें। सलीके की यह लड़ाई जहां आपके पारिवारिक संबंधों में मधुरता लाएगी, वहीं आप अनावश्यक रूप से विवादों, तनावों और घुटन से बचेंगी। आपकी पारिवारिक समस्याओं के हल होने में समय न लगेगा। परस्पर व्यक्त किया गया विश्वास और सौजन्यता ही दाम्पत्य संबंधों की सरसता को बढ़ाती है।

पति अथवा पत्नी में अनेक दोष हो सकते हैं। कमियां और अभाव हो सकते हैं, लेकिन झगड़ों को उस सीमा तक न ले जाएं, जहां से वापस लौटना कठिन हो जाए और वापसी के सारे रास्ते ही बंद हो जाएं। अपने विवादों को शालीनता और शिष्टता के साथ खाने की टेबिल पर बैठकर स्वयं ही एक-दूसरे की आंखों में आंखें डाल कर सुलझाएं। इन्हें कभी भी मुद्दा न बनाएं। एक-दूसरे को प्रतिद्वंद्वी मानकर न लड़ें। **घर में शांति और आपस में प्यार के लिए सदैव–**

- एक-दूसरे को पर्याप्त जेब खर्च दें।
- पूर्वाग्रहों से मुक्त हों।
- पत्नी पर हाथ उठाने की मूर्खता न करें।
- क्रोध पर नियंत्रण करने के लिए बाहर खुले में आ जाएं। पानी पिएं।
- मर्यादित रहकर सबका दिल जीतें।

लेकिन ध्यान रखें

- जेब खर्च का हिसाब न मांगें।
- पति की जेब पर पत्नी के मौलिक हक को न नकारें।
- पत्नी अथवा पति आपस में हाथ उठाने की मूर्खता कभी न करें।
- विवादों के पृष्ठ को बार-बार न निकालें, न पढ़ें।
- विवाह पूर्व संबंधों का कोई पृष्ठ किसी के भी सामने न खोलें। खुल जाने पर इसे अनपढ़े ही मोड़ दे, जैसे कि देखा ही न हो।

पति-पत्नी के गुणों को चश्मे से देखें।
अवगुणों को चश्मा उतारकर देखें।

अध्याय 12

दाम्पत्य संबंधों का आधार : प्यार

हर महान् व्यक्ति के पीछे कोई-न-कोई औरत होती है। यह एक पुरानी कहावत है। नई सामाजिक प्रगतिशील मान्यता यह है कि दाम्पत्य संबंधों की सरसता का आधार पति-पत्नी का प्यार है। वह प्यार जिसे पति-पत्नी एक-दूसरे पर प्रकट करते हैं। प्यार को यदि वैवाहिक और दाम्पत्य जीवन का 'टॉनिक' कहा जाए तो अनुचित न होगा।

विवाह के सात फेरों के साथ ही पति-पत्नी परस्पर प्यार की उस डोर से बंध जाते हैं, जो सूत के कच्चे धागे जैसा नाजुक, रेशम जैसा कोमल और लोहे की सलाखों से ज्यादा कड़ा होता है। प्यार के बंधन के बिना सुखी जीवन की कल्पना ही नहीं की जा सकती। प्यार का यह बंधन जहां पति-पत्नी को एक-दूसरे के लिए उत्सर्ग के लिए प्रेरित करता है, वहीं वह उन्हें व्यवस्थित वैवाहिक जीवन की व्यवस्था से जोड़ता है। प्यार का यह अहसास ही पति-पत्नी को अनेक प्रकार के सामाजिक तनावों से मुक्त करता है। उन्हें जीवन के प्रति नई सोच प्रदान करता है। इस प्रकार की व्यवस्था से जुड़कर ही पति-पत्नी परिवार के सुखों का आनंद लेते हैं। परिवार के प्रति यह एकजुटता ही उन्हें एक-दूसरे से जोड़ती है। वे अपने घर-संसार को सजाने-संवारने में इतने व्यस्त रहते हैं कि उन्हें अन्य ध्वंसात्मक कार्यों के लिए समय ही नहीं मिलता। 'आटे-दाल' का यह चक्कर ही उन्हें सामाजिक व्यवस्थाओं से जोड़ता है।

इसके विपरीत एक अनुभव यह भी है कि जिन दंपतियों के जीवन में परस्पर प्यार का अभाव होता है, उनका दाम्पत्य जीवन नकारात्मक और विध्वंसात्मक प्रवृत्तियों से ग्रसित रहता है। जैसे दंपती जहां आपस में ईर्ष्या, द्वेष, कुढ़न, चोरी, हिंसा जैसी दुष्प्रवृत्तियों में घिरे रहते हैं, वहीं उनमें हीन भावनाएं भी बनी रहती हैं। ऐसे व्यक्ति हमेशा तनावों से घिरे रहकर प्रतिशोधी भावनाओं के व्यवहार करते हैं। अपराधों में सलंग्न रहते हैं। प्यार के अभाव में पति-पत्नी एक-दूसरे को पसंद नहीं करते। ऐसे व्यक्तियों के बच्चे प्यार के अभाव में घर से पलायन कर जाते हैं और समाज पर बोझ ही बनते हैं। ऐसे व्यक्ति स्वयं तो जघन्य अपराध करते ही हैं, उनके बच्चे भी घर से ही ऐसे अपराधों के संस्कार लेकर समाज में आते हैं। यहां तक कि ऐसे परिवारों की स्त्रियां भी अवैध संबंधों को प्रोत्साहन देती हैं और सामाजिक व्यवस्था को प्रदूषित करती हैं।

दाम्पत्य संबंधों को प्यार के 'श्लेष' से जोड़ें। इस सत्य को खुले दिल से स्वीकार करें कि पति से सहयोग के बिना कोई भी पत्नी घर-संसार की जिम्मेदारियों का निर्वाह नहीं कर सकती। ठीक उसी प्रकार से बेल चाहे कितनी ही लंबी क्यों न हो, उसे चढ़ने के लिए सहारे की आवश्यकता होती ही है। हमारी सामाजिक व्यवस्था ही कुछ ऐसी है, कि पति का प्यार, स्नेह, विश्वास, सौजन्यता पाकर ही उसका विकास होता है।

पत्नी चाहे कितनी ही योग्य, कुशल, सुंदर, प्रतिभाशाली, क्षमतावान क्यों न हो, पति का प्यार और सहयोग पाकर ही वह सफलताओं के मान स्थापित कर सकती

है। पारिवारिक जीवन के सभी पक्षों को परस्पर प्यार देकर ही सुखी बनाया जा सकता है।

पति-पत्नी के प्यार भरे व्यवहार वह चाहे आंखों की आसक्ति का हो या फिर कानों में कही गई छेड़छाड़ हो, समानता और वैचारिक एकता के आधार पर ही फलते-फूलते हैं। इसलिए एक-दूसरे की इच्छाओं को सकारात्मक अभिव्यक्ति देकर प्यार की अनुभूति कराएं। पति-पत्नी जब भी बात करें, उसमें प्यार, दुलार, स्नेह और अपनेपन की झलक हो। इससे उसके मन में आसक्ति भाव जागृत होगा।

पति-पत्नी का प्यार किसी बरसाती नाले जैसा उफान नहीं है। न ही उसे 'लैला-मजनूं' के प्यार जैसा समझा जाना चाहिए। पति-पत्नी का प्यार तो शुष्क मरुस्थल में बने उस मरु उद्यान के जल स्रोत जैसा है, जो दोनों की भावनात्मक प्यार हमेशा बुझाता है। प्यार का यह विवेक ही पति-पत्नी को चिर काल तक आपस में बांध कर रखता है।

रूप यौवन का सौंदर्य तो आयु के साथ व्यक्ति का साथ छोड़ जाता है और यौवन के आकर्षण से प्यार करने वाले भी परदेशी पक्षियों के समान उड़ जाते हैं, लेकिन पति-पत्नी का प्यार बढ़ती उम्र के साथ-साथ और बढ़ता जाता है। प्यार का यह अहसास ही दाम्पत्य संबंधों की सरसता है। युवा होते बच्चे बेशक अपने माता-पिता को 'आउट ऑफ डेट' कहकर अकेला छोड़ जाते हैं, लेकिन वृद्ध पति-पत्नी बड़ी उम्र में भी आपस में इसी प्यार के सहारे मरते दम तक एक-दूसरे के बने रहते हैं। इसलिए यौन आसक्ति को प्यार से परिभाषित करना एक पक्षीय सोच है। यौन संबंध तो दाम्पत्य जीवन का एक पक्ष है, लेकिन प्यार इन संबंधों से भी बढ़कर है। प्यार का आकर्षण ही पति-पत्नी को एक-दूसरे से मन से जोड़ता है।

'तीसरी कसम' फिल्म का हीरामन नौटंकी वाली बाई का पति तो नहीं था, फिर भी वह उससे कुछ इस प्रकार से जुड़ गया कि वह उससे पूछ ही बैठा—"मन जानती हैं ना आप···।"

बहुत दूर तक फैली विशाल जल राशि में जैसे किसी ने कोई कंकड़ फेंक कर उसे अशांत कर दिया हो। स्त्री के कोमल मन की भावनाएं भी ऐसी ही हैं। पत्नी यह चाहती है कि उसके मन को कोई ऐसा ही स्पर्श मिले। वास्तव में मन को इस प्रकार के स्पर्श की ही आवश्यकता होती है और वह पुरुष का ऐसा स्पर्श पाकर ही पिघल कर पति में समा जाना चाहती है। पति के हाथों में ही उसे जीवन की सार्थकता की अनुभूति होती है। पति से भी वह यही अपेक्षा करती है कि वह

उसकी इस एक निष्ठा को उसी मन से स्वीकारे। उसे किसी भी प्रकार से अनदेखा न करे।

परिवार के सभी सदस्य एक-दूसरे से प्यार की इन्हीं उदात्त भावनाओं से जुड़े रहते हैं। मां-बेटी, पिता-पुत्र, भाई-बहन, सहकुटुम्बी भी इसी प्यार के कारण एक-दूसरे से जुड़े रहते हैं। घर-आंगन में खेलती सलोनी सबकी आंखों को इसी प्यार के कारण तृप्त करती है। कभी-कभी दो मित्रों का प्यार भी मिसाल बन जाता है।

आशय यह है कि पति-पत्नी में प्रेम संबंधों का यह जुड़ाव शारीरिक कम और भावनात्मक अधिक होता है। स्थायी होता है। यह प्रेम ही उसे सेवा के लिए प्रेरित करता है।

विवाह के बाद पति-पत्नी के दुःख-सुख, इच्छाएं, अपेक्षाएं एक हो जाती हैं जो दाम्पत्य जीवन को समझने के लिए काफी हैं। जो इन्हें नहीं समझ पाते उनके स्नेह स्रोत सूखने लगते हैं, इसलिए पति-पत्नी को चाहिए कि वे प्यार की इन भावनाओं को समझें और दाम्पत्य जीवन के पौधे को इन भावनाओं से सींच कर हरा-भरा बनाए रखें।

कुछ लोगों का मत है कि पति-पत्नी का यह प्यार प्रेमी-प्रेमिका के प्यार जैसा होना चाहिए। जिस तरह से प्रेमी अपनी प्रेमिका से मिलने के लिए हमेशा उत्सुक रहता है, उसे देख लेने भर से उसे असीम सुख की अनुभूति होती है, उससे बातें कर वह संतुष्ट होता है, उसे उपहार देकर हमेशा प्रसन्न रखने की सोचता है, ठीक उसी प्रकार से पति-पत्नी में होना चाहिए, बल्कि उससे भी अधिक, क्योंकि पत्नी परिवार की वस्तु-स्थिति को समझ कर पति को समझाती है, परविार हित में प्रगतिशील सोच विकसित करती है। परिवार के प्रति पत्नी की दूरदर्शी सोच परिवार को सभी प्रकार के अनिष्ट से बचाती है। पत्नी का जीवन के प्रति यह यथार्थवादी दृष्टिकोण ही पारिवारिक समस्याओं का हल है। इसलिए पति का भरपूर सहयोग मिलना आवश्यक है।

पति-पत्नी के प्यार की कोई सीमा नहीं। भविष्य के प्रति जागरूकता उसके प्यार की एक ऐसी सोच है, जो उसे मर्यादाओं में रहकर सोचनी पड़ती है। दाम्पत्य संबंधों का यह प्यार एक-दूसरे की आंखों में उमड़ता हुआ उसे सागर की तरह गंभीर बनाता है। वह सहनशीलता के द्वारा ही कठिन परिस्थितियों का सामना करती है। स्त्री में पुरुषों की अपेक्षा सहनशीलता अधिक होती है, इसलिए इस विषय में पति को पत्नी की सोच पर गंभीरता से विचार करना चाहिए।

जीवन में आई विषय परिस्थितियों में पत्नी पति का तभी साथ देती है, जब उसे अपने प्यार पर विश्वास हो। तनाव के क्षणों में पति-पत्नी का यह प्यार ही उन्हें धैर्य दिलाता है। इसी प्यार के कारण पति-पत्नी एक-दूसरे पर गर्व करते हैं और उनमें कटुता की कोई भी स्थिति निर्मित नहीं होने पाती। तनाव रहित जीवन की सरसता के लिए आवश्यक है पति-पत्नी आपस में इसी प्यार के सहारे जुड़ें। सच्चे अर्थों में यही दाम्पत्य जीवन का सुख है, जीवन की सार्थकता है। इसलिए पति-पत्नी को चाहिए कि सदैव–

- परस्पर में मृदु बोलें। कम बोलें।
- विषम परिस्थिति में सहानुभूति प्रकट करें और पत्नी को अकेला न छोड़ें।
- एक-दूसरे के साथ निष्ठा से जुड़ें। हमेशा कर्तव्यों के प्रति ईमानदार रहें।
- पारिवारिक प्रतिष्ठा की रक्षा करें। सामाजिक, सांस्कृतिक अथवा धार्मिक संस्था से जुड़ें।
- आर्थिक संपन्नता का उपयोग दूसरों के लिए करें।

लेकिन ध्यान रखें

- अनर्गल हंसी-मजाक न करें।
- अपनी आर्थिक संपन्नता, शारीरिक सुंदरता, रंग-रूप पर गर्व न करें, न ही इस पर इतराएं।
- पति से कोई बात न छिपाएं।
- अपनी किसी कमजोरी के लिए ब्लैक मेल न हों और न ही दूसरे की कमजोरी का फायदा उठाएं।
- अति महत्त्वाकांक्षी न बनें।

आज का प्यार भविष्य का आधार है। प्यार निस्वार्थ होता है। अहम् व्यक्ति को स्वार्थी बनाता है।

अध्याय 13

एक-दूसरे को मन से स्वीकारें

किसी ने सत्य ही कहा है कि विवाह कर लेना आसान है, परंतु वैवाहिक जीवन बिताना अत्यंत कठिन है और ताउम्र विवाहित जीवन सुखपूर्वक बिताना तो एक महान् कला है। यह अद्‍भुत कला आपको तभी आ सकती है, जब आप एक-दूसरे को मन से स्वीकारें। अहम्, उपेक्षा, असहयोग, इत्यादि अवगुणों से दूर रहें।

अहम् की भावना दाम्पत्य संबंधों को दीमक की तरह खोखला कर देती है। जीवन के माधुर्य रस को सुखा कर दाम्पत्य को नीरस बना देती है। इसलिए इससे सदा सावधान रहें। इससे बचने का सबसे सरल उपाय यह है कि पति-पत्नी अपने स्वाभिमान को सुरक्षित रखते हुए एक-दूसरे को मन से स्वीकारें। एक-दूसरे से मन से जुड़ें।

मन से जुड़ने का आशय यह है कि विवाह के बाद पति-पत्नी संयुक्त रूप से पारिवारिक दायित्वों का निर्वाह करते हैं, क्योंकि एक-दूसरे के सहयोग के बिना पारिवारिक दायित्वों को पूरा करना न केवल कठिन बल्कि असंभव होता है। शारीरिक थकान और पारिवारिक तनावों के क्षणों में यदि पति-पत्नी एक-दूसरे का सहयोग करते हैं, तो न केवल पत्नी को मानसिक संतुष्टि का अहसास होता है, बल्कि वह परिवार के प्रति समर्पित भी होती है। समर्पण की यह सोच उसे पति से ही उसके जुड़ाव के प्रत्युत्तर में मिलती है।

एक दूसरे को मन से स्वीकारने के लिए पारिवारिक अपेक्षाएं जानें। इन अपेक्षाओं की पूर्ति के लिए प्राथमिकताएं निर्धारित करें। एक-दूसरे की आवश्यकताएं जानें। बच्चों को पढ़ाने, उनके कैरियर की सोचें। घर बनाने-सजाने-संवारने की सोचें। घर के लिए उपयोगी सामान खरीदने आदि की योजनाएं बनाएं। इस प्रकार की योजनाएं बनाते समय एक-दूसरे की सहमति अवश्य लें। बात चाहे मायके जाने की हो अथवा आगे पढ़ने की, बच्चों के रिश्ते की हो अथवा घर में किसी को पार्टी आदि पर बुलाने की, कोई विषम पारिवारिक परिस्थिति हो या फिर किसी अभाव की, पारिवारिक क्लेश की हो अथवा संपत्ति के बंटवारे की, पत्नी को अकेला न छोड़ें और न ही किसी ऐसे कठिन निर्णय के लिए पत्नी को धर्म संकट में डालें।

पत्नी का दिल जीतने के लिए आवश्यक है कि उसके सामने कभी भी 'कठिन प्रश्न' हल करने के लिए न रखें। पति-पत्नी एक-दूसरे की आर्थिक आवश्यकताओं को समझें। कमाई चाहे पति की हो अथवा पत्नी की, घर की कमाई पर दोनों का समान रूप से अधिकार है और इस अधिकार पर दोनों गर्व करें। इस अधिकार को कहीं भी अपने स्तर पर चुनौती न दें। सुनिश्चित और सुरक्षित भविष्य के लिए इतना अवश्य बचाएं कि आपको कभी भी हीनता का सामना न करना पड़े। इस बचत को दोनों के नाम संयुक्त खाता खोलकर बैंक में 'आइदर ऑर सर्वाइवल' की सुविधा से जोड़ें। इस प्रकार का जुड़ाव जह एक-दूसरे को मनसे स्वीकारने की सोच पैदा करेगा, वहीं एक-दूसरे का भविष्य भी सुरक्षित रहेगा।

सामाजिक जीवन की अन्य बातों पर भी एक-दूसरे की सहमति लें। अपने बच्चों

की खुशहाली और स्वयं अपनी स्वास्थ्य सुरक्षा के लिए परिवार में बच्चों की संख्या सीमित रखें। इस विषय में एक-दूसरे की अपेक्षाओं का आदर करें। दुर्भाग्य से यदि परिवार में बच्चे नहीं हैं, आपको बच्चे की इच्छा है, तो आपसी सहमति के आधार पर बच्चा गोद लें। इस प्रकार से गोद लिए हुए बच्चे को पूरा-पूरा स्नेह दें, ताकि बच्चा आपकी स्नेहिल अपेक्षाओं के अनुरूप पल सके।

पत्नी चाहे कितनी भी मेधावी, कुशल, योग्य क्यों न हो, उसकी कुशलता और सुघड़ता का कलाम परिवार को तभी मिल सकते हैं, जब पति उसे सहयोग देता है। कामकाजी महिलाओं की सफलताएं इसी बात पर निर्भर करती हैं कि उन्हें परिवार में कितना संरक्षण प्राप्त है। पति के सहयोग के बिना तो कई महिलाओं की जिंदगी घर और दफ्तर में घड़ी के पेंडुलम की तरह भटकती ही रहती है।

जिन स्त्रियों को उनके कैरियर के बारे में पति का सहयोग मिलता है। वे अन्य महिलाओं की अपेक्षा अधिक संतुष्ट दिखाई पड़ती हैं। पति का प्रोत्साहन पाकर उसकी प्रतिमा को पर्याप्त प्रगति के अवसर समझ कर ही पति-पत्नी जब किसी लक्ष्य की प्राप्ति के पूरे-परिश्रम से प्रयास करते हैं, तो सफलता प्राप्त हो जाती है।

इस सत्य को स्वीकारें कि जीवन में धन, पद और मान-सम्मान उतने सुख नहीं देते जितनी कि मानसिक संतुष्टि और मानसिक संतुष्टि के लिए पति-पत्नी का मान-सम्मान आवश्यक है। मानसिक संतुष्टि एक जैविक आवश्यकता है, जिसका संबंध पूरी तरह से मस्तिष्क और हृदय से होता है।

पति-पत्नी एक-दूसरे को मन से स्वीकारने के लिए एक-दूसरे के प्रति निष्ठावान होकर जुड़ें और जीवन में प्राप्त खुशियों को एक साथ मनाएं। खुशियों के इन छोटे-छोटे क्षणों को भी साथ-साथ भोगें। कभी-भी दूसरे को 'इग्नोर' न करें। न ही भविष्य की मधुर कल्पनाओं के लिए वर्तमान की खुशियों को अनदेखा करें। हमेशा जो पास है, उसे ही खर्च कर आनंद बनाएं। आज की खुशियों को कल पर न टालें। बासी खाने की सोच मन में कभी न पैदा करें।

जीवन में हमेशा अच्छा और ऊंचा सोचें लेकिन उस उच्च की प्राप्ति के इंतजार में वर्तमान की उपेक्षा न करें। भविष्य की कल्पना सुंदर हो सकती है, लेकिन वर्तमान की खुशी का अहसास हमें हर प्रकार से संतुष्टि प्रदान करता है, इसलिए कल की आशा में वर्तमान को हाथ से न जाने दें।

आप अपनी पत्नी के साथ सादगी से जीना सीखें, क्योंकि तड़क-भड़क की कोई सीमा नहीं होती, जबकि सादगी अपने आप में हर स्तर पर पूर्ण होती है।

कलात्मक वस्तु ही मन को शांति देती है, अतः विलासिता की अपेक्षा यथार्थ से जुड़ें।

पति-पत्नी की पसंदगी को जानें, जो रुचिकर लगे वही करें। वही पहनें। वही खाएं। अपनी सोच को अपनी जीवन शैली मौलिक सोच का आधार दें। पांच सितारा होटल की अपेक्षा अपनी बनाई हुई सूखी रोटियों में ही आपको अधिक संतुष्टि मिलेगी। जिस काम को करने में आपको गर्व हो, वह काम अवश्य करें। पत्नी का सिर दबाने में कभी भी मन में हीनता न लाएं। वास्तव में यह तो स्नेहिल भावनाएं हैं, जो अभिव्यक्त करके ही आप एक-दूसरे से जुड़े होने का दम भरते हैं।

पीछे छूटे स्टेशन के बारे में अधिक न सोचें। पता नहीं कौन-सा स्टेशन था, कितना सुंदर था बिलकुल उसी प्रकार से है जैसे घर में छूटे हुए बच्चे की चिंता करना, जो आराम से सुख की नींद सो रहा है। जब कि आप केवल इसलिए नहीं सो पा रहे हैं कि आपको चिंता है कि पता नहीं कि वह सो रहा है कि नहीं। ऐसे अपराध बोध मन में लाकर दाम्पत्य जीवन की दूरियों को और न बढ़ाएं।

पति-पत्नी चाहे कितने भी संपन्न क्यों न हों, कितने ही बड़े और प्रभावशाली क्यों न हों, आपसी जुड़ाव के अभाव में अंदर-ही-अंदर बड़े खाली होते हैं। उनके इस खालीपन को कोई और नहीं भर पाता और अंत में ठंडी सांस भरकर वे यही कहते हैं--'काश! मुझे उन्होंने मन से स्वीकारा होता।'

एक-दूसरे को मन से स्वीकारने की चाह पर पति-पत्नी के दिल में होती है। पत्नी भी चाहती है कि उसका पति उससे कोई बात न छुपाए, वह बात चाहे किसी भी स्तर की क्यों न हो, उसे छोटी-से-छोटी बातें आकर बताए। पति-पत्नी यह भी चाहते हैं कि वे एक-दूसरे की कठिनाइयों में हिस्सा लें। एक-दूसरे के साथ हलका-फुलका हंसी मजाक करें। एक-दूसरे के साथ खुल कर बातें करें। पति-पत्नी की चुप्पी एक-दूसरे को उग्र बनाती है, जब कि बातें एक-दूसरे के अहम की संतुष्टि करती है। एक-दूसरे की परेशानियों को कम करती हैं। परेशानी के इन क्षणों में पत्नी-पति की सहानुभूति चाहती है, अतः उसकी इस इच्छा को पूरी करें, आपको उससे जुड़ने में समय न लगेगा।

जब पति-पत्नी एक-दूसरे की स्वभावगत विशेषताओं, भिन्नताओं, कमियों को समझ जाते हैं, तो सरलता से एक-दूसरे को मन से स्वीकारने लगते हैं। उनकी यह स्वीकारोक्ति ही दाम्पत्य संबंधों की मधुरता बनने लगती है। अतः आपको चाहिए कि आप—

- पत्नी के प्रति सहयोगी सोच अपनाएं।
- पति पत्नी की कमियों को नजरअंदाज करें।
- तनाव के क्षणों में जुबान पर नियंत्रण रखें।
- विवादों पर क्षमा करने की उदारता प्रदर्शित करें।
- एक दूसरे की पसंदगी जानें और उसे महत्त्व दें।

लेकिन ध्यान रखें

- विवादों पर चर्चा करते समय पूर्वाग्रहों से ग्रसित न हों।
- अपशब्दों का प्रयोग न करें।
- पत्नी की प्रतिभा कुंठित न होने दें।
- परिवार की प्रगति का श्रेय पत्नी को भी दें।
- पत्नी की डायरी में लिखे सच का बुरा न मानें।

> ***सफलताओं का सुख भोगने, आनंद उठाने, जश्न मनाने के लिए एक साथी की जरूरत होती है और यह साथी पति-पत्नी ही हो सकते हैं।***

अध्याय 14

समर्पण की सोच : यौन संबंध

पति-पत्नी के बीच यौन संबंध दाम्पत्य जीवन का आदर्श व्यवहार है। इसे प्रेम क्रीड़ा, सहवास, संसर्ग, शारीरिक और मानसिक संतुष्टि के व्यवहार आदि नाम देकर व्यक्त किया जाता है। पति-पत्नी के आपसी समर्पण की यह सोच ही वैवाहिक जीवन का सुख है। समर्पण के इस व्यवहार की जहां कुछ शारीरिक अपेक्षाएं हैं, वहीं कुछ मनोवैज्ञानिक रहस्य भी हैं। दाम्पत्य जीवन की सरसता के लिए इन रहस्यों को जानें।

शारीरिक संसर्ग वैवाहिक जीवन की पूर्णता का मुख्य आधार है। सुखद दाम्पत्य जीवन और खुशहाल परिवार के लिए यह एक अनिवार्य आवश्यकता है, लेकिन हमारी स्वस्थ सामाजिक व्यवस्था के ढांचे में पति-पत्नी के मध्य शारीरिक सुखों की अनुभूति के लिए विशेष मर्यादाएं रखी गई हैं। ये मर्यादाएं स्त्री-पुरुष के स्वभाव और शरीर रचना को ध्यान में रखकर बनाई गई हैं। भारतीय नारी बड़ी लज्जाशील होती है। शारीरिक संबंधों के लिए वह प्रायः पहल नहीं करती। तीव्र उत्तेजना के बावजूद भी वह स्वयं को शांत दिखाती है। धीरज के पर्दे में भावनाओं को छुपाती है। स्त्री जितनी छुपी रहती है, उतनी ही रहस्यमयी बनी रहती है। रहस्यों पर पड़ा हुआ यह आवरण उसे और भी अधिक आकर्षक, सुंदर और अनुभूत बनाता है। पुरुष इन रहस्यों के प्रति हमेशा से उत्सुक रहा है। परस्पर आकर्षण का यह व्यवहार भी दाम्पत्य जीवन का एक अंग है। प्रकृति ने शायद इसीलिए इसे बनाया है कि पति-पत्नी एक-दूसरे की यौन इच्छाओं को जानें, समझें और परस्पर समर्पण से ही अपने इन संबंधों में सरसता लाएं।

आधुनिक नारी में अपनी शारीरिक आवश्यकताओं के प्रति एक नया अहसास जागृत हुआ है, वह अपने इस अहसास के प्रति उदार मन होकर पति से यह अपेक्षा करने लगी है कि वह प्रणय के इन संबंधों को मिलकर शेयर करें। जहां पति-पत्नी की घनी-घनेरी जुल्फों की छांव में सुख की इच्छा करता है, वहीं पत्नी भी पति से प्यार पाने की तीव्र इच्छा रखती है। पढ़े-लिखे युवक भी पत्नी के इस अहसास और इच्छा को मन से स्वीकारने लगे हैं, इन संबंधों को पूरी ईमानदारी से निभाने लगे हैं। यही कारण है कि अब पति-पत्नी एक-दूसरे को जीवन साथी या लाइफ पार्टनर के रूप में स्वीकारते हैं। यौन संबंधों के बारे में जहां पुरुष स्त्री की इच्छाओं का सम्मान करने लगा है, वहीं स्त्रियां भी पुरुषों की मानसिकता को समझने लगी हैं। दाम्पत्य संबंधों का यह व्यवहार आधुनिक जीवन शैली का अंग बन गया है। दाम्पत्य शैली में मधुरता के लिए जहां पत्नी को सैक्सी, स्मार्ट, सुख देने वाली समझा जाने लगा है, वहीं दोनों एक-दूसरे के मन की उमंगों, उठती हुई लहरों और शारीरिक आवश्यकताओं को भी समझने लगे हैं। पति-पत्नी एक-दूसरे में वह सब पा लेना चाहते हैं, जो उन्हें मन से जोड़े।

समर्पण के इस व्यवहार के लिए पति-पत्नी को कुछ अंतरंग भावों से जुड़ना चाहिए। इस व्यवहार की पूर्ति के लिए एक-दूसरे की इच्छाओं का सम्मान कर यौन की इन क्रियाओं में बराबरी की भागीदारी करनी चाहिए और एक-दूसरे को उस सीमा तक सुख और संतुष्टि प्रदान करनी चाहिए, जहां उनमें कोई भी अतृप्त न रहे।

एक-दूसरे से यौन संतुष्टि प्राप्त करना पति-पत्नी का नैसर्गिक अधिकार भी है। इस अधिकार को समर्पण की सीमा तक मान्यता दें। सही ढंग से की गई यौन क्रियाएं पति-पत्नी को शारीरिक और मानसिक संतुष्टि प्रदान करती हैं। संतुष्टि का यह अहसास उन्हें दिन भर प्रसन्न, प्रफुल्ल, उत्साही और क्रियाशील बनाता है जिससे वे अपने सामाजिक दायित्वों को भली-भांति पूरा करते हैं। यौन संतुष्टि का यह अहसास ही पति-पत्नी को जीवन के अन्य क्षेत्रों में भी सफलता प्रदान करता है। इसीलिए इसे एक अनिवार्य व्यवहार के रूप में स्वीकार कर दाम्पत्य जीवन में प्रमुख मान्यता दी गई है। यौन संतुष्टि के अभाव में पति-पत्नी खिंचे-खिंचे से तनावग्रस्त रहते हैं। उनके आचरण में उत्तेजना अलग दिखाई देती है। किसी काम में उनका मन नहीं लगता है। क्रोध, खीज और बात-बात में उत्तेजित होना उनकी असंतुष्ट मानसिकता को प्रदर्शित करता है और जीवन के प्रति कुंठा और नैराश्य भाव उन्हें बहुत अंदर तक उदास बनाए रहता है।

समर्पण की इस सोच और व्यवहार के विषय में मनोवैज्ञानिकों का मत है कि यौन की प्रबल इच्छा पति-पत्नी में होना स्वाभाविक है। यह निरंतर बनी रहने वाली इच्छा होती है और इसकी पूर्ति हो जाने के बाद पुनः इच्छा होने लगती है। चरम सुख की प्राप्ति के बाद ही सेक्स के प्रति पति-पत्नी अपने आप को तनाव मुक्त, प्रसन्न अनुभव करते हैं, इसलिए इस व्यवहार के प्रति किसी भी स्तर पर उदासीनता नहीं बरतनी चाहिए।

परस्पर सहयोग का व्यवहार

यौन सुख की प्राप्ति परस्पर सहयोग का व्यवहार है। इस व्यवहार में पति-पत्नी की इच्छा का होना अनिवार्य है। इच्छा और सहमति के अभाव में स्थापित हुए यौन संबंध न तो शारीरिक रूप से चरम सुख देते हैं और न मानसिक संतुष्टि ही। बल्कि परस्पर इच्छा के विरुद्ध ये संबंध पति-पत्नी में विरक्ति तनाव ही पैदा करते हैं। इसलिए इन संबंधों की स्थापना से पहले पति-पत्नी को मानसिक रूप से तैयार होना आवश्यक है। चूंकि यह क्रिया पति-पत्नी को मानसिक और शारीरिक दबावों से मुक्त रखती है, उन्हें एक-दूसरे से भावनात्मक रूप से जोड़ती है, तृप्ति और सुख प्रदान करती है, दाम्पत्य जीवन की सरसता को बढ़ाती है, इसलिए इस सुख की प्राप्ति इसे विविध आसनों और मुद्राओं में ही स्वीकारनी चाहिए। यौन संतुष्टि के लिए यह बहुत आवश्यक है कि इस विषय में पहल दोनों करें। समर्पण के इस व्यवहार में एक-दूसरे को अहसास कराएं कि दोनों तन-मन से जुड़े हुए हैं और एक-दूसरे की खुशी में ही दोनों की खुशी है।

यौन संबंधों का यह व्यवहार पति-पत्नी का नितांत निजी मामला है, अतः इसमें किसी प्रकार का संकोच, शर्म, भय अथवा हीनता मन में न लाकर एक-दूसरे की इच्छाओं को समझते हुए हमेशा नवीनता का अनुभव करें। आपका शयन कक्ष, शयन कक्ष के परदे, बिस्तर, चादर, तकिए, यहां तक कि कमरे की महक भी आपके लिए सुरुचिपूर्ण हो। उसमें दोनों की मनपसंद खुशबू फैला कर उसे रोमांटिक बनाएं। सेक्सी कपड़े पहन कर एक-दूसरे की इच्छाएं पूरी करें।

आप चाहे कितनी बार ही यौन संबंध स्थापित करें, महत्त्वपूर्ण बात तो यह है कि आप समर्पण के इस व्यवहार में एक-दूसरे को पूर्ण संतुष्ट करें। अतृप्त यौन समर्पण की क्रिया में तनाव पैदा करने वाली होती है, अतः इससे बचें।

उपेक्षा न करें

यौन संबंधों की स्थापना में यह बहुत आवश्यक है कि एक-दूसरे की इच्छाओं की उपेक्षा न करें। उपेक्षाओं का यह व्यवहार जहां एक-दूसरे को इन संबंधों की स्थापना के प्रति विरक्त करता है। ''मुझे यह पसंद नहीं...।'', ''तुम्हें तो इसके अलावा और कोई काम ही नहीं...।'', ''बच्चों का तो ख्याल करो...।'' कहकर एक-दूसरे की इच्छाओं को मारना, जहां उन्हें इन संबंधों के लिए हतोत्साहित करता है, वे एक-दूसरे को इस प्रकार के असंतुष्ट संबंधों के लिए दोषी भी मानने लगते हैं। एक-दूसरे पर 'शुष्क', 'सुस्त', 'कोल्ड', 'सिली', 'नीरस', बुझी हुई होने का आरोप भी लगने लगता है। सेक्स के प्रति विरक्ति का यह व्यवहार दाम्पत्य संबंधों की सरसता को सुखाने लगता है। दाम्पत्य संबंधों की विरक्ति से पैदा हुई यह उदासीनता परिवार के अन्य व्यवहारों पर भी बुरा असर डालने लगती है। कई-कई दिनों तक पति-पत्नी खुलकर हंस-बोल नहीं पाते। पूरे मन से अपने कार्य नहीं कर पाते। तनाव और टकराव की यह स्थिति पारिवारिक जीवन पर भी काली छाया के रूप में मंडराती रहती है। तनाव और टकराव की ये परतें एक दिन परिवार के टूटने का कारण बन जाती हैं। जो महिलाएं अपने वैवाहिक जीवन के प्रति संतुष्ट होती हैं, वे अपने इन यौन संबंधों की स्थापना के प्रति भी उतनी ही जागरूक होती हैं। पति को नयनों की डोर से बांधना उन्हें खूब आता है और इसके लिए वे शाम से ही तैयारी करने लगती हैं।

अतृप्त यौन इच्छाएं अभिशाप बन सकती हैं

यौन संबंधों के इस व्यवहार को गंभीरता से इसलिए लेना चाहिए, क्योंकि अतृप्त यौन इच्छाएं दाम्पत्य जीवन पर अभिशाप बन सकती हैं। यौन अतृप्ति से त्रसित महिलाएं

अनेक मनोविकारों से ग्रसित हो जाती हैं। नींद न आना, अवसाद, उच्च अथवा निम्न रक्तचाप आदि ऐसे रोग हैं, जो यौन अतृप्ति के कारण ही दबे पैरों से घर में प्रवेश कर जाते हैं। संकोच के कारण, कुछ अपने पारिवारिक परिवेश के कारण, अज्ञानता के कारण अपनी इच्छाओं को प्रकट नहीं कर पातीं। दबी-सकुची उनकी ये इच्छाएं तनावों के रूप में पहले यदा-कदा प्रकट होती हैं और बाद में मनोरोग बनकर सामने आने लगती हैं। अतः यौन संबंधों के प्रति समर्पण की यह सोच और व्यवहार ही इस समस्या का एक मात्र समाधान है। पति-पत्नी को अपनी व्यस्तता और तनाव पूर्ण कामकाजी जीवन में से भी इस व्यवहार के लिए पर्याप्त समय निकालना चाहिए।

परस्पर आकर्षण में कमी न आने दें

यौन संबंधों के इन व्यवहारों में कहीं भी कमी न रहने दें। आधुनिक प्रगतिशील सोच यह है कि पति-पत्नी इस इच्छा की पूर्ति के लिए हर महीने हर वर्ष अथवा जब भी समय हो तब घर के बाहर तीन दिन तक 'हनीमून' मनाने अवश्य जाएं। पारिवारिक तनावों से दूर इस प्रकार का व्यवहार और समर्पण के प्रति यह सोच आपके दाम्पत्य संबंधों में कभी भी नीरसता न आने देगी और हमेशा एक-दूसरे को संतुष्ट नजरों से एक-दूसरे को जवान देखेंगे। उम्र की ढलान पर खड़े दंपती भी एक-दूसरे से जुड़े रहेंगे।

प्रेम क्रीड़ाओं का यह व्यवहार और इस व्यवहार की पहल से पति-पत्नी को कभी भी विमुख नहीं होना चाहिए। प्रेम की ये क्रीड़ाएं ही पति-पत्नी के संबंधों को निकटता प्रदान करती हैं। जो दंपती आपस में प्रेम-क्रीड़ाओं से वंचित रहते हैं, उनमें मन-मुटाव होने लगता है। अतः मन-मुटाव की स्थिति कभी निर्मित न होने दें।

वैवाहिक जीवन में ज्यादा सुखी होने के लिए दाम्पत्य जीवन के इन रहस्यों को समझना जरूरी है। पति-पत्नी में समर्पण का यह व्यवहार उनकी शारीरिक और मानसिक आवश्यकता का व्यवहार है। विशेषज्ञों की राय है कि इस प्रकार के व्यवहार जहां पति-पत्नी को मन से स्वीकारते हैं, वहीं इन संबंधों की उपेक्षा एक-दूसरे को अवैध संबंधों के लिए प्रेरित करती है। यदि पति की ये शारीरिक आवश्यकताएं घर में ही पूरी होने लगे तो उसे बाहर देखने की आवश्यकता ही अनुभव नहीं होगी। शादी के काफी साल बाद भी महिलाओं की सोच यही रहती है कि वे अपने इन संबंधों में कहीं भी कोई कमी नहीं देखना चाहतीं, इसलिए उन्हें अपने इन संबंधों के प्रति कुछ अधिक ही सजग रहना चाहिए। सज-संवर कर आकर्षक बने रहना, पति की इच्छाओं की पूर्ति करना आदि ऐसे व्यवहार हैं जो

उन्हें हमेशा घर से जोड़ कर रखते हैं।

जिस प्रकार से व्यायाम शरीर को स्वस्थ, नीरोग और शक्तिवान् बनाता है, उसी प्रकार से यौन क्रियाएं पति-पत्नी को प्रसन्न, हंसमुख, चंचल और सरस बनाती हैं। पति-पत्नी को चाहिए कि वे यौन की इन इच्छाओं को परस्पर हंसी-मजाक, कुछ मीठी छेड़छाड़, स्पर्श, आलिंगन, चुंबन आदि से जीवंत बनाएं। इस प्रकार की क्रियाएं यौन-क्रियाओं का ही अंग हैं। काम पर जाते हुए पति को यदि पत्नी मीठी चितवन के साथ 'सी ऑफ' करती है, तो नजरों की यह मधुरता उसे आत्मिक संतुष्टि का ही आभास कराती है। यौन क्रियाएं जहां पति-पत्नी को चरम सुख तक ले जाती हैं, वहीं ये क्रियाएं और व्यवहार पति-पत्नी को जोड़कर रखने के लिए भी आवश्यक हैं।

तृप्त और संतुष्ट यौन संबंध दाम्पत्य संबंधों में दृढ़ता व निकटता लाने के लिए आवश्यक हैं। अतः इस सत्य को खुले मन से स्वीकारें कि सुखी दाम्पत्य जीवन के लिए समर्पण का यह व्यवहार आवश्यक है। अतः इसकी चर्चा खुले आम न करके एक-दूसरे के कान में करें, आंखों से भी तृप्त हों। इसके लिए सदैव—

- **एक-दूसरे की भावनाओं, इच्छाओं को जानें।**
- **भय, तनाव और चिंता मुक्त होकर एक-दूसरे के प्रति समर्पित हों।**
- **अपने शयनकक्ष को सुरुचिपूर्ण आकर्षक और रंगीन बनाएं।**
- **एक-दूसरे के प्रति अपनी जिम्मेदारियों को मन-ही-मन स्वीकारें और उन्हें पूरी ईमानदारी से निभाएं।**
- **परस्पर विश्वास करें और इस विश्वास को जिंदगी भर पूरा करें।**

लेकिन ध्यान रखें

- समर्पण के इस व्यवहार में मन में किसी प्रकार की हीनता न लाएं।
- शराब पीकर अथवा अन्य किसी प्रकार का नशा करने-कराने के लिए एक-दूसरे को विवश न करें।
- अस्वस्थ होने की स्थिति में समर्पण के लिए आग्रह न करें।
- पति-पत्नी के इस रिश्ते के साथ विश्वासघात न करें।

जरूरत से ज्यादा बोला गया सच दाम्पत्य संबंधों पर भारी पड़ता है।

अध्याय 15

व्यक्तित्व संवारें

आकर्षक व्यक्तित्व ही पति-पत्नी को एक-दूसरे से भावनात्मक रूप से जोड़ता है। यह आकर्षण एक-दूसरे की आंखों में विश्वास बनकर पलने-बढ़ने लगे, एक-दूसरे के चेहरे पर दिखाई देने लगे, मधुर मुस्कान बन घर-आंगन में महकने लगे कुछ ऐसा ही आप करें। आखिर क्या है यह आकर्षण...और क्या है व्यक्तित्व...?

व्यक्तित्व का आकर्षण पहले ही दिन से पति-पत्नी को एक-दूसरे के निकट लाता है। एक-दूसरे को पसंद करने का अर्थ ही यह है कि दोनों एक-दूसरे की किसी-न-किसी बात, व्यवहार, सुंदरता, शिक्षा आदि से इतने प्रभावित हो गए हैं कि दोनों के दिल में एक-दूसरे के प्रति भावनात्मक चाह पैदा हो गई है। सुंदर और आकर्षक व्यक्तित्व वाला पति या पत्नी चाहने की इच्छा हर युवा मन में होती है। एक-दूसरे की इसी चाह को पूरा करने के लिए युवा सजते-संवरते हैं। सुंदर दिखना-दिखाना चाहते हैं।

प्रभावी और आकर्षक व्यक्तित्व जहां आपको अपने काम-काज में दक्ष और सफल बनाता है, वहीं आपका आत्म-विश्वास बढ़ता है और आप प्रसन्न होकर अपनी बात कहती/करती हैं। आकर्षक व्यक्तित्व के लिए आवश्यक है कि आपको हर सामाजिक और राजनीतिक विषय की जानकारी हो। आप चाहे कामकाजी हों अथवा गृहिणी। थोड़ी-बहुत सामयिक जानकारी अवश्य रखें। मसलन, देश में किस पार्टी की सरकार है, प्रमुख नीतियां क्या हैं? आदि ऐसी बातें हैं, जो आपको टी. वी. समाचार, पत्र-पत्रिकाओं के माध्यम से मिलती रहती हैं। इन सब सामान्य बातों की जानकारी आप अवश्य रखें। केवल इतना ही नहीं, स्वास्थ्य विषयक सामान्य जानकारी भी रखें। समय-समय पर पत्र-पत्रिकाओं में दी गई नई-नई जानकारियां, व्यंजन बनाने की विधियों, अपने स्वास्थ्य और सौंदर्य प्रसाधन के प्रति जागरूकता आदि के लिए पत्र-पत्रिकाएं पढ़ें। इन सब बातों से जहां आपको आगे बढ़ने का अवसर मिलेगा, वहीं आपका आत्मविश्वास बढ़ेगा और आप अपने स्तर पर सही निर्णय ले सकेंगी और परिवार के प्रति नई सोच विकसित कर सकेंगी।

बनाव-शृंगार के प्रति सजग रहें

आप चाहे पुरुष हों अथवा महिला, युवा हों अथवा प्रौढ़, आवश्यक बनाव-शृंगार अवश्य करें। आपकी केश-राशि, चेहरा, आंखें, गरदन, कोहनियां, नाखून, पैर आदि साफ-सुथरे आकर्षक और सुंदर होने चाहिए। घर में सज-संवर कर रहें। अपने सौंदर्य और स्वास्थ्य के प्रति किसी भी स्तर पर उदासीनता न बरतें। पहनने योग्य वस्त्रों का चुनाव ऐसा करें कि वे आपके शारीरिक सौंदर्य और अकर्षण को बढ़ाएं। प्रशासनिक पदों पर काम कर रहे पुरुषों को चाहिए कि वे नित्य शेव बनाएं। बढ़ी हुई शेव से व्यक्तित्व में हीनता आती है और पूरे मनोयोग के साथ अपनी बात नहीं कह पाते। यदि आप दाढ़ी रखते हैं, तो वह इस प्रकार की हो जिससे चेहरा सजा-संवरा लगे और आपका व्यक्तित्व कहीं भी दबा दिखाई न दे।

अपने केश-विन्यास को भी आकर्षक ढंग से संवारें। महिलाएं 'स्लीव लैस' ब्लाऊज तभी पहनें, जब यह उनके व्यक्तित्व को निखारने में सहायक हो। भेड़ चाल चल कर कोई भी कपड़ा न पहनें, क्योंकि सबके व्यक्तित्व पर अलग-अलग आकर्षण होता है। इसी प्रकार से कामकाजी पुरुष हमेशा 'फुल आस्तीन' की कमीज पहनें।

आभूषणों का 'लदान' इतना न करें कि वे आपके व्यक्तित्व को दबा दें। आभूषणों का मोह त्यागकर केवल इतना सजें कि आकर्षक आभूषण आपकी सुंदरता को बढ़ाने में सहायक हों। आपकी सादगी भी सुंदरता का पर्याय होनी चाहिए। गले में पड़ा हुआ एक लंबा नैकलेस' आपकी सुराहीदार गरदन को आकर्षक बनाने के लिए काफी है।

अपना बैग या ब्रीफकेस, रूमाल, लेटर हैड, कार्ड, जूते, सैंडिल, मोजे, टाई आदि इतने साफ रखें कि उसके रख-रखाव में आपका व्यक्तित्व दिखाई दे। जब भी आप किसी नई जगह जाएं या आपके घर में कोई मेहमान अथवा सह-कुटुम्बी आए, तो पूरे विश्वास के साथ उसका परिचय प्राप्त करें। परिचय प्राप्त करने के इस व्यवहार में बड़ी शिष्टता के साथ पेश आएं। यदि आपके पास आपका कार्ड है, तो पहले उसे कार्ड दें। वास्तव में परिचय कार्ड आपकी विश्वसनीयता और परिचय को प्रमाणित करते हैं। जब कोई आपसे बात कर रहा हो, तो उनकी तरफ ध्यान अवश्य दें। महिलाओं से बातचीत करते समय जेब में से सिगरेट निकालकर पीना अथवा पाउच निकाल कर खाना अशिष्टता है, अतः इस प्रकार के व्यवहार से बचें। घर में भी पत्नी के सामने इस प्रकार की अशिष्टता न करें।

कामकाजी जीवन में महिलाओं को चाहिए कि वे अपने बनाव-शृंगार के प्रति कुछ विशेष सतर्कता बरतें। चटक रंगों वाले, भड़कीले, पारदर्शी वस्त्र आपकी प्रतिष्ठा को दांव पर लगाते हैं, अतः इस प्रकार के वस्त्र पहनकर संस्थान अथवा विवाह पार्टी आदि में न जाएं। आभूषणों से लदा शरीर, लिपा-पुता भारी-भरकम बनाव शृंगार, तेज गंध वाले रसायनों का प्रयोग आपको हंसी का केंद्र तो बनाते ही हैं, साथ ही आप लोगों की 'तानाकसी' का भी केंद्र बनाती है। ऐसी महिलाओं को कभी-कभी छेड़छाड़ की स्थिति का भी सामना करना पड़ सकता है।

शिष्टाचार और शालीनता

शिष्ट और शालीन पत्नी पाकर पति को मानसिक संतुष्टि होती है। इसलिए अपने सामाजिक, पारिवारिक और कामकाजी जीवन में शिष्टता और शालीनता को एक गुण के रूप में स्वीकारें। अपनी दैनिक बातचीत में 'जी', 'जी हां', 'जी नहीं', 'सर',

'यस सर', 'नो सर', 'मैडम', 'नौ थैंक्स', 'आप लीजिए', 'बैठिए', 'आप बताइए' जैसे शब्दों का प्रयोग करें। घर में आने वाले व्यक्तियों के साथ भी इसी प्रकार का शिष्ट व्यवहार करें। इससे जहां आपकी बातचीत संतुलित, शिष्ट व संक्षिप्त रहेगी, वहीं आप दूसरों की अधिक सुनेंगी। दूसरों को हमेशा बोलने का अवसर अधिक दें। यदि आप कामकाजी हैं, तो संस्थान में पुरुष सह-कर्मियों के साथ बैठकर चाय पीने-पिलाने का आग्रह न करें। यदि कभी ऐसा अवसर आ भी जाए, तो अथवा आप बॉस के साथ कभी चाय पीने के लिए बैठें, तो टेबिल पर चाय का कप रखने से पहले 'प्लास्टिक मैट' रख लें। चाय आने पर अपने हाथों से पहले दूसरों को चाय ऑफर करें। घर पर भी हमेशा इस प्रकार की शिष्टता का पालन करें।

आप चाहे घर पर हों अथवा संस्थान में, बात चाहे पति से कर रही हों अथवा सहकर्मी से, चीख चिल्लाकर तथा जोर-जोर से बातें न करें। इस प्रकार से चिल्लाना न केवल अशिष्ट लगता है, बल्कि फूहड़पन का भी प्रतीक है। क्रोध में आकर कभी बातचीत न करें। न ही बात-बात में रोने का प्रदर्शन करें।

अपनी हीनता का प्रदर्शन कहीं भी न करें और न ही अपनी हीनता प्रदर्शित कर दूसरों की सहानुभूति प्राप्त करने की सोचें।

दूसरों को महत्त्व दें

हमेशा दूसरों के विचारों, भावनाओं का सम्मान करें और उनका महत्त्व समझें। आपकी योग्यता, प्रतिभा, प्रभाव, दूसरों को महत्त्व देने में ही है। घर के छोटे-से-छोटे व्यक्ति यहां तक कि घरेलू नौकर का भी महत्त्व समझें और उसे इसके अनुसार मान-प्रतिष्ठा दें। आपका बड़प्पन दूसरों को बड़प्पन देने में ही है। दूसरों को महत्त्व देने से आशय यह है कि आप उसकी बात सुनें। उसे आवश्यकता अनुसार विश्वास और सहायता दें। उनमें विश्वास करें। यदि आप समझती हैं कि उनका कथन, सोच, व्यवहार, आचरण गलत है, अनुचित है, भ्रामक है, तो बिना किसी पूर्वाग्रह के उन्हें अपने विश्वास में लें। उन्हें भविष्य में होने वाले दुष्प्रभावों, दुष्परिणामों से सावधान करें। होने वाली हानि के प्रति सचेष्ट करें। इसके बाद भी यदि उनका आपसे मतैक्य नहीं होता, तो उसे अपनी राह पर चलने दें। ठोकर खाकर स्वयं ही संभलने के अवसर दें। वास्तव में जीवन के प्रति इस प्रकार की दूरदर्शी सोच जहां आपको पति और परिवार से जोड़ेगी, वहीं आपके पारिवारिक जीवन में भी आपके समर्थकों की संख्या बढ़ेगी और इस प्रकार से आप परिवार के सभी सदस्यों से मान-प्रतिष्ठा पा सकेंगी।

लक्ष्य के प्रति समर्पित हों

जहां भी सम्मति होगी, वहीं संपन्नता और समृद्धि होगी। इस विश्वास के साथ पति-पत्नी अपने जीवन और पारिवारिक लक्ष्यों की प्राप्ति के लिए प्रयास करें। पति-पत्नी एक-दूसरे की इस सोच को कहीं भी कम न समझें। अपने काम को पूरी लगन, निष्ठा और आत्मविश्वास के साथ करें। अपनी सफलता तथा कामकाजी जीवन में आने वाली सभी कठिनाइयों की जानकारी भी पति को दें। अधिकारी को विश्वास में लेकर लगन से काम करें। काम का महत्त्व होता है, इसलिए काम से जी चुराने की मानसिक सोच मन में न पालें। आपके काम का मूल्यांकन होता रहता है। घर में सास, ससुर, बच्चे सब आपके काम से ही प्रभावित होते हैं। काम की सफलताएं ही लक्ष्य प्राप्ति का साधन होती हैं। परिश्रम का फल हमेशा मिलता है और वह अच्छा ही होता है। आपकी इस प्रकार की सोच जहां दूसरों के लिए प्रेरणा बनेगी, वहीं परिवार के सदस्य भी नित्य नई सफलताएं प्राप्त कर सकेंगे। पारिवारिक जीवन में अपनी कथनी और करनी में कहीं भी अंतर न आने दें। काम ज्यादा करें, बातें कम करें। पति-पत्नी का परस्पर में विश्वास ही एक-दूसरे की सफलता बनता है।

सरल बनें

आपके व्यक्तित्व की विशेषता इसमें दिखाई देती है कि आप पारिवारिक और सामाजिक जीवन में कितनी सरल हैं। आप स्वयं को सुंदर, धनवान या गुणी समझकर अपने ऊपर घमंड न करें और न दूसरों से अलग-अलग रहें। व्यक्ति जितना बड़ा होता है, उतना ही विनम्रता उसमें होनी चाहिए। यदि आप गुणवान होकर भी सरल रहेंगी, तो निश्चिय ही आपके परिचित आपका सम्मान करेंगे। यदि पति-पत्नी दोनों ही समृद्ध और विनम्र हैं, तो घर अपने आप ही स्वर्ग बन जाता है।

परिचय क्षेत्र बढ़ाएं

आपकी विशेषताएं आपके परिचय क्षेत्र को बढ़ाती हैं, इसलिए अपने इस क्षेत्र को भी मान्यता दें। आपके पास समय का अभाव हो सकता है, लेकिन समय के अभाव के कारण अपने इस क्षेत्र की उपेक्षा न करें। संपर्क में आने वाले प्रत्येक व्यक्ति को उसकी उपेक्षा के अनुकूल सहयोग दें। सलाह दें। आपकी सलाह किसी दूसरे के जीवन को प्रकाशित कर सकती है। भटके हुए व्यक्ति को राह दे सकती

है। इसी प्रकार से नई-नई संस्थाओं से जुड़ें। उनके उद्देश्यों की पूर्ति में अपना आर्थिक और सकारात्मक सहयोग दें।

समय का सदुपयोग करें

अपने समय का सदुपयोग करने के लिए आवश्यक है कि आप किसी भी रचनात्मक कार्य से जुड़ें। घर में सिलाई-कढ़ाई आदि अनेक काम हो सकते हैं। यदि आपकी रुचि किसी समाज-सेवा के कार्य में है, तो किसी सामाजिक संस्था से जुड़ें। महल्ले-पड़ोस की लड़कियों को कुछ काम करना सिखाएं। झुग्गी-झोंपड़ी अथवा गंदी बस्ती की महिलाओं को प्रगतिशील सोच से परिचित कराएं। उन्हें सफाई आदि का ज्ञान कराएं। बार-बार में गर्भपात से सावधान कराएं। अधिक बच्चों से होने वाली परेशानियों तथा नई-नई बीमारियों के बारे में बताएं। उन्हें पढ़ाई-लिखाई और साक्षरता से जोड़ें।

यदि आपकी रुचि इन सामाजिक कामों में नहीं है, तो घर में ही पेड़-पौधे उगाएं। इन पौधों की देखभाल करें। आंगनबाड़ी में कुछ समय लगाएं। पौधों को पानी दें। इस प्रकार के कार्यों से जहां आपको मानसिक संतुष्टि मिलेगी, वहीं आप अपने घर-आंगन को भी एक नया कलात्मक रूप दे सकेंगी।

आपको यह बता दूं कि आपकी एक छोटी-सी मधुर मुस्कान ही दूसरों का दिल जीतने के लिए काफी है। आपके पति की थकान मिटाने के लिए काफी है। अतः अपने पारिवारिक सामाजिक जीवन में मधुर, दिलकश मुस्कान के साथ ही दूसरों का स्वागत करें। उन्हें विदा करें, मिल बैठें। इस प्रकार का आकर्षक व्यक्तित्व सजा-संवार कर जहां आप दूसरों के दिल में स्थान पा सकेंगी, वहीं आप उनकी आंखों में भी चमक ला सकेंगी, जिसकी चाह उन्हें हमेशा होती है। अतः आपको चाहिए कि–

- आप चाहे जिस भाषा में बोलें, स्पष्ट और शुद्ध बोलें।
- संबोधनों में आत्मीय भाव लाएं।
- बड़ों को यथेष्ठ मान-सम्मान दें।
- हमेशा सज-संवर कर रहें।
- सादगी का फैशन हमेशा रहता है।

मगर ध्यान रखें

- अपने रंग-रूप पर इतराने की सोच न पालें, न ही इस पर गर्व करें।

- अंग्रेजी बोलने की कोशिश में गलत अंग्रेजी बोलकर जग-हंसाई की पात्र न बनें।
- 'बिजी विदाऊट वर्क' न रहें।
- फैशन के नाम पर कपड़े न फाड़ें। न ही आभूषणों को लादें।

जब आप घर से बाहर हों, तो फोन करके एक-दूसरे को अपनी आत्मीयता और जुड़ाव से अवश्य परिचित कराएं।

अध्याय 16

समझौतावादी सोच पालें

अहंकार में भर कर बातें करना या ईंट का जवाब पत्थर से देना किसी अनपढ़ या तंगदिल व्यक्ति की ही सोच हो सकती है। पति-पत्नी का संबंध प्रेम, त्याग और आत्मीयता का संबंध है। यहां तो समर्पण और समझौते की कीमत है, अकड़ और झगड़े की नहीं। जो इस सच्चाई को जानते हैं, वे सदैव हंसते मुस्कराते रहते हैं।

पति-पत्नी में किसी विषय को लेकर मतभेद होना या विवाद की स्थिति पैदा हो जाना एक सामान्य और स्वाभाविक बात है। किंतु ऐसी स्थितियों को नियंत्रित करके परिवार को टूटने से बचा लेना ही समझदारी है। इसके लिए आवश्यक है कि पति-पत्नी, दोनों में ही समझौतावादी सोच हो और दोनों ही उस पर खुले मन से अमल करें।

यह एक कटु सत्य है कि हमारी सामाजिक व्यवस्था पुरुष प्रधान सामाजिक व्यवस्था है। इस व्यवस्था में पुरुष के मन में स्त्री की अपेक्षाकृत अधिक आत्मविश्वास, अहम्, दृढ़ता आदि का होना स्वाभाविक ही है। स्वभाव से भी स्त्री पुरुष की अपेक्षा अधिक कोमल है। अतः विषम परिस्थितियों में नारी यदि पुरुष की दृढ़ता के सामने आत्म-समर्पण करके विवादों को सुलझा लेती है, तो इसे स्त्री का विशेष गुण ही कहा जाएगा, उसका छोटापन नहीं।

परिवारिक जीवन में आई सामाजिक समस्याओं को बुद्धिमानी से हल कर जहां आप इनके प्रतिष्ठा जन्य समाधान सोच कर संतुष्ट होती हैं, वहीं इस प्रकार की सोच आपको नित्य नई सफलताएं प्रदान करती है। जो लोग अपनी समस्याओं को सम्मानजनक समाधान नहीं दे पाते, वे इस व्यवस्था से हताश व निराश होकर पलायनवादी सोच अपनाने लगते हैं, जो उन्हें कहीं का नहीं रहने देती। मेरी एक परिचित महिला ने एक दिन अपनी व्यथा सुनाते हुए मुझे बताया–

'मैं जिस नर्सिंग होम में काम करती हूं, वहां के साथी पुरुष डॉक्टर से मेरे अंतरंग संबंध हो गए हैं, हम दोनों के ये भावनात्मक संबंध मर्यादा की सारी सीमाएं पार कर गए हैं और अब वे मुझे दूसरी पत्नी के रूप में स्वीकारने के लिए तैयार हैं। मैं कुछ ऐसे भंवर में फंस गई हूं, जहां एक ओर कुआं है तो दूसरी ओर खाई। मेरी समस्या यह भी है कि मैं उनकी पत्नी को भी बहुत चाहती हूं, इसलिए विवाह करके मैं उसकी सौत बनना नहीं चाहती। दूसरी ओर बिना विवाह किए एक रखैल की तरह जीना भी मुझे मंजूर नहीं है। इधर लोग हम दोनों के संबंधों को नाजायज कहकर हमें बदनाम कर रहे हैं। ऐसी स्थिति में अब मेरे सामने आत्महत्या के सिवाय और कोई विकल्प नहीं है, जानती हूं कि यह विकल्प भी मुझे सुख से मरने न देगा और मेरे मरने के बाद भी लोग मुझे लांछित करेंगे।'

स्वयं की बुनी हुई समस्याओं के जाल में फंसी यह महिला और उसकी मृगतृष्णा ही उसकी समस्या की जड़ है। चाहे तो किसी भी स्तर पर अपने आप से समझौता कर यह समस्या के जाल से बाहर निकल सकती है, लेकिन मनोबल के अभाव में अपनी स्थिति से कहीं भी समझौता नहीं कर पा रही है और यही समझौता न कर

पाना ही उसकी समस्या है। एक ऐसी समस्या, जिसका समाधान समझौते के अलावा कुछ और है ही नहीं। सम्मानजनक समझौते के लिए उन्हें जहां भावनाओं से ऊपर उठना पड़ेगा, वहीं जीवन की कठोर वास्तविकताओं का भी सामना करना पड़ेगा।

सामाजिक जीवन में इस प्रकार की सोच रखने वाली महिलाओं को चाहिए कि वे अपने भविष्य को कहीं भी दांव पर न लगाएं और समझौतावादी सोच पाल कर अपने भविष्य को संवारें।

विवादों को स्थायी न बनाएं

विवाद चाहे पति-पत्नी के बीच हो या सास-बहू के, पिता-पुत्र के बीच हो अथवा सहकर्मियों के बीच। इन्हें लंबा न खीचें और इन विवादों के होते हुए प्रतिशोधी व्यवहार भी न करें। यह बहुत हद तक संभव है कि ऐसे मामलों में एक-दूसरे को अपनी गलती का अहसास हो जाए और बात स्वयं ही बन जाए। पति-पत्नी भी एक-दूसरे की इच्छाएं जानें और एक-दूसरे की इच्छाओं का सम्मान करते हुए मौका मिलते ही तुरंत समझौता कर लें।

पति-पत्नी के आपसी व्यवहारों को इसलिए भी स्वीकार कर लें कि हो सकता है कि इससे उनकी मान प्रतिष्ठा उनके परिचय क्षेत्र में बढ़े। यदि आपकी पत्नी का व्यवहार आपस में सौहार्दपूर्ण है, तो प्रत्युत्तर में आप भी उसी प्रकार की सौहार्दता प्रदर्शित करें। मन में यह विचार कभी न लाएं कि आप ही सबसे अधिक सुंदर, बुद्धिमान, विचारशील, विवेकशील, प्रतिभाशाली हैं। दूसरे आपके सामने कुछ भी नहीं। वास्तव में दूसरों के तर्क, विचार और भावनाओं को पूरी गंभीरता से सुनें, उन पर विचार करें और यदि दूसरों के विचार और बातें आपके गले उतरती हैं, तो उन्हें स्वीकारने में जरा भी संकोच न करें। इस प्रकार का भावनात्मक समर्थन और सहयोग पाकर पति-पत्नी एक-दूसरे का दिल जीत सकेंगे। परस्पर में यह सहमति और इसका अहसास ही आपको विजयी होने जैसा गर्व गौरव प्रदान करेगा।

विवाद चाहे संस्थान से छुट्टी लेने पर हुआ हो या फिर पर्यटन पर जाने के कार्यक्रम पर, पार्टी में जाने पर हुआ हो अथवा न जाने पर, पार्टी में लोगों को बुलाने पर हो अथवा मीटिंग से घर देर से लौटने के कारण हुआ हो, सेमीनार में जाने का मामला हो या फिर अन्य कोई बात, एक-दूसरे के सुझाव अवश्य सुनें।

''देखो शिल्पा, मुझे ऐसे लोग बिल्कुल पसंद नहीं, जो दूसरे की औरतों को अपने स्कूटर पर बैठाकर उनके घरों तक छोड़ने आते हैं...।''

"मुझे भी ऐसे लोग पसंद नहीं, जो दूसरे की औरतों के साथ होटलों में चाय पीने-पिलाने के नाम पर देर-रात तक घर से गायब रहते हैं...।"

कामकाजी जीवन में ऐसी बातें आमतौर पर होती रहती हैं। इन्हें चर्चा में नहीं लाया जाना चाहिए। इस प्रकार की बातें जहां एक-दूसरे का मन खराब करती हैं, वहीं घर में 'अविश्वास' के बीज पैदा कर देती हैं।

कामकाजी जीवन में यदि कभी पति-पत्नी देर से घर लौट पाते हैं या पति के साथ कोई शिल्पा या सुनीता स्कूटर पर लिफ्ट पाकर घर आ जाती है, तो इसे अन्यथा नहीं लेना चाहिए और न ही यह व्यवहार किसी प्रकार के विवादों को बढ़ाने वाला व्यवहार है, बल्कि इस प्रकार की सोच को अपने मन में अपने ही न दें।

समझौता सम्मानजनक हो

समझौतावादी सोच का सरल उपाय यह है कि प्रतिशोध, हिंसा, क्रोध प्रकट करने अथवा एक-दूसरे पर हाथ उठाने की मूर्खता कभी न करें। एक के स्थान पर चार सुनने-सुनाने से कोई समस्या हल नहीं होती। पति अथवा पत्नी को अपमानित अथवा प्रताड़ित करने से आप दोनों के स्नेह बन्धन शिथिल होंगे। स्नेह स्रोत सूखेंगे। फिर विवाद चाहे जैसे भी हों, आखिर में करना तो समझौता ही पड़ता है, तो फिर इस प्रकार की सोच की पहल पहले से ही क्यों न करें? जिससे व्यर्थ की दूरियां न बढ़ें।

लेकिन ध्यान रखें कि अपने विवादों को हल करने में, समझौता करने में कभी भी किसी ऐसे बंदर को बीच में न डालें, जो अपने हितों को साधने वाला हो। जब कभी परिवार के किसी सदस्य से पटरी मेल न खाती हो अथवा कुछ ऐसे व्यवहार हों जिनसे आप समझौता न कर सकती हों, ऐसे मामलों में कोई चर्चा अथवा निर्णय लेकर अलग हो जाना ही उचित होता है।

डॉक्टर भी सड़ चुके अंगों को ऑपरेशन कर शरीर से अलग करने की सलाह देते हैं। कुछ बातें ऐसी होती हैं जिन्हें पति-पत्नी सरलता से पचा नहीं पाते, वैचारिक भिन्नता अथवा मानसिक सोच में अंतर होने के कारण ऐसी बातों से समझौता भी नहीं कर पाते। ऐसे व्यवहारों को बहुत दिनों तक अपने ऊपर लादे रहना उचित नहीं। इन्हें कहकर मन तुरंत हलका कर लें।

विवाह पूर्व संबंधों, किन्हीं अप्रिय हादसों, प्रसंगों की चर्चा कर अपने दाम्पत्य संबंधों में कटुता लाने की मूर्खता न करें। न ही किसी ऐसे व्यक्ति से विवाह बाद संबंध रखें, जो विवाह पूर्व के आपके संबंधों की जानकारी रखता हो अथवा

आपकी किन्हीं कमजोरियों से परिचित हो अथवा उसकी मानसिकता आपको 'ब्लैक मेल' करने जैसी हो। ऐसी किसी बात की चर्चा कर आप दोनों ही अपने जख्मों को हरा करने की सोच मन से निकाल दें।

यदि ऐसा व्यक्ति अपना निकट संबंधी है, तो उससे संबंधों को समाप्त करने अथवा उन्हें 'दो टूक' करने की अपेक्षा अच्छा यही होगा कि आप ऐसे संबंधों को वहीं एक पूर्ण विराम दें, ताकि भविष्य में जब भी परिस्थितियां अनुकूल हों, तो आप इन्हें एक नया मोड़ देकर जोड़ लें। हो सकता है कि तब तक आपकी मानसिकता में भी कुछ अंतर आ जाए।

अपने सहकर्मियों, अधिकारियों अथवा अधीनस्थ से किसी भी प्रकार का कोई भावनात्मक समझौता न करें। यदि आप अधिकारी हैं और अधिकार संपन्न हैं, तो हमेशा अपने आपको निष्पक्ष बनाए रखें। अहम् अथवा घमंड में आकर बातें करना और अपनी उच्चता का प्रदर्शन करना अथवा दूसरों की हीनता उछालना उचित नहीं।

''तुमने समझ क्या रखा है...अगर मिट्टी में न मिला दिया, तो मेरा भी नाम नहीं...'' जैसी बातें पारिवारिक जीवन में न करें।

समझौतावादी सोच आपके पारिवारिक वातावरण को तो स्नेहिल बनाती ही है, सामाजिक और व्यावसायिक क्षेत्र में भी आपको सफलता प्रदान करती है। ध्यान रखें कि सम्मानजनक समझौता करने में किसी की नाक नीची नहीं होती, बल्कि इससे आपके व्यक्तित्व में निखार आता है, लोग आपकी प्रशंसा ही करते हैं। अहंवादी सोच आपको क्षणिक मानसिक संतुष्टि प्रदान कर सकती है, लेकिन समझौतावादी सोच आपके रांबंधों गें स्थायी मधुरता लाएगी।

आप चाहे घर में हों अथवा संस्थान में, ससुराल में हों अथवा मायके में, विवाहिता हों अथवा विवाह योग्य जीवन में समझौतावादी सोच अपनाकर अपने विचारों को एक नई दिशा प्रदान करें। जिस प्रकार से भारी तले वाला बरतन अच्छा समझा जाता है, उसी प्रकार से गंभीर सोच अपनाएं।

इस प्रकार की सोच जहां आपको खानदानी बहू-बेटी होने का सम्मान दिलाएगी, वहीं आप उनकी 'चहेती' बनेंगी, जो आपके मन की जानते हैं, आपकी मानते हैं। आपकी इस प्रकार की सोच के कारण आपसे हमेशा समझौता कर संतुष्ट होते हैं।

आत्म-संतुष्टि का यह एक ऐसा व्यवहार है, जिसे अपनाकर न केवल हम दूसरों को प्रसन्न करते हैं, बल्कि स्वयं भी प्रसन्न होते हैं। फिर इस प्रकार की सोच

अपनाने में संकोच क्यों? आज ही अपनी मानसिकता को बदल डालें क्योंकि–

- समझौता आपकी व्यापक सोच का प्रतीक है।
- समझौता करने में संतुष्टि का भाव विकसित करें।
- गलती स्वीकारने एवं दूसरों की बात मान लेने से आपका सम्मान बढ़ता है।
- कई बार समझौता करना फायदेमंद साबित होता है।

लेकिन ध्यान रखें

- दूसरों को धमकी देने की सोच न पालें।
- पति की प्रतिष्ठा दांव पर लगाकर कोई समझौता न करें।
- दबावों में आकर कोई अनुचित समझौता न करें, चाहे वह कितना ही लाभदायक क्यों न हो।
- समझौतावादी सोच का अर्थ सौदेबाजी नहीं।
- समझौता करने में अपनी प्रतिष्ठा दांव पर न लगाएं। पति-पत्नी की प्रतिष्ठा में अंतर न समझें।

> *समझौते के व्यवहार में पत्नी के खाते में सभी प्रविष्टियां ऋणात्मक हो सकती हैं, फिर भी योग के कालम में सभी प्रविष्टि धनात्मक ही होती है।*

अध्याय 17

पारिवारिक विवादों में न पड़ें

जिस प्रकार गेहूं के साथ घुन पिस जाता है, उसी प्रकार से पारिवारिक विवादों में पति-पत्नी के आपसी संबंधों में कटुता आ जाती है। पिता-पुत्र का कोई विवाद हो या मां-बेटे का, ससुर-दामाद का हो या फिर जीजा-साले का सभी पारिवारिक विवादों का प्रभाव पति-पत्नी के संबंधों पर पड़ता है। कितना कठिन होता है ऐसे विवादों के कुप्रभाव से बचना। बिल्कुल तलवार की धार पर चलने जैसा...। इस विषय में आपकी मौलिक सोच ही आपको काजल की इस कोठरी में बेदाग रख सकती है।

'क्या बताऊं बहन जी, हमने अपनी श्वेता के लिए राजकुमार जैसा लड़का चाहा था, हमें क्या पता कि हीरा भी नकली निकलेगा...लड़के की कुंडली जब श्वेता की कुंडली से मिलवाई थी तो पूरे तीस गुण मिले थे, पुरोहित जी तो कह रहे थे कि ऐसा मेल तो विरला ही होता है। लड़की के भाग्य में राजयोग लिखा है, अब क्या करें। लड़का तो पूरी तरह से मां के काबू में है और मां घर में अजगर की तरह पूरे घर को अपनी कुंडली में दबोचे हुए है। दहेज का सब सामान समेट लिया और मेरी बेटी को दूध में पड़ी मक्खी की तरह निकाल कर फेंक दिया, पता नहीं क्या हाल होगा मेरी लाडली श्वेता का...मन में तो आता है कि अभी जाकर सबको पुलिस में बंद करा दूं... ।''

''एक बात हो तो बताऊं बहन जी! बहू तो चाहती है कि हम सब उसके सामने एक पैर खड़े रहें...उसके नखरे तो भगवान् भी पूरे नहीं कर सकता, अपने आपको एम. डी. की लड़की समझती है। चाहती है सब-के-सब उसकी गुलामी में खड़े रहें। उसका दिमाग तो हमेशा सातवें आसमान पर रहता है। मैंने तो पहले दिन ही देख लिया था, उसके लक्षण कुल लक्ष्मी जैसे न थे...? मैंने तो सब कह दिया है कि रहना है, तो बहू-बेटियों जैसे रहो। अगर एम. डी. की लड़की ही बने रहना है, तो फिर जाए अपने बाप के घर... ।''

''सपना कान खोलकर सुन ले, अगर तू मेरी मां की इज्जत नहीं कर सकती, तो तेरे लिए इस घर में कोई स्थान नहीं। समझी...और सुनो, मुझे रोने-धोने वाली लड़कियों से सख्त नफरत है...!

दाम्पत्य जीवन में प्रायः पारिवारिक विवादों के कैक्टस स्वतः ही उग आते हैं। कभी मां बेटे के कान भरती है, तो कभी बेटी मां के कान भरती है। कभी श्वसुर की दामाद से ठनती है, तो कभी सास की बहू से। महल्ले-पड़ोस की औरतें बहू को ''सिर पर न चढ़ाने' के लिए चेतावनी देती हैं, तो कभी स्वयं लड़की की मां ही बेटी को, 'तुझे क्या करना, अपने आप करेंगे...तूने सब का ठेका थोड़े ही ले रखा है...'' जैसी शुष्क व्यवहारों की बातें कहकर लड़की को उसके पारिवारिक दायित्वों से मुख मोड़ने के लिए 'भरती' है। कभी ननद-भाभी की चुगली कर रोती हुई आंखों से भैया के सामने अपनी उपेक्षाओं का रोना रोती है, तो कभी ससुर के सामने देवर भाभी के सौतेले व्यवहारों को नमक मिर्च लगा कर सुनाता है। आशय यह है कि पारिवारिक रिश्तों की गर्माहट को पारिवारिक विवाद किसी प्रकार से सोख लेते हैं, यह किसी से छिपा नहीं है। वास्तव में इन विवादों के कारण ही पति-पत्नी के संबंधों में दूरियां बढ़ने लगती हैं और फिर दोनों ओर से शुरू हो

जाता है अपेक्षाओं का रोना, शिकायतों की बौछार और तानों की वर्षा।

दाम्पत्य संबंधों में स्थायी मधुरता लाने के लिए आप इस विषय में सकारात्मक सोच अपनाएं। यद्यपि पारिवारिक जीवन में यह सबसे कठिन व्यवहार है और इसी के कारण भारतीय सामाजिक जीवन में विघटन होता है, लेकिन फिर भी आप इस विषय में कुछ मौलिक सोच अपनाकर अपने दाम्पत्य संबंधों में मुधरता ला सकते हैं।

सास-बहू के संबंध हमारे सामाजिक जीवन का सबसे बड़ा और संवेदनशील विवाद है। इस पूरे विवाद का कारण परस्पर में समन्वय और समझ का न होना है। यदि बहू थोड़े-से विवेक और समझ से काम ले, तो वह सास की खास बन सकती है। सास भी यदि उसी स्नेह और आत्मीयता से बहू को अपनाती है, तो वह भी बहू का मन जीत सकती है। आज की पढ़ी-लिखी बहुएं यदि सास के पारिवारिक अहम्, वर्चस्व एवं अधिकारों को मान-प्रतिष्ठा देकर उसे प्रतिष्ठावान स्थान दें, तो कोई कारण नहीं कि सास बहू को सिर आंखों पर न बिठाए, किन्तु ऐसा होता नहीं है। अधिकांश परिवारों में शीत युद्ध के लक्षण प्रायः साफतौर पर दिखाई दे जाते हैं।

सुबह-सुबह ही जब बहू मुंह फुलाकर सिर दर्द का बहाना बना कर रसोई घर से दूर-दूर रहे, बच्चों को अकारण ही मारे-पीटे, उन पर चिल्लाए, बरतन पटके, चिड़चिड़ाकर बात करे, सीधी बात को भी उलटी समझे, कोप भवन में जाकर पड़ जाए, देर तक बिना नहाए-धोए बाल-बिखेरे बैठी रहे, तो समझ लीजिए कि परिवार में शीतयुद्ध का वातावरण निर्मित हो रहा है।

सभी प्रकार के विवादों में यद्यपि किसी बड़े न्यायाधीश की आवश्यकता नहीं होती और थोड़े-बहुत लड़ाई-झगड़े बरसने के साथ भ्रांतियां दूर होने पर अथवा अहम् की संतुष्टि हो जाने के बाद स्थिति सामान्य हो जाती है। फिर भी इस विषय में आपकी पारिवारिक स्थिति चाहे जो भी हो, इतना ध्यान अवश्य रखें कि इन पारिवारिक विवादों को लम्बा न खिंचने दें। न ही परिवार का कोई सदस्य इन विवादों को प्रतिष्ठा का प्रश्न बनाए। क्योंकि पारिवारिक प्रतिष्ठा तो सब की एक ही होती है। बहू-बेटे के बीच विवादों को आपसी स्तर पर सुलझाने का अवसर दें। उन्हें साथ-साथ बाहर जाने का अवसर दें। पिक्चर अथवा होटल में जाने दें अथवा सायं के समय एकांत में बैठने का अवसर दें। इन क्षणों का उपयोग वे अपने विवादों को सुलझाने में करेंगे। पड़ोस में अथवा निकट संबंधी के घर शादी अथवा उत्सव का अवसर हो, तो बहू-बेटे को वहां भी भेजें। यदि बहू प्रतिभावान है, तो उसकी प्रशंसा करें। उसकी व्यावहारिक सोच की प्रशंसा करें।

बहू, बेटे, पुत्र, पुत्री के संबंध में अनावश्यक आशंकाएं न पालें और न ही इन आशंकाओं को कल्पनाओं के रंगीन रंग दें। परिवार में बहू की स्थिति बड़ी नाजुक होती है। उसे कई पात्र निभाने पड़ते हैं। अतः सास, ससुर, पति को चाहिए कि वे उसका सम्मान करें। यदि बहू का मायका कुछ बड़ा है, अथवा बहू कामकाजी महिला है, समाज सेविका है और उसका परिचित क्षेत्र बड़ा है, तो उसकी सहायता करें। मीटिंग आदि में उसके जाने पर प्रतिबंध न लगाएं और न ही उसके बारे में इससे अधिक कुछ सोचें।

बहू-बेटे के विवादों का केंद्र बिंदु पारिवारिक विवाद होते हैं। ऐसे विवादों के उग्र हो जाने पर परिवार के लोग अकसर बहू को 'मायके' छोड़ आते हैं। जहां वह अकेली रहकर अपने इन विवादों की 'सजा' काटती है। इस प्रकार से बहू को दी गई सजा परिवार और पति के प्रति विद्रोही, असंतुष्ट और आक्रामक बनाती है और ससुराल पक्ष के सदस्यों के प्रति उसके मन में अच्छी भावनाएं पैदा नहीं होतीं। इसलिए इन पारिवारिक विवादों की सजा अकेली बहू को न दें। इस प्रकार के व्यवहार से बहू के मन में विवादों की बनी हुई ग्रंथियां मजबूत तो होती ही हैं साथ ही उसे 'अपराध भाव' से भी ग्रसित करती हैं। उसे जहां मां-बाप की उपेक्षा मिलती है, वहीं उसे सामाजिक स्तर पर भी उपेक्षा ही मिलती है। लोगों की सवालिया नजरें उसे ही 'गलत' समझती हैं। कभी-कभी तो उसे अपनों के ही ताने, व्यंग्य सुनने पड़ते हैं। जबकि वास्तव में उसका कहीं कोई दोष नहीं होता।

अतः इन पारिवारिक विवादों से दूर रहने के लिए आप निष्पक्ष रहें। परिवार में अपने संबंध सभी से मधुर बनाएं। घर में परिवार के सभी सदस्य बहू का मान- सम्मान करें।

पारिवारिक विवादों में आपकी सार्थक और चिंतनशील भूमिका से न केवल परिवार के सदस्यों को संरक्षण मिलेगा, बल्कि उन्हें सुरक्षा भी मिलेगी। आपका स्नेह पाकर परिवार का कोई भी सदस्य इन पारिवारिक विवादों को तूल न देगा और संबंधों की ये दूरियां स्वतः ही नजदीकियों में बदलने लगेंगी।

पति-पत्नी को चाहिए कि वैचारिक समानता स्थापित करें। एक-दूसरे में दोष नहीं गुणों को तलाशें और फिर मिल-बैठकर खूब हंसें, इतना खुश रहें कि विवाद घर में प्रवेश ही न कर पाएं। दाम्पत्य संबंधों में शनि का प्रवेश न होने दें। खुशहाल परिवार के लिए इन बातों पर अमल करें—

- कहते हैं कि 'मकान बिगाड़ा आलों ने और घर बिगाड़ा सालों ने'। पारिवारिक जीवन में इस सोच को मान्यता दें।

- निकट संबंधियों का सहयोग करने में पहल अपनी ओर से ही करें।
- जानबूझ कर जोखिम उठाने की मूर्खता कभी न करें।
- रिश्तों की पवित्रता का ध्यान रखकर उन्हें मजबूत बनाएं।
- रिश्तेदारों के प्रति अपने कर्तव्यों, दायित्वों और देनदारियों को जानें।

लेकिन यह भी ध्यान रखें

- पारिवारिक जीवन में कुछ बाहरी रिश्तेदारों का अनुचित हस्तक्षेप स्वीकार न करें।
- "मेरी मानो तो..." जैसी सलाह एक कान से सुनें और दूसरे से निकाल दें।
- बेटी के घर में अभावों-कमियों की तलाश न करें।
- दामाद को मेहमान से अधिक महत्त्व न दें। उसे बेटा होने का अहसास कराएं।
- बहू-बेटी-बहन से आर्थिक सहयोग लेने की सोच मन में न लाएं, यह विवादों का कारण बन सकती है। इसे व्यवहार समझें सिद्धांत नहीं।

पत्नी के सामने हमेशा सरल सवाल ही रखें।

अध्याय 18

ईर्ष्या और हीनता त्यागें

पति-पत्नी की प्रगति, उन्नति, पदोन्नति, सफलता, उपलब्धियों पर प्रसन्न होने की अपेक्षा ईर्ष्या अथवा हीनता युक्त सोच या व्यवहार या फिर दूसरे की योग्यता-प्रतिभा में संदेह, उसे अस्वीकार करना दाम्पत्य जीवन का एक ऐसा व्यवहार है, जो पति-पत्नी को तनावों में तो रखता ही है, उन्हें मानसिक रूप से रुग्ण और वैचारिक रूप से संकीर्ण भी बनाता है।

जिस प्रकार से एक म्यान में दो तलवारें नहीं रह सकतीं, उसी प्रकार से दाम्पत्य जीवन में ईर्ष्या और सद्भावना एक साथ नहीं रह सकती। वास्तव में दोनों विचार परस्पर विरोधी भावनाएं हैं। हमारी पुरुष-प्रधान सामाजिक व्यवस्था में ऐसे अनेक संयोग आ जाते हैं, जहां पत्नी पति की अपेक्षा अधिक सम्मानजनक पद पा जाती है। आजकल विश्वविद्यालयों की परीक्षाओं में लड़कियां लड़कों से आगे रहती हैं। सामाजिक जीवन में भी कई ऐसे पति हैं, जो स्वयं बी. ए. हैं, तो पत्नियां एम.ए., पी-एच. डी.। पत्नी प्रधानाचार्य है तो पति प्राध्यापक, पति व्यवसायी है, तो पत्नी विधायिका, पति कार्यालय सहायक है, तो पत्नी प्रशासनिक अधिकारी है। इस प्रकार की परिस्थितियां कोई असामान्य व्यवहार नहीं और न ही यह किसी व्यवस्था का दोष है। वास्तव में यह तो एक आम और साधारण व्यवहार है।

सामाजिक और पारिवारिक जीवन में इस प्रकार की व्यवस्था के कुछ अप्रिय परिणाम अवश्य देखने-सुनने को मिलते हैं। अतः ऐसे संबंधों के कारण दाम्पत्य जीवन में आई नीरसता को सरसता में बदलने के लिए पुरुषों और महिलाओं को अपनी सोच व्यापक बनानी चाहिए।

इन संबंधों के परिप्रेक्ष्य में अध्ययन करने के बाद जो मनोवैज्ञानिक सत्य सामने आया है, वह यह है कि पुरुष वर्ग स्त्री की सुंदरता को तो सरलता से पचा लेता है, लेकिन उसकी दिमागी अथवा प्रतिभाजन्य श्रेष्ठता को सरलता से नहीं स्वीकार कर पाता।

पत्नी की श्रेष्ठता, प्रतिभा पति को मन-ही-मन ईर्ष्यालु बना देती है। यदि वह पत्नी की इस प्रकार की श्रेष्ठता, प्रतिभा, प्रगति, उन्नति, सफलता और उपलब्धियों से समन्वय नहीं कर पाता अथवा इन उपलब्धियों के कारण पत्नी में उच्चता अथवा श्रेष्ठता का भाव पैदा होने लगता है, तो पति एकांतप्रिय, पलायनवादी, दायित्वहीन, अदूरदर्शी, चिड़चिड़ा और सनकी हो जाता है। पत्नी की प्रगति पर प्रसन्न होने की अपेक्षा उसमें ईर्ष्या अथवा हीनता की अभिव्यक्ति होने लगती है। इस प्रकार की सोच पत्नी और पति के बीच 36 का आंकड़ा बनाती है। जिससे उनमें हमेशा तनाव और आत्महीनता की स्थिति बनी रहती है। ऐसे पति या तो आज्ञाकारी पति बन अपनी स्थिति को संभालते हैं या फिर 'हुक्म या गुलाम' बने रहने में शान समझते हैं।

कभी-कभी समन्वय के अभाव में पत्नी के साथ भी कुछ ऐसा ही होता है और वह सारी उम्र 'चौके-चूल्हे' से बाहर नहीं निकल पाती।

दोनों ही स्थितियां दाम्पत्य जीवन के लिए अभिशाप सिद्ध होती हैं, इसलिए आवश्यक है कि पति-पत्नी परस्पर ईर्ष्या अथवा हीनता के इन भावों से ऊपर उठ कर इस विषय में व्यावहारिक सोच अपनाएं। प्रगतिशीलता के इस नए दौर में पति-पत्नी को अपनी सोच के क्षितिज को व्यापक बनाना होगा। हीनता छिपाने के लिए यदि कुछ पति क्रोध का सहारा लेते हैं, तो समस्याएं और भी बढ़ती हैं।

पति-पत्नी को चाहिए कि वे एक-दूसरे की सफलताओं और उपलब्धियों को प्रसन्न होकर स्वीकारें। सुंदर और प्रतिभावान पत्नी पाकर पुरुष को हीनता की अपेक्षा गर्व का अहसास होना चाहिए। उसे (पति को) भी अपने व्यक्तित्व का निर्माण करना चाहिए। इस बात को खुले मन से स्वीकारें कि प्रत्येक व्यक्ति की योग्यता, क्षमता अलग-अलग होती हैं और प्रत्येक व्यक्ति में कुछ-न-कुछ गुण और विशेषताएं अवश्य होती हैं। अपने सामाजिक और पारिवारिक जीवन और समाज में व्यक्ति इन्हीं गुणों और विशेषताओं के कारण अपनी जगह बनाता है।

स्वतंत्रता और समानता के इस युग में पति अथवा पत्नी को कहीं भी छोटा, हीन समझना रुग्ण मानसिक सोच का प्रतीक है। वास्तव में पति-पत्नी की सारी सफलताएं एक-दूसरे के सहयोग की देन है। पत्नी से ही पति का व्यक्तित्व मुखरित होता है। पति-पत्नी आपस में कहीं भी प्रतिद्वंद्वी नहीं हैं, इनमें कोई भी किसी से इक्कीस नहीं। इसलिए एक-दूसरे से उच्च अथवा श्रेष्ठ होने का दंभ भरना उचित नहीं। पत्नी की कमाई को स्वीकार करने में झिझकें नहीं। इस संबंध में सभी प्रकार के पूर्वाग्रहों से मुक्त हों। यदि पत्नी-सुंदर, प्रतिभावान, प्रभावशाली व्यक्तित्व वाली है, तो उसका लाभ परिवार को ही मिलता है, इसलिए इसे उसी रूप में स्वीकारें, सराहें।

यह एक मनोवैज्ञानिक सत्य है कि पत्नी की अपेक्षा पति में हीन भावना शीघ्र पनपती है। पुरुष अपनी हीन भावना को किस रूप में प्रकट करेगा, इसका अनुमान स्वयं पत्नी भी नहीं लगा सकती। इसलिए पति के मन में उत्पन्न होने वाली हीन भावनाओं को समझना पत्नी का ही दायित्त्व है।

स्त्री बॉस का होना, अयोग्य सहकर्मियों के बीच काम करना, पदोन्नति के अवसर न मिलना, हाथ में आए अवसरों से लाभ न उठा पाना आदि अनेक कारण हो सकते हैं। कठोर और अनुशासन प्रिय महिला बॉस के अधीनस्थ काम करने वाले पुरुषों की भावनाएं शीघ्र अहित होती हैं, लेकिन वे अपनी हीनता को खुल कर प्रदर्शित नहीं करते।

अपनी ही पत्नी का सुंदर होना अथवा बीमार होना, ससुराल पक्ष का संपन्न होना, प्रभावशाली होना, पारिवारिक हीनता आदि ऐसी अनेक बाते हैं, जिनका प्रभाव दाम्पत्य संबंधों पर पड़ता है। परस्पर सहयोग अथवा समझ के अभाव में वे एक-दूसरे को अकेला छोड़कर घर के बाहर सुखों की तलाश करने लगते हैं। इन सब कारणों से भी दाम्पत्य जीवन की दीवारें हिलने लगती हैं। विश्वास-अविश्वास में बदलने लगता है। अतः हीन भावनाओं की इस सोच को किसी भी स्तर पर पति-पत्नी हल्केपन से न लें। तन की सुंदरता के अभाव में एक-दूसरे के मन की सुंदरता को सराहें। पति में आ गई हीनता को दूर करें।

जहां तक ईर्ष्याजन्य व्यवहार का एक दूसरा पक्ष है, वह यह है कि ईर्ष्या हमें एकाकी बनाती है, हमारी सहनशक्ति को प्रभावित करती है तथा ईर्ष्या जन्य व्यवहार हमें मानसिक रूप से संकीर्ण बनाता है। हम हमेशा उन व्यक्तियों को नीचा दिखाने की सोचते रहते हैं, जिन्हें हम ईर्ष्या की दृष्टि से देखते हैं। इस प्रकार की सोच से दूसरों की निंदा करना, दोष निकालना, बुराई करना हमारी आदत बन जाती है। ईर्ष्या आत्म संतुष्टि का एक ऐसा ओढ़ा हुआ व्यवहार है, जो शीघ्र ही हमें 'बेनकाब' कर देता है और हमें अपनों से ही मुंह छिपाना पड़ता है। इसलिए पहले तो हमें बड़ा बनने की कोशिश ही नहीं करनी चाहिए। यदि कहीं हम अपने आपको इस तरह से पेश भी करना चाहते हैं, तो पहले अपनी स्थिति का मूल्यांकन अवश्य कर लेना चाहिए।

अपनी सोच कुछ इस प्रकार की बनाएं कि हमेशा दूसरों के अच्छे काम, व्यवहार सफलता और प्रगति पर प्रसन्न हों और अपनी प्रसन्नता को प्रदर्शित भी करें।

"सुनीता बहन बधाई हो! आखिर तुम्हारे सोनू की मेहनत सफल हुई, आखिर योग्यता कहीं छुपती है...सोनू का परिश्रम देखकर मुझे पूरा विश्वास था कि इस बार वह पी.एम.टी. में जरूर सफल हो जाएगा...कहां है! उसे बुलाओ, मैं खुद उसे आशीर्वाद देना चाहती हूं...।" जैसी बातें आपके मन में कहीं भी ईर्ष्या का भाव पैदा न होने देंगी और आप दिन भर प्रसन्न बनी रहेंगी।

अपने मित्रों, परिचितों, सहकर्मियों और सह कुटुंबियों के सामने अपनी कमियों, पति की कमजोरियों का रोना न रोएं, न ही दूसरों की सुख-समृद्धि को देखकर जलें। दूसरों की सफलताओं पर अपनी हीनताओं का शोक मनाकर दूसरों का मन खराब न करें।

यदि पति की आय पर्याप्त नहीं है और पत्नी कोई आर्थिक क्रिया कर घर की आर्थिक सहायता कर रही है, तो इसमें दोष क्या है? आपकी पत्नी भी किसी की

पुत्री है, बहन है, यदि आप उसकी कमाई परिवार के हित में अथवा अन्य प्रकार से उपयोग करते हैं, तो इसमें दोष कहां है। आप अपनी जीवन शैली में परिवर्तन लाएं। समाज में ऐसी अनेक संस्थाएं हैं, जहां आपकी आर्थिक सहायता की आवश्यकता है। समाज में ऐसे कमजोर वर्ग बहुत हैं, जिनकी आप सहायता कर सकते हैं। पति-पत्नी मिलकर समाज के इस वर्ग से जुड़ें और अपनी मानसिक सोच को आत्म-संतुष्टि देकर प्रसन्न हों।

पत्नी की प्रगति में सहयोगी बनने की सोच पालें। आयु का अंतर, शारीरिक कमजोरी, कुरूपता, अपंगता अथवा अन्य किसी भी विषम परिस्थिति में यदि आपको ऐसी पत्नी अथवा पति के साथ जीवन निर्वाह करना पड़ रहा है, तो इसमें आत्महीनता का प्रश्न ही कहां पैदा होता है? सेवा करने से कभी भी मन में हीन भावना नहीं आती। हां, एक गर्व का अहसास अवश्य होता है। आप भी इस अहसास से वंचित न हों। अपने इस आचरण में बच्चों को भी शामिल करें, ताकि बच्चों और परिवार के अन्य सदस्यों में भी ऐसे व्यक्तियों के लिए मन में सम्मान पैदा हो। पत्नी अथवा पति से कोई भी बात छुपाना अथवा उनमें अविश्वास प्रकट करना, आपकी समस्याएं बढ़ाएगा।

पति अथवा बच्चों के कारण यदि आपको किसी प्रकार की हीनता का सामना करना पड़ता है, कहीं अपमानित होना पड़ता है, तो ऐसी किसी भी परिस्थिति के लिए मन में न तो अपराध-भाव लाएं और न ही अपने आपको दोषी मानकर आपे से बाहर हों।

'दूसरी पत्नी...', 'रखैल', 'तलाक शुदा' , 'ये बच्चे पहली पत्नी के हैं...', 'सेकन्ड मैरिज', 'इन्टर कास्ट मैरिज', 'घर से भाग कर शादी कर ली है...' जैसी बातें समाज की देन हैं। इन सब बातों का सामना साहस, विवेक और धैर्य के साथ करें।

'मेरी तो नाक काट दी तुमने...', 'मेरी आंखों से दूर हो जा...', 'मुझे जिंदगी भर शक्ल न दिखाना', 'मेरा-तुम्हारा कोई रिश्ता नहीं...', 'मैं समझूंगा मेरी कोई औलाद नहीं...', 'डूब मर जाकर किसी कुएं में...' जैसी बातें और आत्महीनता के व्यवहार न अपने लिए सोचें और न ही परिवार के अन्य किसी सदस्य के लिए। क्योंकि ऐसी बातें परिवार की समस्याएं और बढ़ाती हैं।

अपने जीवन को जीने का नया सम्मानजनक आधार दें, कुछ नया सोचें और अपनी रुचियां बढ़ाएं। पति-पत्नी का गुणी होना अच्छी बात है, इसे मन से

स्वीकारें। अपने पति को मात्र पति ही नहीं, उसे घर के मुखिया के रूप में देखें। उसे उसके दायित्वों का अहसास कराती रहें। इसी प्रकार से पत्नी को मात्र पत्नी ही नहीं, घर की औरत भी मानें। उसे पूरी सुरक्षा, सराहना और प्यार देते रहें। प्रसन्नता के किसी भी अवसर को हाथ से न निकलने दें और पति-पत्नी मिलकर अपनी खुशियां मनाएं। ईर्ष्या और द्वेष कोई बीमारी नहीं, वास्तव में यह तो असामान्य व्यवहार है, जो आपकी आपसी मधुर मुस्कान से अपने आप दूर हो जाएगा। फिर घर में और आपके मन में गलत भावनाएं ठहर ही न सकेंगी। पत्नी के कार्यों, व्यवहारों, गुणों की जी खोलकर प्रशंसा करें। पत्नी की पदोन्नति पर दी जाने वाली पार्टियों में उन सबको सादर बुलाएं, जो आपको तो जानते ही हैं, पत्नी को भी जानें, मानें और पत्नी की सफलताओं पर आपको बधाई दें। सुखद पारिवारिक जीवन के लिए सदैव–

- पति-पत्नी एक-दूसरे की योग्यता, प्रतिभा व प्रगति में सहायक बनें।
- अपने कैरियर के प्रति सदैव सकारात्मक सोच अपनाएं।
- मित्रों, शुभचिंतकों और सह-कुटुंबियों के दुःख-सुख में बराबर की भागीदार बनें।
- दूसरों के गुणों, उपलब्धियों की दिल खोलकर प्रशंसा करें।
- परिवार और सह कुटुंबियों को अवसर के अनुकूल उपहार दें।

लेकिन ध्यान रखें

- दूसरों की सफलताओं पर अपनी हीनता का रोना न रोएं।
- दूसरों की अपेक्षाओं के प्रति उन्हें निराश न करें।
- पति पत्नी की सफलताओं पर जश्न मनाने (पार्टी देने-लेने) में कंजूसी न बरतें।
- सफलताएं हथियाने की सोच पे दूर रहें।

> *भीड़ में उत्साह के साथ परिचय कराते समय आंखों में चमक लाकर कहें–मेरी पत्नी अलका··· ।*

अध्याय 19

एक-दूजे का सम्मान करें

जब कभी भी पत्नी के सम्मान की बात आती है, तो कुछ लोग बड़े हलके स्तर पर—घर की मुर्गी दाल बराबर कहकर पत्नी के प्रति सामान्य शिष्टाचार का प्रदर्शन तक नहीं करते, जो सुखी दाम्पत्य जीवन की अनिवार्य आवश्यकता है। इस विषय में अपनी सोच को कुछ नयापन देकर देखें।

पारिवारिक जीवन में पति-पत्नी आपसी बातचीत में औपचारिक शिष्टाचार यहां तक कि सम्मानजनक संबोधन आदि का प्रयोग तक नहीं करते हैं। जबकि इस प्रकार के सम्मानजनक संबोधन परस्पर निकटता बढ़ाते हैं। इसलिए पति-पत्नी को चाहिए कि वे आपसी बातचीत में भी 'अच्छा', 'धन्यवाद', 'नो थैंक्यू', 'प्लीज', 'साहब' और 'जी' का प्रयोग करें। बातचीत में 'इफ यू डोन्ट माइंड' जैसे शब्दों का प्रयोग करें। इस प्रकार की औपचारिकताएं भी एक-दूसरे को भावनात्मक रूप से जोड़ती हैं।

इसके अतिरिक्त भी परिवार में पत्नी का पूरा-पूरा मान-सम्मान होना चाहिए। परिवार के प्रत्येक सदस्य से मिला यह मान-सम्मान और स्नेह उसे न केवल परिवार से जोड़ता है, बल्कि वह पारिवारिक अपेक्षाओं को भी खुशी-खुशी पूरा करती है। जिस परिवार में स्त्रियों को यथेष्ठ मान-सम्मान नहीं मिलता, उस परिवार की स्थिति बड़ी असामान्य हो जाती है। उचित मान-सम्मान के अभाव में पत्नी अपने कर्त्तव्यों का निर्वाह पूरी तरह से नहीं कर पाती। इस प्रकार के परिवारों में सदैव एक अनचाही घुटन, एक बोझ, एक अनचाहा तनाव छाया रहता है, जो दाम्पत्य संबंधों को सुखाता रहता है। जब पत्नी को घर में मान-सम्मान नहीं मिलता, तो बाहर भी उसे उचित स्थान और सम्मान नहीं मिलता, क्योंकि इस प्रकार की उपेक्षा चेहरे पर एक मलिन उदासी के रूप में छायी रहती है। इससे उसकी योग्यता और आत्म-विश्वास नष्ट होते हैं।

ध्यान दें कि घर, घरवाली (पत्नी) से बनता है। उचित मान-सम्मान के अभाव में वह भी अपने ही घर में डरी-डरी, सहमी-सहमी-सी रहती है। उसमें आत्मविश्वास की कमी रहती है और वह छोटे-छोटे निर्णय भी नहीं ले पाती। पत्नी के सम्मान से तात्पर्य केवल इतना ही है, उसे पति का विश्वास प्राप्त हो। उसे परिवार का सहयोग और संरक्षण प्राप्त हो। पति-पत्नी के मन में समान रूप से वह विचार और भाव आना चाहिए, "मेरा सम्मान तुमसे है, तुम जितने बड़े बनोगे, मेरी प्रतिष्ठा उतनी ही बढ़ेगी···।"

सम्मान का यह भाव ही पति-पत्नी को एक-दूसरे से जोड़ता है। तुलसी की रत्नावली कवि न थी, बुद्ध की यशोधरा ने गृह नहीं त्यागा था, उर्मिला अपने पति के साथ वन में नहीं गई थी, लेकिन आज भी उनके नाम सम्मान के साथ लिए जाते हैं। पति-पत्नी में एक-दूसरे के प्रति समान भाव से श्रद्धा भाव, विश्वास और समर्पण की भावना पैदा हो जाना ही एक-दूसरे को सम्मान देना है। इस प्रकार का सम्मान निश्चय ही घर के कामों में संतुलन स्थापित करके लिया और दिया जा

सकता है। आमतौर पर घर के कामों को 'औरतों के काम' कहकर पति उनसे बचना चाहता है। ऐसे परिवारों में जब कभी भी कोई असामान्य स्थिति पैदा होती है, तब पत्नी को ही जिम्मेदार समझकर उसे अपमानित किया जाता है।

'इतनी देर कर दी…।', 'बस निकल गई…।', 'ये खाना है कि भैंस का बांट…।', 'जब देखो तब कबाड़खाना बना रहता है…' जैसी बातें सुनकर जहां पत्नी अपमान का अनुभव करती है, वहीं पति यह सामान्य शिष्टाचार भी भूल जाते हैं कि घर की इस भूल के लिए अकेली पत्नी ही पूरी तरह से जिम्मेदार नहीं होती, तो फिर अपमान का यह 'ठीकरा' उसके सिर पर ही क्यों? वास्तव में तनावों का कारण कुछ इसी प्रकार की मानसिकता होती है। अतः इस प्रकार की समस्याओं के लिए पति-पत्नी को आपसी तू-तू मैं-मैं से बचना चाहिए और अपमान की कोई भी स्थिति निर्मित नहीं होने देनी चाहिए। एक-दूसरे को अपमानित करने की अपेक्षा समस्याओं के समाधान तलाशें और ऐसी समस्याओं के समाधान अपने स्तर पर करें। समाधान अवश्य मिलेंगे।

परस्पर सम्मान के अभाव में एक ही घर में रहते हुए भी पति-पत्नी अजनबी बन कर रहते हैं। ऐसे में जीवन एक बोझ बन जाता है। वास्तव में जो पति-पत्नी भी एक-दूसरे को दिलोजान से चाहते थे, वे ही परस्पर सम्मान के अभाव में एक-दूसरे से दूर होते चले जाते हैं। सम्मान का मतलब चापलूसी नहीं है, बल्कि एक-दूसरे की कमियों को स्वीकारना ही परस्पर सम्मान प्रकट करना है। एक-दूसरे की कमियों को उछालकर एक-दूसरे की निकटता प्राप्त नहीं की जा सकती। कमियां किसमें नहीं होतीं? इसलिए कमियों के प्रति उदार दृष्टिकोण अपनाएं और परस्पर विवाह संबंधों की गरिमा को बनाकर रखें।

कभी-कभी मित्रता भी पारिवारिक संबंधों पर भारी पड़ने लगती है। इससे घर का ताना-बाना बिखरने लगता है। जैसे सविता के साथ जो कुछ हुआ, यद्यपि उनमें मान-सम्मान की बात तो कहीं न थी, लेकिन अप्रत्यक्ष रूप से वैवाहिक गरिमा का तो प्रश्न था। घर में पत्नी की स्थिति तो सम्मानजनक होनी चाहिए। घर में पति के साथ आने वाली मित्र-मंडली ही सविता की समस्या थी। पति के तथाकथित मित्र देर रात तक बैठक में जमे रहते। देर रात तक चलने वाली ये महफिलें सविता और उसके दाम्पत्य संबंधों पर भारी पड़ने लगीं। कई-कई दिनों तक पति से मिलना ही न हो पाता। इससे उनमें परस्पर दूरियां बढ़ने लगीं। सविता मित्रों के सामने तो पति से कुछ न कह पाती, लेकिन उसके लिए यह स्थिति असहनीय हो जाती। सविता कभी अपने पति को कोसती और कभी अपने आपको।

पति का यह व्यवहार किसी एक घर की समस्या नहीं, बल्कि हमारे तथाकथित उच्च वर्गीय परिवारों में हर चौथे-पांचवें परिवार की यही समस्या है। जहां पत्नी के मान-सम्मान की परवाह न करते हुए उसे घर आए पति मित्रों की इच्छाओं का पालन करना पड़ता है। ऐसे लोग 'आज की शाम सेठी के नाम···।', 'आज की शाम अमुक के नाम···' कहकर पीने-पिलाने का शौक करने लगे हैं। पति मित्रों या फिर साहब को 'डिनर' पर बुलाया जाता है और फिर डिनर की टेबल पर काफी रात तक साहब अथवा 'वी. आई. पी. गेस्ट' की झूठी तारीफों के पुल बांधे जाते हैं। अपनी उपलब्धियों, सफलताओं पर देर रात तक चर्चा होती है। दूसरों को मूर्ख समझकर उनकी निंदा की जाती है। अपनी सम्पन्नता और दूसरों की हीनता के बारे में बातें होती हैं। 'एक पैग और' के आग्रह किए जाते हैं। ताश अथवा जुआ खेला जाता है, कभी-कभी तो परस्पर ऐसे व्यवहार होते हैं। जो किसी भी हालत में विवाह संबंधों से मेल नहीं खाते, बल्कि दाम्पत्य संबंधों के नाम पर खुला प्रश्न चिह्न बनकर पति-पत्नी के संबंधों का खुला अपमान करते हैं।

बहुत स्पष्ट बात है कि जब पति अपने मित्रों के बीच बैठकर अपना समय हंसी-मजाक और खाने में बिता रहे होते, तो सविता दूसरे कमरे में अपना समय क्रोध, क्षोभ और आत्महीनता में बिताती। ऐसे क्षण ही दाम्पत्य संबंधों की मधुरता को लीलने लगे और पत्नी न चाहते हुए भी अपमान के ये घूंट पीती रही, सहती रही। सविता अपनी हीन अवस्था को व्यक्त करते हुए बोली, ''बहिना, मेरी सहन शक्ति और धैर्य की सीमा तो तब टूट जाती है, जब सुबह उठकर मैं बैठक में जाती हूं, तो पूरी बैठक सिगरेटों की दमघोंटू बदबू, शराब की खाली बोतलों, सिगरेटों के टुकड़े और जली हुई माचिसों के टुकड़ों से भरी होती है। जी मिचलाने लगता है। तीन-तीन घंटे लग जाते हैं सब कुछ फिर से व्यवस्थित करने में। बड़ी ग्लानि होती है अपनी इस जिंदगी पर···कितनी घुटन में जीती हूं मैं···।''

पढ़ी-लिखी लड़कियों से इस प्रकार की अपेक्षाएं करना दाम्पत्य संबंधों की मधुरता और सरसता को नकारने वाले व्यवहार हैं। अतः इस सत्य को स्वीकारें कि पत्नी का दिल जीतने के लिए आवश्यक है कि आप उसे गरिमायुक्त मान-सम्मान दें।

विशेषज्ञों का मत है कि केवल रोमांस ही सब कुछ नहीं है, मानसिक संतुष्टि के लिए एक-दूसरे के प्रति इस प्रकार की गंभीरता भी आवश्यक है। एक-दूसरे के आनंद और मानसिक संतुष्टि के लिए बराबरी की हिस्सेदारी करें। इसके लिए सदैव–

- अपने व्यवहार में शिष्टता अपनाएं।

- 'मैं' और 'तुम' के स्थान पर 'हम' का प्रयोग करें।
- पति सदैव पत्नी के साथ गरिमा का व्यवहार करें। परिवार में उसका स्थान प्रतिष्ठा का स्थान है।
- पूर्वाग्रहों से मुक्त रहें।
- पति होने का अहसास पत्नी को हमेशा कराते रहें, उच्चता से नहीं, अपने बड़प्पन से। सहयोग से।
- मित्रों को घर पर लाने से पहले पत्नी की सहमति लें।
- मित्रों के साथ बैठकर खुशी का माहौल बनाएं, परिवार को प्रदूषित करने क नहीं।

साथ ही यह भी ध्यान रखें

- सुनी-सुनाई बातों पर विश्वास न करें।
- मित्रों के सामने पत्नी पर रोब जमाने की सोच न पालें।
- पत्नी के बनाए हुए खाने की प्रशंसा उसे साथ खिलाकर करें।
- देर रात तक मित्रों के साथ न रहें।

आत्म प्रदर्शन के लिए प्यार को बलि न चढ़ाएं।

अध्याय 20

अहम् छोड़ें : परिवार जोड़ें

अहम् यानी कि अपने आपको सुपर मानने की सोच या दाम्पत्य संबंधों में होने वाली 'रस्सा-कशी'। प्रगतिशील विचारों वाले पति-पत्नी की यह ऐसी सोच है, जो अनपढ़, गंवार, परले दरजे का मूर्ख जैसे घृणित शब्दों द्वारा एक-दूसरे में वाक्‌युद्ध कराती है। एक-दूसरे को अपमानित कराती है और पारिवारिक संबंधों को अदालत के कटघरे में खड़ा करके दाम्पत्य प्रेम को सूली चढ़वाती है। 'ईगो' की यह लड़ाई एक ऐसी झूठी लड़ाई है, जिसका समाधान केवल पति-पत्नी के पास ही है और वह है, अपने-अपने व्यवहार का मूल्यांकन।

"मेरी पत्नी मुझसे ज्यादा योग्य, प्रतिभावान, सुंदर और संपन्न घर की है। उसका प्रतिभावान होना, सुंदर और संपन्न होना मेरे और मेरे परिवार वालों के लिए अभिशाप बन गया है। वह देखने में जितनी सुंदर है, बोलने में उतनी ही कर्कश, बड़बोली और नकचढ़ी है। मेरी मां की बिल्कुल इज्जत नहीं करती। उसे वह नौकरानी समझती है और उसी प्रकार का व्यवहार करती है। मुझसे यह सब नहीं देखा जाता। कभी-कभी तो वह इतना उग्र रूप धारण कर लेती है कि मुझे भी खरी-खोटी सुनाने से बाज नहीं आती। उसकी ये हरकतें अब मेरी सहन-शक्ति से बाहर होती जा रही हैं। मां का कहना है कि यह सब मेरी वजह से हो रहा है, मैंने उसे सिर चढ़ा रखा है, जबकि मैं अपने आपको इन सब बातों के लिए कहीं भी दोषी नहीं मानता, क्या पत्नी को सही रास्ते पर लाने का कोई रास्ता है, या फिर मुझे सदैव ऐसी हीनता भरी जिंदगी ही जीनी पड़ेगी···।"

दाम्पत्य जीवन की त्रासदी भोगने वाले एक पति का पत्र मेरे एक संपादक मित्र ने मेरे सामने रखा था, तभी मेरी दृष्टि एक ऐसे ही दूसरे पत्र पर पड़ी, जिसमें किसी पत्नी ने संपादक महोदय से अपनी समस्या का समाधान चाहा था। लिखा था, 'घर में आर्थिक संपन्नता के बावजूद इन्हें जीने का सलीका नहीं। इनका कोई स्टैंडर्ड नहीं, कोई सोसायटी नहीं···, कहीं आना-जाना नहीं। क्लब, होटल, सिनेमा, पार्क, पर्यटन, पिकनिक ये कुछ जानते ही नहीं। पूरा का पूरा परिवार जाहिल है। अगर मैं कुछ करती हूं, तो सबका मुंह फूल जाता है। फर्नीचर के नाम पर घर में दो-तीन टूटी कुर्सियां हैं, डाइनिंग टेबल के लिए कहती हूं, तो कहते हैं कि फिजूल खर्ची है। न स्वयं सज-संवर कर रहते हैं, न रहने देते हैं। मेरे सजने-संवरने पर ही इन्हें आपत्ति होती है, यहां तक कि कभी-कभी तो मुझे जली-कटी सुनने को मिलती है। ब्यूटी पार्लर जाने को कहती हूं, तो सबकी छाती पर सांप लोटते हैं। बेटा इतना कंजूस है कि···मां उससे भी ज्यादा। रात को भी वे मेरे पास तभी आते हैं, जब मां कह देती है। आत्मग्लानि और असंतोष के कारण मैं उन्हें और वे मुझे वह प्यार भी नहीं दे पाते जिसकी मैं प्यासी हूं, तीन वर्ष हो गए हैं, मेरी गोद अभी तक खाली है, उन्हें संतान की चाह भी नहीं होती, जबकि मैं रात-दिन इसी गम में···। समझ में नहीं आता कि क्या करूं? उन्हें मेरी जरा भी परवाह नहीं···।"

लगता है ये दो पत्र अलग-अलग पति-पत्नी के न होकर एक ही पति-पत्नी के हैं, जो संयोग से एक साथ संपादक की टेबल पर आ गए हैं। पति-पत्नी में समन्वय न हो पाना, एक-दूसरे को समझ न पाना, एक-दूसरे की भावनाओं का सम्मान न करना और फिर पारिवारिक संबंधों में तनाव, टकराव और बिखराव की स्थिति

पैदा हो जाना ऐसे ही परिवारों की समस्या है। इस समस्या की जड़ में जहां अन्य कई बातें हैं, वहीं अहम्भरी सोच की सबसे बड़ी समस्या है। एक ओर जहां पत्नी अपनी उच्चता के कारण पति को कुछ नहीं समझती है, वहीं दूसरी ओर पति पत्नी की भावनाओं को नकार रहा है। समन्वय के अभाव में दोनों एक ही आग में जल रहे हैं। आत्मग्लानि, पश्चात्ताप और प्रतिशोधी भावनाएं एक-दूसरे को दूर कर रही हैं।

पति-पत्नी में अपने आपको एक-दूसरे से बड़ा, श्रेष्ठ, उच्च समझने का भ्रम तथा कथित आधुनिक महिलाओं और पुरुषों की भ्रामक सोच है। वास्तव में अहम् का यह लबादा जहां दोनों को एक-दूसरे से दूर करता है, वही परिवारों में भी बिखराव, टकराव, तनाव की स्थिति पैदा कर देता है। पति-पत्नी की यह सोच आपस में अविश्वास पैदा करती है और अविश्वास उन्हें एक-दूसरे से अलग-अलग करता ही है, इससे अवैध संबंधों की स्थापना को भी बढ़ावा मिलता है।

अहम् भाव से ग्रसित महिलाओं की संख्या दिनों-दिन बढ़ती जा रही है। चूंकि ऐसी महिलाएं सहकर्मी पुरुषों के बीच बैठकर अपनी हीनता का रोना रोती हैं, इसलिए पुरुष ऐसी महिलाओं की ओर हाथ बढ़ाने लगते हैं और ऐसी औरतें शीघ्र ही पुरुषों के जाल में फंस जाती हैं। अहम् की मारी ये स्त्रियां नौकरी को अपने जीने का सहारा बनाती हैं और यह नौकरी उन्हें नित्य नई समस्याएं देने लगती है। अविवाहित रहने की सोच भी इन्हें अकेले नहीं रहने देती। पति से तलाक लेकर भी ये समाज में सुरक्षित नहीं रह पातीं और फिर ऐसी महिलाओं को कटी पतंग जैसी जिंदगी गुजारनी पड़ती है। बिल्कुल उसी प्रकार से जैसे कटी पतंग को चाहे जो लूट लेना चाहता है।

सच्चाई यह है कि नौकरी, अविवाहित रहना अथवा तलाक लेना अहम्भरी सोच का हल नहीं है। अहम् की मारी स्त्री को तो केवल समन्वय और समझौते से ही अपने अहम् को संतुष्ट करना पड़ता है। इसके अलावा हर प्रकार के अहम् की सोच उस पर भारी ही पड़ती है। उसे हीनता ही दिलाती है। अतः दाम्पत्य जीवन में स्त्रियों को इस सोच से बचकर ही रहना चाहिए।

अहम्भरी इस सोच को मनोविज्ञान की भाषा में 'ईगो' की संज्ञा दी गई है। इस ईगो के कारण ही आज पढ़ी-लिखी स्त्रियां परेशान हैं। तलाक लेने के बाद भी मैंने कई स्त्रियों को यह कहते सुना है–'आज मैं अपनी ही सोच पर पश्चात्ताप कर रही हूं। आज मैं अपनी गलती मानती हूं कि उन्हें समझने में मैंने भूल की। वास्तव में वे मेरे पति थे, वे मुझे दिल से चाहते थे···लेकिन अब पछताने से क्या होता है··· ।''

पति-पत्नी इस ईगो के कारण ही एक ही छत के नीचे रहते हुए भी नदी के दो किनारे बनकर रह जाते हैं, क्योंकि उच्चता का यह भाव पति-पत्नी को घमंडी बनाता है, वे अपनी खुशियां आपस में तलाशने की बजाय घर के बाहर तलाशने लगते हैं और इस प्रकार उनके जीवन की सारी सरसता ही समाप्त हो जाती है। सुंदरता, प्रतिभा, अधिक कमाऊ होना ही अहम् के प्रमुख कारण हैं। वास्तव में सुंदर पत्नी का होना उन पतियों के लिए अभिशाप हो जाता है, जो उन्हें संतुष्ट नहीं कर पाते। जोरू का गुलाम बनने के बाद भी पत्नी केवल इसलिए संतुष्ट नहीं हो पाती, क्योंकि किसी भी पति को जोरू का गुलाम होने से सामाजिक प्रतिष्ठा नहीं मिलती और पत्नी भी यह नहीं चाहती कि उसका पति हुक्म का गुलाम हो। वास्तव में उसके इस अहम् की संतुष्टि भी तभी होती है, जब उसका पति 'हुक्म का बादशाह' हो। पत्नी पीड़ित व्यक्ति न तो समाज में प्रतिष्ठित होता है और न ऐसी पत्नी को ही प्रतिष्ठा मिलती है। यहां तक कि ऐसे पति व्यापारिक क्षेत्रों में भी सफलता प्राप्त नहीं कर पाते। ऐसे पुरुषों का दाम्पत्य जीवन भी सामान्य नहीं होता। अविश्वास, आशंकाएं इसका पीछा भी नहीं छोड़तीं। अविश्वास के कारण ही वह अपनी पत्नी को क्लब में लाने से संकोच करता है। अपने ही मित्रों से सशंकित रहता है। यहां तक पति-पत्नी भी आपस में छत्तीस का आंकड़ा बने रहते हैं। कभी-कभी तो वे आपस में ही बात करने को तरस जाते हैं। अहम् भरी सोच उन्हें एक-दूसरे से इतना दूर कर देती है कि एक-दूसरे की आहें भी नहीं सुन पाते। सिनेमाई संस्कृति और टी. वी. सीरियलों ने अहम्‌भरी इस सोच को बहुत प्रभावित किया है। इससे जहां अवैध संबंधों की स्थापना को प्रोत्साहन मिलता है, वहीं 'लिव टुगेदर' जैसी सोच भी पनपी है। फिल्मी ग्लैमर को ही जिंदगी समझने वाली युवतियों की भ्रामक सोच को धरातल तब मिलता है, जब उन्हें अपनी गलतियों का अहसास होता है। थोड़ी देर के लिए तो वे यह भूल जाती हैं कि उनका भविष्य क्या होगा? वर्तमान को ही जीवन समझने वाली उनकी यह सोच उन्हें दम्भी बनाती है। उनमें परिवार और पति के प्रति समर्पित भावनाओं का अभाव होता हे। वे परिवार के प्रति उपेक्षा बरतने लगती हैं। प्रत्युत्तर में उन्हें भी पारिवारिक स्नेह के स्थान पर उपेक्षा ही मिलती है।

परिवार में नम्रता, सहिष्णुता, मानसिक उदारता, शालीनता और मर्यादित आचरण ही पत्नी को मान-प्रतिष्ठा दिलाता है, इसलिए परिवार में कहीं भी अमर्यादित आचरण न करें। अपनी सामाजिक, पारिवारिक और आर्थिक सीमाएं जानें। अपने सामाजिक दायित्वों को पूरा करें। सामाजिक वर्जनाओं को मान्यता दें। ये आपकी

सुरक्षा और सफलता को सुनिश्चित करती हैं। कर्त्तव्य और भावना के संघर्ष में हमेशा कर्त्तव्यों का पालन करें। इससे जहां आपके अहम् की संतुष्टि होगी, वहीं आपकी प्रतिष्ठा बढ़ेगी। परिवार में उपलब्ध साधनों और सुविधाओं में ही संतोष करने की सोच पालें। पिता के घर में रखी सोने की तलवार की याद कर करके दुःखी होना मूर्खता ही है। अपने घर-संसार में ही अपनी खुशियां तलाशें। पति के प्रति समर्पित होकर संतुष्ट हों। पति की क्षमता, योग्यता, सरलता को स्वीकारें। उसकी कमियों के गीत गाना, अपनी हीनताओं का रोना रोना आपको जगहंसाई के सिवाय कुछ न देगा।

पति-पत्नी दोनों ही एक-दूसरे को वैसा ही स्वीकारें जैसे वे हैं। उन्हें अपनाएं। आपस में तालमेल बैठाएं। साहचर्य का सच्चा सुख एक-दूसरे का बनने में है। एक-दूसरे से 'सुपर' बनने में नहीं।

बात-बात में एक-दूसरे को टोकना, ताने मारना, मजाक उड़ाना, भला-बुरा कहना उचित नहीं। विवाह की पवित्रता को हलके स्तर पर न लें। न ही इसे गुड्डे-गुड़ियों का खेल समझें।

सामाजिक जीवन में लोग पत्नी का लोहा तब मानते हैं, जब वह अपनी बुद्धिमानी से पारिवारिक प्रतिष्ठा बढ़ाती है। पति की कमियों को पूरा करने में सक्रिय सहयोग प्रदान करती है। उसकी प्रेरणा बनकर उसे सफलता के लिए नित्य नए सोपान प्रदान करती है। वह परिवार के सभी सदस्यों को साथ लेकर चलती है। पति की सरलता के बारे में वह गर्व से अपनों के बीच में कहती है—'उनकी कुछ न पूछो...भोले शंकर से कम नहीं...बिल्कुल निराले हैं...कपड़ों तक का तो उन्हें ख्याल नहीं रहता। उनका तो मुझे ही ख्याल रखना पड़ता है। वे तो ऐसे हैं कि अगर याद न दिलाओ, तो सांस लेना भी भूल जाएं...पूरे दार्शनिक हैं। कभी-कभी तो पढ़ने में इतने तल्लीन हो जाते हैं कि चाय पड़ी-पड़ी पानी हो जाती है...।'

अहम् से दूर पत्नी की ऐसी बातें जहां दाम्पत्य संबंधों में घनिष्ठता लाती हैं, वहीं परस्पर स्नेह भी बढ़ता है और दोनों एक-दूसरे के प्रति समर्पित भाव से सहयोग करते हैं। अतः इस बारे में सदैव सजग रहें और—

- परस्पर की कमियां दूर कर गर्व अनुभव करें।
- पारिवारिक उपलब्धियों के श्रेय पति और परिवार के अन्य सदस्यों को दें।
- अपनी श्रेष्ठता को पति पत्नी से जोड़ें और इसकी अभिव्यक्ति सबके सामने गर्व से करें।

- आर्थिक सीमाओं को नियोजित करें।
- परिवार में आने वाले कुछ सह कुटम्बियों से एक मर्यादित दूरी बनाकर रखें। ये आदमी कौन हैं, इसे आप अच्छी तरह से जानती हैं। यदि नहीं जानती, तो पति की आंखों से देखें।

सदैव ध्यान रखें

- पति की सरलता-सीधेपन अथवा कमजोरी को गलत अर्थों में न लें।
- पति को 'ही मैन' समझने की मूर्खता न करें।
- फिल्मी ग्लैमर और बाहरी चमक-दमक को वास्तविक जिंदगी से न जोड़ें।
- पति-पत्नी आपस में श्रेष्ठता की होड़ में हिस्सा न लें।
- समझौता करने में पीछे न रहें।

> ***जूते से बाहर निकली हुई कील दो कदम भी चलना दुश्वार कर देती है।***

अध्याय 21

नयनों की डोर : पड़े न कमजोर

दूसरे की थाली और पराई औरत में स्वाभाविक आकर्षण होता है। इस आकर्षण को कम करने के लिए आपसी संबंधों में कटुता लाने की अपेक्षा अन्य सकारात्मक सोच अपनाएं। युक्ति संगत उपायों से पति की लगाम खींचकर रखें, नयनों की डोर कमजोर न पड़ने दें। सप्तपदी में भी इस डोर को मान्यता दी गई है।

दाम्पत्य संबंधों में दरार पड़ने के अनेक कारणों में एक कारण यह भी है कि मनुष्य में यह मनोवैज्ञानिक कमी पाई जाती है कि उसको अपनी बुद्धि और पराई स्त्री अच्छी लगती है। अपनी बुद्धि पर किए गए गर्व का भ्रम तो कई बार टूट भी जाता है और उसे अपने ही लिए हुए निर्णयों पर पश्चात्ताप भी होता है। गलतियों का अहसास होता है लेकिन पराई स्त्री की अच्छाई उसे हमेशा लुभाती है। अपनी सुंदर पत्नी के होते हुए भी पराई औरतों के आकर्षण का भ्रम मुश्किल से ही टूट पाता है। पराई स्त्री की ताक-झांक उसके स्वभाव का एक अंग बन जाती है। वह बिना किसी विशेष कारण के ही दूसरी औरतों से बात-चीत करने को लालायित रहता है। उनका ध्यान अपनी ओर आकर्षित करने के लिए सजता-संवरता है। उन्हें तरह-तरह के प्रलोभन देता है। वास्तव में 'लाइट में आना' उसकी एक मनोवैज्ञानिक चाह होती है, इसीलिए वह दूसरी औरतों को प्रभावित करने के लिए अन्य प्रकार के भी 'हथकंडे' अपनाता है। इस प्रकार का आचरण पुरुषों की अपनी विशेषता है। वे ऐसे किसी भी अवसर को हाथ से नहीं निकलने देना चाहते, जहां उन्हें महिलाओं से, लड़कियों से बात करने अथवा संपर्क में आने के अवसर मिलते हों। कामकाजी जीवन में महिलाओं अथवा लड़कियों के संपर्क में आने के अनेक अवसर मिलते हैं। स्कूल तथा कॉलेज में पढ़ रही लड़कियों को भी लड़कों के संपर्क में आने के पर्याप्त अवसर मिलते हैं। कामकाज और पढ़ाई के इन क्षणों में कुछ मनचले पुरुष, महिलाओं की इन कमजोरियों के लाभ उठा कर उन से 'चक्कर चलाते' हैं और महिलाओं की इन कमजोरियों का पूरा-पूरा लाभ उठा जाते हैं।

यह बात नहीं कि इस प्रकार के व्यवहारों में महिलाएं बड़ी दूध की धुली हों। वास्तव में कुछ महिलाएं भी इस प्रकार के व्यवहारों में पुरुषों से दो कदम आगे ही होती हैं। वे जहां आकर्षण का जाल फेंकने वाले पुरुषों में रुचि लेती हैं, वहीं उनकी निकटता चाहने लगती हैं। उनसे कुछ असहज होकर बातचीत करने लगती हैं, यहां तक कि वे कुछ सामाजिक रूप से वर्जित व्यवहारों का भी प्रदर्शन करने लगती हैं। पुरुषों के सामने अस्त-व्यस्त कपड़ों में बैठना, आंचल को न संभालना अथवा कुछ अन्य ऐसे ही आचरण जो शालीनता और शिष्टता की सीमाओं में नहीं आते करना, उसकी आदत में आ जाता है। ऐसी स्त्रियां ऐसे पुरुषों को 'रिझाने' के लिए चक्कर भी चलाती हैं। पुरुष प्रोत्साहन पाकर ऐसी स्त्रियों से मैत्री संबंध स्थापित कर लेते हैं और इस प्रकार के मैत्री संबंध ही अंततः अवैध संबंधों में बदलने लगते हैं। यही अवैध संबंध एक प्रकार का सामाजिक प्रदूषण फैलाता है

और दाम्पत्य संबंधों में दरार डालकर पति-पत्नी को तलाक की स्थिति तक पहुंचा देता है।

इस खेल में किसी भी स्त्री अथवा पुरुष को दोषी ठहराने की अपेक्षा इस सत्य को स्वीकारें कि पति की बेवफाई पत्नी बड़ी लाचारी से सहती है। सौत का दुःख एक पत्नी के जीवन की सबसे बड़ी त्रासदी है, लेकिन फिर भी वह यह सोचकर सब सह जाती है कि यह दो-चार दिन का आकर्षण है, अंत में पति उसका ही होगा, रहेगा। लेकिन समस्या यह है कि पति-पत्नी के बीच इस प्रकार से किसी तीसरे का प्रवेश क्यों हो जाता है? दाम्पत्य संबंधों को इतना विषाक्त क्यों कर जाता है?

एक सामाजिक सर्वेक्षण के अनुसार दूसरों के घर-संसार में आग लगाने वाली इस प्रकार की महिलाओं की संख्या दिनों-दिन बढ़ती जा रही है। विवाह योग्य आयु बीत जाने के बाद भी विवाह न होने की कुंठा, असंतुष्टि या रोमांच के लिए पर पुरुषों से मैत्री और अंतरंग संबंध बढ़ाने की चाहत रखने वाली लड़कियों और महिलाओं का यह वर्ग दाम्पत्य जीवन पर भारी पड़ने लगा है। ग्लैमर-भरी जिन्दगी जीने की चाहत ने इन लड़कियों-महिलाओं को दूसरों के पतियों पर डाका डालने के लिए विवश किया है। ये महिलाएं इतनी चतुर और अपने काम में इतनी पारंगत होती हैं कि दूसरों के पति को तो चुरा ही लेती हैं, इन पतियों की पत्नियों की रात की नींद और दिन का चैन भी छीन लेती हैं। चूंकि पत्नी की बेवफाई की भनक तो पति को मिल ही जाती है, साथ ही ये महिलाएं ऐसी स्थितियां पैदा कर देती हैं कि पति विवाहिता पत्नी पर चरित्रहीन होने का आरोप लगाकर उससे तलाक ले सके।

स्वाभाविक आकर्षण

मनोवैज्ञानिक दृष्टि से विपरीत सेक्स के प्रति आकर्षण एक स्वाभाविक व्यवहार है। इसमें अस्वाभाविक या असामान्य कुछ भी नहीं, लेकिन स्थिति तब 'असामान्य' हो जाती है, जब हम सामाजिक वर्जनाओं की उपेक्षा कर अपने सामाजिक और पारिवारिक दायित्वों को भूल जाते हैं और कुछ इस प्रकार का व्यवहार करने लगते हैं, जो हमारे सामाजिक और पारिवारिक जीवन में दरार डाल देता है। इस प्रकार का असामान्य व्यवहार हमें सामाजिक जीवन में अपमानित करता है, पत्नी और बच्चों पर गलत प्रभाव डालता है। उन्हें उपेक्षा के पात्र तो बना देता है और साथ ही समाज में अवैध संबंधों का कभी न खत्म होने वाला सिलसिला भी शुरू हो जाता है। इसलिए इस पूरे संदर्भ में पत्नी को चौकीदार की भूमिका निर्वाह करनी चाहिए। उसे चाहिए कि वह पति की लगाम कुछ इस प्रकार से खींच कर रखे कि

उसका मन कहीं अन्यत्र न भटके। सौंदर्य के प्रति उसकी अनुभूति, लगाव और आकर्षण की भूख परिवार में ही मिटे।

ढील न दें

पति के सुंदर, आशिक मिजाज अथवा कुछ अधिक ही रोमांटिक होने की स्थिति में अत्यंत सतर्कता बरतें। कुछ अतिरिक्त सावधानी भी बरतें। इसका यह अर्थ नहीं कि पति पर अविश्वास करें और उस पर हमेशा 'नजर' रखें। यहां तात्पर्य केवल इतना ही है कि पराई औरतों में ली गई दिलचस्पी के कारणों को अपने स्तर पर जानें। दूसरों को दोष देने की अपेक्षा स्वयं का मूल्यांकन करें और अपने आप में वह खूबियां पैदा करें। आप इस बात को भी खुले मन से स्वीकारें कि पति की इन कमजोरियों के लिए कुछ हद तक आप भी दोषी हैं। पति की अपेक्षाएं, इच्छाएं, रुचियां जानें और उन्हें पूरा करने के प्रयास करें। वास्तव में इस प्रकार की इच्छाएं दाम्पत्य जीवन की सरसता को बढ़ाती हैं, अतः इनमें आप पीछे न रहें। आशय यह है कि अपने पुरुष को पराई स्त्रियों की कमजोरी का लाभ उठाने का अवसर ही न दें। अपने पति को वह सब कुछ दें, जो वह दूसरी स्त्रियों से चाहता है।

सुनीता का घर आना-जाना कुछ अधिक हो गया। प्रसूत काल था। प्रभा ने इस ओर कोई विशेष ध्यान भी न दिया। पड़ोस का मामला था, इसलिए वह कभी दलिया बना कर दे जाती, तो कभी दूध गर्म करके दे जाती। सोमेश के लिए चाय-नाश्ता भी बना कर दे जाती। प्रभा की आंखें तब खुलीं, जब उसने सुनीता को सोमेश की बांहों में आपत्तिजनक अवस्था में देखा। उसे सोमेश से ऐसी आशा न थी, लेकिन सच्चाई उसके सामने थी। पत्नी की जरा-सी ढील का यह परिणाम हुआ कि दोनों परिवारों के संबंध तो बिगड़े, प्रभा ने मकान भी बदल दिया। पति-पत्नी में स्थापित विश्वास की दीवार में आई दरार आज भी दाम्पत्य जीवन में बरकरार है, जो दोनों के मन में पुरानी चोट बन कर चाहे जब कसकने लगती है। प्रभा को आज भी शक है कि सोमेश कहीं आज भी सुनीता के पास तो नहीं जाता? आशय यह है कि आप घर में आने वाली हम-उम्र चंचल औरतों को उन्मुक्त रूप से प्रवेश न दें।

शिल्पा का किस्सा भी कुछ अलग नहीं है, उसे अपने आप से ही इतनी ग्लानि होती है कि वह इस हीनता को व्यक्त भी नहीं करती। एक दिन बोली, "जब अपना दाम ही खोटा हो, तो परखने वाले का क्या दोष? आजकल विजय ऑफिस की किसी 'रत्ना' के चक्कर में फंसे हुए हैं। रात देर से घर आते हैं। मैं अगर कुछ कहती हूं, तो मुझे ही जली-कटी सुनाते हैं। कहते हैं कि तुम सनकी

हो, गंवार हो, दोस्ती को शक की नजरों से देखती हो, कुढ़ती रहती हो, तुम्हें 'एटीकेट' भी नहीं कि किसी से कैसे बात की जाती है। अंदर-ही-अंदर टूट-सी गई हूं। सौत का दुःख मुझसे नहीं सहा जाता, इससे तो अच्छा है कि मैं मर ही जाऊं...आत्म हत्या कर लूं। जाने कितनी शिल्पाएं पति की उपेक्षा और दूसरी औरतों में दिलचस्पी से घुट-घुट के जी रही हैं।

पुरुष ही क्यों, इन दिनों महिलाएं भी ऐसे मामलों में किसी से पीछे नहीं हैं। पुरुषों से मैत्री संबंध स्थापित करना महिलाओं की अभिरुचि होती जा रही है। वे अपने इन संबंधों को प्रगतिशीलता का नाम देकर अपने आप पर, अपने रूप और योग्यता पर गर्व करती हैं, अतः ऐसी महिलाओं से संपर्क न रखने में ही आपके परिवार की भलाई है।

मनोवैज्ञानिक कारण

मनोवैज्ञानिकों के अनुसार पति अथवा पत्नी के इस प्रकार के भटकाव का कारण यौन इच्छाओं की अतृप्ति है। जब घर में पति को संतुष्टि नहीं हो पाती है, तो उसका अशांत व चंचल मन घर से बाहर दूसरी औरत में संतुष्टि तलाशना चाहता है। यदि उसके चंचल मन को, उसके अहम् को, उसकी भावनाओं को यह संतुष्टि बाहर से मिल जाती है, तो भौंरे जैसी यह प्रवृत्ति उसकी जरूरत को आदत का हिस्सा बना देती है। इसमें मजाक और खाना-पीना भी होता है। इस बातचीत, खान-पान और व्यवहारों में कुछ पुरुषों को इन महिलाओं का तौर तरीका इतना पसंद आ जाता है कि उनकी यह पसंदगी एक-दूसरे की नजरों में प्रशंसा बनकर तैरने लगती है और यह व्यवहार जल्दी ही मैत्री संबंधों में बदल जाता है। ये मैत्री संबंध ही धीरे-धीरे अंतरंगता पाकर आगे बढ़ते जाते हैं। ऐसे आशिक मिजाज पुरुषों की इस दोस्ती की परिणति होती है अवैध संबंध और अवैध संबंधों का मतलब है परिवार की बरबादी। इसलिए पति को सदैव अपने रूप के आकर्षण और नयनों की डोर में बांधें रखें।

बहुत दिनों तक पति को अकेला न छोड़ें. यदि पति का कार्य क्षेत्र दूर है, तो कुछ ऐसा प्रबंध करें कि आप उनके साथ रह सकें। सुनीता के पति राजेश का जब ग्वालियर तबादला हो गया, तो पहले 2-3 महीने तक तो राजेश सुनीता के पास आता-जाता रहा, लेकिन न जाने कैसे राजेश के संबंध एक सहकर्मी महिला प्रीति से हो गए। संबंधों की यह निकटता राजेश को उसके घर से दूर करती गई। और एक दिन वह वक्त भी आ गया कि राजेश ने सुनीता के पास आना-जाना ही बंद कर दिया। सुनीता ने जब ग्वालियर जाकर पता लगाया, तो बात काफी आगे बढ़ चुकी थी। पानी सिर

से ऊपर निकल चुका था। सुनीता की जरा-सी नासमझी ने उसके नयनों की डोर को तोड़ दिया था। जिससे उसका घर-संसार ही उजड़ चुका था।

यह किसी एक राजेश-सुनीता की बात नहीं, हमारे आस-पास ऐसे अनेक पति-पत्नी हैं, जो जरा-सी ढील पाकर आकाश की ऊंचाइयों को नापने लगते हैं और फिर कटी पतंग की तरह धूल चाटने लगते हैं।

यहां इसका यह अर्थ भी नहीं लगाना चाहिए कि अपने पति अथवा पत्नी को घर से बाहर जाने ही दें अथवा सब-के-सब पुरुष दिलफेंक होते हैं। वास्तव में हर व्यक्ति का अपना एक चरित्र होता है, एक छवि होती है और वह अपनी इस छवि को बना कर रखना चाहता है। उसे कहीं भी मलिन नहीं होने देना चाहता, इसलिए ऐसे व्यक्ति, जिनकी सोच कुछ इस प्रकार की होती है उनके प्रति सावधानी बरतनी ही चाहिए, ताकि आपके सामने ऐसी समस्याएं आएं ही नहीं।

हमारा संपूर्ण पारिवारिक जीवन परस्पर विश्वास से जुड़ा हुआ है। अतः इस विश्वास में कहीं भी कमी न आने दें। पति-पत्नी और बच्चों को पूरा-पूरा स्नेह, सुरक्षा और विश्वास दें।

स्नेह सूत्रों से बांधें

एक पत्नी के रूप में आप अपने पारिवारिक और सामाजिक दायित्व को भली प्रकार जानें। अपने मन में किसी प्रकार की हीनता न लाएं। ऐसी औरतों से लोहा लें, जो आपके घर-संसार में आग लगाना चाहती हैं। पति-पत्नी एक-दूसरे को पूरी तरह संतुष्ट रखें, उन्हें पलकों से बांध कर रखें, प्यार में सराबोर रखें। पति-पत्नी एक-दूसरे को अपना और सिर्फ अपना बनाने के लिए निम्न उपाय करें—

- सज-संवर कर हमेशा आकर्षक और सुंदर बनी रहें।
- बच्चों अथवा परिवार के अन्य सदस्यों के सामने पति-पत्नी एक-दूसरे की हीनता पर आंसू न बहाएं, न भाग्यहीनता का रोना रोएं।
- पति के सामने हमेशा नई-नई समस्याएं न रखें।
- पति की आर्थिक सीमाएं जानें और अर्थाभाव का रोना न राएं, न ही पति को जली-कटी सुनाएं।
- पति-पत्नी एक-दूसरे के सामने अन्य पुरुष या स्त्री की प्रशंसा न करें।
- दोनों ही एक-दूसरे को झूठा-फरेबी, धोखेबाज कहकर न कोसें। यदि कहीं कुछ असामान्य बात है, तो भी पर्याप्त अवसर दें।

- आपस की छोटी-मोटी गलतियां, हरकतें, नजरअंदाज करें। उन्हें तूल न दें। ध्यान रखें कि ककड़ी के चोर को फांसी की सजा नहीं दी जाती।
- उलाहने, ताने, व्यंग्य न कसें, आपसी लड़ाई को चौबीस घंटे से अधिक न चलने दें।
- पत्नी अपने वस्त्रों, बनाव-श्रृंगार आदि के बारे में पति की रुचियां जानें और उसी के अनुरूप बनने व पहनने का प्रयत्न करें।
- खाना वही बनाएं, जो पति को पसंद हो। खाना बनाने के बाद उसे सजा कर परोसें।
- दोनों साथ बैठकर खाना खाएं।
- खास अवसरों जैसे बच्चों के जन्म-दिन, अपनी शादी की वर्षगांठ आदि पर घर में पार्टी का आयोजन करें। ऐसे अवसर पर पति के साथ मिलकर उनके दोस्तों को सपरिवार आमंत्रित करें। दूसरों के आमंत्रण पर दोनों एक साथ दूसरों के घर जाएं।
- एक-दूसरे की भावनाओं का सम्मान करें।
- अवसर के अनुकूल एक-दूसरे को उपहार अवश्य दें। कुछ उपहार नितांत निजी किस्म के हों, तो और ही अच्छा है।
- यदि आवश्यक हो तो आप पति की उस प्रेमिका 'जादूगरनी' से भी मिलें जिसका जादू आपके पति के सिर चढ़कर बोलता है। उसे चेतावनी दें और उसे बता दें कि पति-पत्नी के रास्ते में आने वाली औरत एक 'रखैल' के अलावा कुछ नहीं हो सकती और शायद वह 'रखैल' बनकर नहीं रहना चाहेगी।
- घर में आने वाली बाई, बच्चों को पढ़ाने आने वाली 'मिस' या फिर पड़ोस की किसी भी 'आंटी' को घर में इतनी छूट न दें कि वह बेडरूम तक पहुंच बना ले।
- पति की जरूरत बन कर रहें और उसकी इन जरूरतों को बड़ी तत्परता से समझें, उन्हें पूरा करें।
- पति-पत्नी किसी गलतफहमी का शिकार न हों, क्योंकि गलतफहमियां पति-पत्नी में अविश्वास का विष घोल देती हैं।
- पति छीनने वाली महिलाओं को सार्वजनिक रूप से अपमानित करने में पीछे न रहें।

इसलिए आपके पति अथवा दूसरी औरत को भी समझ लेना चाहिए कि गलत हमेशा गलत होता है और चोर कभी मान-प्रतिष्ठा नहीं प्राप्त कर सकता।

यह भी समझने वाली बात है कि जो व्यक्ति अपना घर नहीं बसा सकता उससे वफाई की क्या आशा की जा सकती है? जो अपने ही घर पति अथवा पत्नी से बेवफाई कर रहे हैं, वे दूसरों के हितैषी कैसे हो सकते हैं?

अवैध संबंधों के आधार पर मधुर संबंधों की कल्पना बिल्कुल उसी प्रकार से है, जैसे कोई कांटे बोकर फूलों की आशा करे। पति-पत्नी को समझाने की आवश्यकता नहीं कि आखिर इस प्रकार के संबंध किसी को क्या देते हैं?

इस विषय में अपनी स्थिति का मूल्यांकन स्वयं करें और समाधान भी खुद ही तलाशें। हां, आपकी नजरों की डोर में बंधा पति भला इधर-उधर ताक-झांक ही क्यों करेगा? विश्वास, स्नेह और आस्था भटके हुए को भी राह पर ला देते हैं। इसलिए सदैव अपने—

- पत्नी होने का गर्व अनुभव करें।
- हमेशा सजी-संवरी और आकर्षक बनी रहें।
- पति की मनपसंद खुशबू का प्रयोग रात में करें।
- कुछ बातों को केवल आंखों से व्यक्त करें।
- पति की मन पसंद गीतों के बोल अवश्य गुनगुनाएं।

सदैव ध्यान रखें

- पति की तुलना किसी पर पुरुष से न करें।
- अपनी हीनताओं का रोना न रोएं।
- निजी आवश्यकताओं की पूर्ति के लिए दूसरे पुरुषों से न कहें, न ही कोई ऐसी वस्तु बाजार से मंगवाएं।
- अंतरंग क्षणों में 'आटे-दाल' की बातें न करें।

घुट-घुट कर जीने की अपेक्षा अपने अधिकारों के लिए संघर्ष करें।

अध्याय 22

सोशल स्टेटस : सिंबॉलिक पार्टियां

पार्टियों का आयोजन करना, पार्टियों में आना-जाना प्रगतिशील आचरण है। उच्च वर्ग का यह 'शगल' अब मध्यवर्गीय परिवारों की 'बुराई' बनता जा रहा है, क्योंकि वे पार्टियां जहां सतही रूप में बड़ी अच्छी, आकर्षक, खूबसूरत और सामाजिक संबंधों को बढ़ाने वाली लगती हैं, वहीं उनके अंदर पलने-बढ़ने वाली सोच दाम्पत्य संबंधों पर कुठाराघात करती है। सोशल स्टेटस सिंबॉलिक कही और समझी जाने वाली इन पार्टियों का मनोविज्ञान क्या है? दाम्पत्य जीवन पर इनका क्या प्रभाव पड़ता है? एक मूल्यांकन।

महानगरों के आर्थिक रूप से संपन्न घरों की महिलाएं, अधिकारियों की पत्नियां, पॉश कालोनी में रहने वाले बड़े व्यापारियों की पत्नियां तथा राजनयिकों आदि की पत्नियों पर संपन्नता अब जैसे सिर चढ़कर बोलने लगी है। आधुनिकता के नाम पर संपन्नता की नुमाइश के लिए अब इन परिवारों में कई प्रकार के 'चोंचले' होने लगे हैं। आर्थिक संपन्नता के प्रदर्शन के लिए जहां ये महिलाएं होटलों, क्लबों, कोठियों, बंगलों और घरों में विभिन्न प्रकार की पार्टियों का आयोजन करने लगी हैं, वहीं अब इनकी इस प्रकार की पार्टियों के लिए नगर के आसपास कई 'पिकनिक स्पाट' 'कौटेज', 'इन' आदि बन गए हैं। आधुनिकता और फैशन के नाम पर जब इन पार्टियों में कुछ ऐसे हथकंडे अपनाए जाने लगे हैं, जिनमें तथाकथित इन बड़े लोगों के छद्म अहम की संतुष्टि तो होती है, कुछ अतृप्त यौन इच्छाओं की पूर्ति भी होती है। इन पार्टियों में जो अमर्यादित आचरण और व्यवहार होता है, वह हमारी संपूर्ण पारिवारिक व्यवस्था को चौपट करने में लगा हुआ है। सोशल स्टेटस की पहचान बनी ये पार्टियां दिखावे की एक ऐसी मृगतृष्णा है, जिसमें फंसकर कुलीन घरों की तथाकथित प्रगतिशील सोच वाली महिलाएं अपनों की नजरों में इतनी गिर जाती हैं कि उन्हें अपने आप पर ही आत्मग्लानि होने लगती है। संपन्नता प्रदर्शन की उनकी यह सोच उन्हें सामाजिक और पारिवारिक जीवन में इतना छोटा, कमजोर और इतना अकेला बना देती है कि इनके पल्ले पड़ती है—एक अनचाही घुटन और व्यवहार जिसका वे केवल अपने आपको बड़ा कहलाने की होड़ में प्रदर्शन करती हैं, इन्हें अंदर-ही-अंदर इतना खोखला बना देता है कि इनके चेहरों पर प्रयासों के बाद भी हंसी नहीं आती। अगर कभी वे हंसती भी हैं, तो उन्हें अपनी कृत्रिम हंसी पर खुद ही इतनी आत्मग्लानि होती है कि वे स्वयं ही कह उठती हैं—मैं अपने आपको कब तक धोखा देती रहूंगी? वास्तव में उन्हें खुद अपनी सोच पर कभी-कभी हंसी आती है। उनकी यह क्षणिक हंसी भी रेगिस्तान में बरसी चंद बूंदों से अधिक कुछ नहीं होती।

बड़ी भारी विडंबना है कि इस प्रकार की यह सोच ही तथाकथित बड़े घरों से निकलकर अब मध्यवर्गीय और उच्च मध्यवर्गीय घरों में आधुनिकता का पर्याय बनती जा रही है। जन्म दिन, विवाह की वर्षगांठ, चुनाव में विजय, किसी के सम्मान में, पदोन्नति पर, विदाई के अवसर पर, या फिर किसी को 'ओबलाइज करने' के नाम पर इस प्रकार की पार्टियों का आयोजन आम बात हो गई है। इस प्रकार के आयोजनों में पति-पत्नी सज-संवर कर जहां देर रात तक आने-जाने लगे हैं, वहीं दूसरों की देखा-देखी घरों में भी ऐसी पार्टियों का आयोजन करने लगे हैं। इस प्रकार की पार्टियों में अधिकांश महिलाएं न चाहते हुए भी पर पुरुषों से मिलती हैं। एक-दूसरे के आग्रहों

को स्वीकारती हैं और कुछ अप्रिय व्यवहारों को सहती हैं। पार्टी संस्कृति के इस प्रकार के आयोजनों में शामिल हुए पति-पत्नी को जहां कुछ नए प्रकार के तनावों को सहना पड़ता है, वहीं इन तनावों के कुछ ऐसे समीकरण भी बनते हैं, जो दंपती जीवन पर 'ग्रहण' बन लग जाते हैं।

आवश्यकता से अधिक दिखावा, जरूरत से ज्यादा फैशन, मेकअप, भड़कीले पारदर्शी वस्त्र, सीमा से अधिक खर्च, दूसरों की देखा-देखी घरेलू उपयोग की वस्तुओं की खरीद, दूसरों की हीनताओं को उछालना, आत्म प्रदर्शन, प्रगतिशीलता के नाम पर कोल्डड्रिंक्स, सोफ्ट ड्रिंक, हॉट ड्रिंक्स, फास्ट फूड के नाम पर चाऊमीन, हॉट डॉग, बर्गर, फ्राइड फूड का परोसा जाना, मनोरंजन के नाम पर ताश, रम्मी, पपलू, तंबोला आदि ऐसे आचरण हैं, जो प्रगतिशीलता के नाम पर होते हैं। जबकि वास्तविकता यह है कि इन व्यवहारों के नाम पर दाम्पत्य संबधों में असंतुलन स्थापित हो रहा है। इन पार्टियों में आने-जाने वाली महिलाओं की अपेक्षाएं-महत्त्वाकांक्षाएं बढ़ी हुई हैं। ये महिलाएं पति-पत्नी में बराबरी तो चाहती हैं, लेकिन पारिवारिक दायित्वों से मुख मोड़ने लगी हैं। मध्यवर्गीय दंपतियों की आंखों में 'डोर टू डोर' बिछे कारपेट इच्छाएं तो पैदा करते हैं, लेकिन साधनों का अभाव उन्हें कुंठित करता है और ये कुंठाएं ही दाम्पत्य जीवन में तनाव और टकराव का कारण बनने लगती हैं। मध्यवर्गीय परिवारों के संस्कारों से जुड़ी पार्टियों में जाने-आने वाली महिलाएं इस प्रकार की चकाचौंध से समन्वय नहीं कर पातीं और दाम्पत्य जीवन बिखरने लगता है।

रात देर तक चलने वाली इन पार्टियों में विविध प्रकार की महंगी शराब, कैबरे आदि का आयोजन भी होता है। पीने-पिलाने के बाद रोमांटिक हो जाना स्वाभाविक ही होता है, बल्कि सच तो यह है कि कुछ लोग पीते ही इसलिए हैं कि वे माहौल में कुछ 'असहज' हो जाएं। रोमांस की चाह और फिर अवैध संबंधों की स्थापना—यही है इन पार्टियों का अर्धसत्य। इन पार्टियों के कारण दूसरे दिन ही पति-पत्नी के संबंधों में खिंचाव होने लगता है और फिर उनके हिस्से आती है आत्मग्लानि, अनचाहा तनाव, अपराध बोध, पश्चात्ताप, एक-दूसरे के प्रति नफरत, हीनता, जीवन के प्रति नैराश्य भाव, कुछ हीन और प्रतिशोधी भावनाएं, हिंसक विचार या फिर आत्महत्या या उच्छृंखल जीवन। जैसिकालाल जैसी हत्या। क्या ये हमारे दाम्पत्य जीवन के आदर्श हो सकते हैं? जब नहीं, तो फिर इस प्रकार की सोच के पीछे भागना कहां तक औचित्य पूर्ण है?

इससे पहले कि ये कथित पार्टियां आपका दाम्पत्य जीवन तहस-नहस करें, इससे

जहां तक हो सके, बच कर रहें।

इसका अर्थ यह नहीं है कि आपको इस प्रकार की पार्टियों का आयोजन नहीं करना चाहिए अथवा कहीं पार्टियों में आना-जाना ही नहीं चाहिए। वास्तव में पार्टियों का आयोजन तो परस्पर संबंधों में मधुरता और निकटता लाने वाला व्यवहार है। एक-दूसरे की प्रतिष्ठा बढ़ाने वाला आचरण है। इसलिए परस्पर में मान प्रतिष्ठा बढ़ाने, अपना सामाजिक क्षेत्र बढ़ाने, समय व्यतीत करने, अपनी रुचियों, आदर्शों, विचारों, खुशियों को बढ़ाने के लिए स्वयं पार्टियों में जाएं और लोगों को आमंत्रित करें। एक दूसरे की सहयोगी बन अपनी प्रगतिशील सोच का परिचय दें। लेकिन बस इतना ध्यान रखें कि पार्टियां आपकी खुशहाली के लिए हैं, आपका जीवन बर्बाद करने के लिए नहीं। इसके लिए आप इस बात को गांठ बांध लें।

अवसर चाहे कोई भी क्यों न हो, अपनी पार्टी का आयोजन इस खूबसूरती के साथ करें कि आने वाले आपकी सुघड़ता से प्रभावित हुए बिना न रह सकें। पार्टी में जो भी आएं, प्रसन्न होकर जाएं। सोशल स्टेटस के नाम पर झूठा प्रदर्शन, दिखावा आदि न करें और अपनी पार्टियों का अयोजन अपने स्तर, सीमा और आवश्यकता के अनुसार खुद करें।

पार्टी चाहे होटल में दी जा रही हो अथवा घर में। परिवार के सभी सदस्यों का सहयोग लें, सहमति लें। इससे जहां पार्टी में आने वाले मेहमानों को आत्मीयता मिलेगी, वहीं परिवार का प्रत्येक सदस्य इस प्रकार की पार्टी को सफल बनाने के लिए जी-जान से प्रयास करेगा।

पार्टी अरेंज करते समय इस बात का ध्यान रखें कि समान स्तर, समान मानसिकता, समान सोच के व्यक्तियों को एक ही स्थान पर बुलाएं। वास्तव में यह एक कठिन काम अवश्य है, लेकिन इससे आपकी पार्टी का मजा दूना हो जाएगा। विशेषकर जब आप पार्टी अपने निजी मित्रों, सहेलियों या संस्थान के सहकर्मी पुरुषों-महिलाओं के लिए कर रही हों या फिर केवल बॉस को बुला रही हों, तो सबसे पहले उसका परिचय अन्य घनिष्ठ मित्रों, परिचितों से अवश्य कराएं। यदि आप बॉस को सपत्नीक बुला रही हैं तो अपने पड़ोसियों, अथवा सह-कुटुम्बियों को पार्टी में आमंत्रित न करें। यदि आपके रिश्तेदार आ रहे हों, तो सहकर्मी साथियों को न बुलाएं। यदि आप कोई पारिवारिक उत्सव मना रही हों, तो ऐसे लोगों को आमंत्रित न करें जिनका उत्सव में भाग लेने का कोई औचित्य न हो। महिलाओं के कार्यक्रमों में पुरुषों का क्या काम? पार्टी का समय, स्थान, सुविधाजनक हो,

ताकि पार्टी के बाद लोग सुविधा से अपने-अपने घर जा सकें।

पार्टी में प्रत्येक मेहमान का ध्यान रखना आपका काम है। आने वाले मेहमान का हंसकर स्वागत करें। उसे बैठने के स्थान तक साथ ले जाएं, उसे यथा स्थान बैठाने के बाद ही वहां से हटें। व्यस्तता के नाम पर मेहमानों से मुंह छिपाना घमंडी होने का प्रतीक है। अतः इससे बचें।

भौतिकता की चमक-दमक से इतने प्रभावित न हों कि आप पार्टी का मजा ही न ले पाएं। आर्थिक संपन्नता के नाम पर इतना प्रदर्शन न करें कि आपको अपना ही कद छोटा होता दिखाई दे। गुट बनाकर दूसरों की हीनता उछालना, मजाक उड़ाना, दोषों, कमियों को उछालना उचित नहीं। अतः ऐसी पार्टियों में न जाएं जहां केवल आत्म प्रदर्शन ही होता है, क्योंकि दूसरों की हीनता उछालने का प्रयास आपके लिए कभी भी भारी पड़ सकता है।

दिखावटी और बनावटी जिंदगी तनाव भरी सोच ही प्रदान करती है, इसलिए अपने घर-संसार को इससे बचाएं। सोशल स्टेटस के नाम पर अपनी सोच बदलें। ध्यान रखें कि सोशल स्टेटस की सिंबॉलिक ये पार्टियां आपको प्रतिष्ठा नहीं दिलातीं। हां, अपने स्तर पर इनका आयोजन करें, ये आपकी सामाजिकता को बढ़ाएंगी। जिन अभिभावकों को अपनी संपन्नता पर घमंड होता है, वे ही इस प्रकार की पार्टियों का आयोजन करते हैं। ऐसे बड़े लोगों के बच्चे भी आर्थिक संपन्नता के दुष्प्रभावों से बच नहीं पाते, क्योंकि उन्हें संस्कारों में वही विचार और व्यवहार मिलते हैं, जो वे अपने अभिभावकों से सीखते हैं। अतः दाम्पत्य संबंधों में सरसता अथवा कटुता लाने वाली यह सोच एक ऐसा व्यवहार है जिसे आप जिस रूप में स्वीकार करेंगी, वह उसी रूप में आपके घर-संसार को प्रभावित करेगा। परिवार में पार्टी आयोजन का यह व्यवहार दाम्पत्य जीवन में मधुरता लाए, इसके लिए आवश्यक है कि आप इसे सोशल स्टेटस सिंबॉलिक नहीं परस्पर लगाव के रूप में स्वीकारें और उसी रूप में इसे मान्यता व प्रतिष्ठा दें। सदैव पार्टी में पति-पत्नी साथ-साथ और मर्यादित व्यवहार करें। ध्यान रखें कि–

- पार्टी का आयोजन घर में ही करें।
- पार्टी में केवल शुभचिंतकों, मित्रों और अपनों को ही बुलाएं।
- बुलाए गए और आने वाले मेहमानों की सही-सही जानकारी प्राप्त करें।
- इस बात का विशेष ख्याल रखें कि सबका समान रूप से स्वागत सत्कार हो और कोई भी बिना भोजन के न जाए।

- दरवाजे तक छोड़ने जाने की औपचारिक शिष्टता का प्रदर्शन अवश्य करें।

लेकिन ध्यान रखें

- पारिवारिक पार्टियों में शराब पीने-पिलाने से बचें।
- देर रात तक किसी भी प्रकार की पार्टी का आयोजन न करें।
- होटल, क्लब अथवा पार्क में पत्नी के साथ देर तक न रहें।
- रुपए अथवा जेवर आदि का जोखिम लेकर पत्नी के साथ किसी अपरिचित होटल अथवा स्थान पर न ठहरें।
- होटल के बैरे के सामने अपनी अटैची न खोलें, न ही अपनी अन्य किसी कमजोरी का प्रदर्शन करें।

शिष्ट, सहज और मर्यादित व्यवहार ही बड़प्पन की सच्ची पहचान है।

अध्याय 23

विवादों को तूल न दें

विवाह पूर्व के विवाद विवाह बाद भी परछाईं की तरह व्यक्ति का साथ नहीं छोड़ते और जब-तब किसी पुरानी अंदरूनी चोट की तरह टीस मारने लगते हैं। दाम्पत्य जीवन की सरसता पर भारी पड़ते ये विवाद, अनचाहे मेहमान की तरह होते हैं, इन्हें घर में प्रवेश न होने दें।

‘‘चाहे जो भी कहो, मैं तो कहता हूं कि गलती भाभी के मायके वालों की ही थी। जब वे जानते थे कि बारात का स्वागत कर पाना उनके बूते का नहीं है, तो उन्हें हां ही नहीं करनी चाहिए थी। यह तो सरासर धोखाधड़ी है। मैं तो अब जिंदगी भर भाभी के घर की दहलीज पर पैर नहीं रखूंगा, आखिर ये लोग समझते क्या हैं अपने आपको…’’

सुनीता देहरी पर खड़ी-खड़ी देवर की जली-कटी सुन रही थी, उससे रहा नहीं गया, तेवर बदल कर, सिर से पल्ला उतारती हुई बोली, ‘‘लल्ला जी, अब तुम भी मुझसे मेरा मुंह न खुलवाओ…ये जो तुम रोज-रोज की महाभारत लेकर बैठ जाते हो, तो आप लोग भी दूध के धुले नहीं, जो जेवर तुम लोगों ने शादी में चढ़ाए थे, सब-के-सब पीतल के थे, उन पर सोने का पानी चढ़वाते हुए तुम्हें शर्म न आई। सारी बिरादरी में तुम लोगों ने तो मेरे बाप की नाक ही कटवा दी और मेरे सामने ही नाक लगाए फिरते हो…क्या कमी छोड़ी थी तुमने ‘जनवासे’ में…।

‘‘जेठजी तो बारात ही वापस ले जाना चाहते थे, मुझे सब पता है। मैं गड़े मुर्दे नहीं उखाड़ना चाहती…तुम लोगों को तो दहेज चाहिए था, सो मिल गया। अब अगर तुमने इस तरह की बात की तो…।’’

‘‘तो क्या करोगी…?’’

‘‘जो मेरे जी में आएगा, मैं करूंगी। तुम कौन होते हो मुझे रोकने वाले और मुझसे पूछने वाले…।’’

बहू के टके से जबान से परिवार में जैसे भूचाल आ गया। सास, ननद, देवर सबने सुनीता को जी भर कर जलील किया। आहत सुनीता को मायके भेज दिया गया। पति ने लौटकर खबर नहीं ली। भाभी ने तलाक ले लिया और इस प्रकार से एक अच्छा-खासा परिवार देखते-ही-देखते बरबाद हो गया।

विवाह पूर्व के विवादों का यह एक ऐसा सिलसिला है, जो विवाह बाद दाम्पत्य जीवन में एक अनचाहा तनाव पैदा करता है। चूंकि इस तरह के विवाद पूरे परिवार को अविश्वास का केंद्र बना देते हैं, इसलिए इन विवादों के कारण परिवार के सभी सदस्य आपस में खिंचे-खिंचे से रहते हैं और अंत में ये विवाद ही संबंध-विच्छेद का कारण बनते हैं।

विवाह पूर्व के विवाद वे चाहे परिवार के किसी भी सदस्य के साथ हों, एक-दूसरे का मन मैला करते हैं। इसलिए इन्हें जहां तक हो, जल्दी-से-जल्दी कम करें या समाप्त कर दें। इन्हें भूल ही जाएं ताकि इन विवादों का दाम्पत्य जीवन पर कोई दुष्प्रभाव न पड़े।

फटे हुए को सीना सीखें

आप चाहे पति हों अथवा पत्नी, विवाह पूर्व के विवादों की 'भनक' पड़ते ही कुछ विशेष सतर्क हो जाएं और इन विवादों को जहां से पैदा हुए हैं, वहीं समाप्त कर दें। इस विषय में पहल आप ही करें और साथ ही यह भी ध्यान रखें कि आप इन विवादों को कुछ इस प्रकार से हल करें कि परिवार के किसी बड़े की भावनाओं को ठेस न लगे और वे संतुष्ट हो जाएं। विवाह पूर्व के विवादों का कारण आमतौर पर वैचारिक विषमता, गलतफहमियां, भ्रामक धारणाएं, बड़ी-बड़ी अपेक्षाएं, पूर्वाग्रह आदि होते हैं। यह भी हो सकता है कि कुछ घटनाओं का आपसे प्रत्यक्ष अथवा अप्रत्यक्ष रूप से कोई संबंध ही न हो, फिर भी बात लड़की पक्ष पर ही अधिक आती है।

यह सामाजिक मनोविज्ञान है कि प्रायः कोई भी व्यक्ति अपनी बात नीची नहीं होने देना चाहता। इस इच्छा के कारण ही आपस में टकराव अथवा तनाव की स्थिति निर्मित होती है, जो 'विवाद' का कारण बन जाती है। हर व्यक्ति की सोच का स्तर समान नहीं होता। कुछ लोगों को हमेशा दाल में कुछ काला ही नजर आता है। 'तुमने यह क्यों नहीं किया', 'उसने वह क्यों नहीं किया', 'हमें क्यों नहीं पूछा···' हमारे यहां तो ऐसा होता है', 'उनमें अक्ल ही कितनी है, ' वे अपने आपको समझते क्या हैं?', 'आखिर हम बाराती हैं', 'इतनी कटसी तो बरतनी ही चाहिए···।' 'ग्यारह रुपयों से भी कहीं मिलनी होती है···ग्यारह रुपए दिखाकर उसने हमारा अपमान किया है···।' इस प्रकार की निरर्थक बातें ही विवाद का कारण बन जाती हैं। अतः ऐसी निरर्थक बातों के कारण यदि विवाद खड़े होते हैं, तो तुरंत समझौता कर बात समाप्त करें। दूसरों के बड़प्पन को स्वीकारें।

पति पहल करें

विवाह पूर्व विवादों का 'हल्ला' हमेशा वर पक्ष की ओर से अधिक होता है। इसलिए इसे भुलाने अथवा सुलझाने की पहल भी वर पक्ष की ओर से होनी चाहिए। पति को चाहिए कि वह किसी भी विवाद को अपनी ओर से तूल न दे और यदि कहीं कोई बात हुई भी, तो उसे भुला दें। यदि आप समझते हैं कि आपके किसी व्यवहार अथवा घटना के कारण किसी के दिल को ठेस लगी है, तो उसके समक्ष प्रस्तुत होकर अपनी गलती को स्वीकारें। इससे लड़की पक्ष के व्यक्ति जो अब आपके ही संबंधी हो गए हैं, आपकी इस सज्जनता, शालीनता और

शिष्टता से प्रभावित हुए बिना नहीं रहेंगे। इससे आपके मान-सम्मान में वृद्धि होगी और उनकी नजरों में आपका महत्त्व बढ़ जाएगा। किसी कारण से प्रत्यक्ष रूप में ऐसा कह पाना अथवा कर पाना आपको उचित न लग रहा हो, तो पत्र लिखकर अपनी स्थिति स्पष्ट कर सकते हैं। बड़े-बड़े विवादों की इति श्री इस प्रकार से हो सकती है और पति-पत्नी के दाम्पत्य जीवन में मधुरता और स्नेह आ सकता है। विवाह पूर्व के या उस समय के किसी भी विवाद के लिए पत्नी को जिम्मेदार बिल्कुल न समझें और न ही ससुराल पक्ष के व्यक्तियों को कोसें। पत्नी पक्ष की किसी कमजोरी, हीनता अथवा अन्य आचरण के लिए पत्नी को जिम्मेदार बिल्कुल न समझें और न ही ससुराल पक्ष के व्यक्तियों को कोसें। अतः आप ऐसे विवाद न पालें और न ही ऐसे विवादों को गांठ बांधें। आप स्वयं विचार करें कि अगर पत्नी के स्थान पर आपकी बहन-बेटी होती, तो वह क्या करती ? बस कुछ ऐसी ही अपेक्षा पत्नी से करें।

जाने-अनजाने में यदि पत्नी के विवाह पूर्व की किसी घटना, व्यवहार, मैत्री संबंध अथवा अन्य आचरण की जानकारी प्राप्त होती है अथवा इस संबंध में आपको कोई 'कुछ' कहता है, तो इससे उत्तेजित अथवा परेशान होने की आवश्यकता नहीं। न ही इसे अपनी कल्पनाशक्ति अथवा संदेह के घेरों में लाकर नए-नए रंग दें। अपनी पत्नी के आचरण का मूल्यांकन स्वयं करें। यह देखें कि आपकी पत्नी अब आपके प्रति कितनी वफादार और परिवार के प्रति कितनी समर्पित है, कितनी चरित्रवान है।

कुरेद-कुरेद कर कुछ अधिक जानने का प्रयत्न करना और फिर कुछ 'जानकर' अपनी मानसिकता के अनुसार अर्थ लगाना अथवा सुनी-सुनाई बातों पर ध्यान देना न तो व्यावहारिक ही है और न उचित ही। इस संबंध में अपनी नई सोच अपनाएं। पत्नी को तभी से पत्नी मानें, जब से वह आपकी पत्नी हुई है। इससे पहले तो वह किसी की बहन, बेटी, मित्र थी। उसके अपने विचार थे। अतः इस विषय में कुछ उदारवादी दृष्टिकोण अपनाएं। अनेक बार यह देखा जाता है कि किसी लड़की का कहीं संबंध होता है, उसके तुरंत बाद ही वर पक्ष को लड़की के संबंध में पत्र आने लगते हैं। इस प्रकार के पत्र यद्यपि वर पक्ष के लिए कोई विशेष महत्त्व नहीं रखते, लेकिन आखिर दाम्पत्य संबंध में दरार तो पैदा कर ही जाते हैं, वह भले ही पतली-सी ही दरार क्यों न हो।

कुछ बातों और व्यवहारों के लिए पत्नी को एक और अवसर दें, ताकि पत्नी को सोने, समझने और चिंतन का अवसर मिले।

एक पहल पत्नी भी करे

विवाह बाद लड़कियों को एक नए परिवार की बहू के रूप में जीवन नए सिरे से प्रारंभ करना पड़ता है। ऐसे में यदि विवाह पूर्व के किसी विवाद के कारण आप बहू को कुछ मानसिक वेदना देते हैं या उसकी उपेक्षा या तिरस्कार करते हैं, तो वह न केवल अन्याय होगा, बल्कि परिवार के हित में भी न होगा। यदि कोई ऐसी बात हो भी गई है, तो उसे आप (बहू) अपने स्तर पर समाप्त करने का प्रयास करें। 'ऐसा होना तो नहीं चाहिए था, पता नहीं क्यों ऐसा हुआ। भैया का स्वभाव तो ऐसा बिल्कुल नहीं था, अवश्य ही भैया को ही कहीं कुछ गलतफहमी हुई है, मैं स्वयं पिता जी से कहूंगी...।' जैसी सरलता, सहजता से विवादों को कम किया जा सकता है।

विवाद का कारण यदि आर्थिक हो, तो अपने स्तर पर ही समझा-बुझा कर समाधान कर लें। कुछ भी छिपाने का प्रयास न करें, न ही झूठे आश्वासन दें। विवाह पूर्व के अपने किसी संबंध, मैत्री, लगाव अथवा आकर्षण की बात पति से बिल्कुल न कहें, साथ ही ऐसे किसी संबंध को आगे न बढ़ाएं। भावुकतावश अथवा अति स्नेह के कारण कभी-कभी नव विवाहिता पत्नी इस प्रकार की भूल कर बैठती हैं। अतः इस बात का विशेष ध्यान रखें और इसे 'साधारण' बात न समझें। यदि कभी कहीं कोई बात सामने आ भी जाए, तो उसे बड़े हलके स्तर की बात समझ कर टाल जाएं, कभी भी पीछे मुड़कर न देखें।

विवाह पूर्व के किसी विवाद के मामले में विजय पाने के लिए अपने अधिकारों, अपनी स्थिति अथवा अपने प्रभाव का उपयोग बिल्कुल न करें और न ही इस पर इतराएं।

'अब देखती हूं, एक-एक को...पांच हजार के लिए सबने मिलकर मेरे बाप को अपमानित किया, अब तो सब की छाती ठंडी हो गई, मैं अब तुम्हारी नौकरानी बन कर क्यों रहूं, पूरे बीस हजार रुपए दिए हैं टीके में मेरे बाप ने...।' ऐसी बातों से विवाद कभी नहीं निपटते, बल्कि बढ़ते हैं और इससे दाम्पत्य जीवन चरमराने लगता है।

अपनी संपन्नता का दिखावा न करें। आप चाहे संयुक्त परिवार में रहें अथवा एकल में, विवाह पूर्व के किसी विवाद के लिए बदले का व्यवहार न करें। ऐसे विवादों को बिल्कुल बढ़ावा न दें। इन्हें तो भूलने में ही आपका हित है और अपने इन हितों को अवश्य समझें।

इस संबंध में बरती गई आपकी उदारता ही आपकी प्रतिष्ठा बढ़ाएगी और आप ऊंचे

खानदान की बहू होने का गौरव प्राप्त कर सकेंगी। विवाह पूर्व विवादों को भुलाने के लिए आवश्यक है कि आप ऐसे व्यक्तियों, मित्रों और सह-कुटुम्बियों से कम संपर्क रखें, जिनके कारण विवाद खड़े हुए थे अथवा जो आज भी इधर की उधर लगाने में रुचि लेते हैं। दूसरों की निंदा करने में अपना समय बरबाद करते हैं।

अपनी गलती को स्वीकारने में संकोच न करें। कभी-कभी हार में जीत का आनंद मिलता है। अतः दाम्पत्य जीवन में सरसता लाने के लिए हारना भी सीखें। विवाह पूर्व के विवादों को कभी-कभी पति-पत्नी मिलकर याद करें और उन पर खूब हंसें, ताकि वे अपना अर्थ ही खो दें। दाम्पत्य जीवन में सरसता, सरलता और सहजता लाने के लिए इसे गुरुमंत्र के रूप में स्वीकारें, अपने आज के विवादों को कल पर न टालें। सुखद और पारिवारिक जीवन के लिए इन बातों पर अमल करें—

- परिवार के सभी सदस्यों को पूरा-पूरा मान-सम्मान दें।
- यदि किसी भी भावना को ठेस लगती हो, तो क्षमा याचना कर अपनी उदारता का परिचय दें।
- ससुराल और मायके के मध्य स्नेह सेतु बनें।
- विवाह पूर्व के किसी भी विवाद को अपने स्तर पर ही नकार दें।
- विवादों को खत्म करने की सोच पालें।

लेकिन ध्यान रखें

- वैवाहिक संबंधों में झूठ का सहारा न लें।
- विवाह पूर्व के विवादों के लिए प्रतिशोधी भावनाएं मन में न लाएं।
- दहेज आदि की किसी 'पूरक मांग' को न मानें, न स्वीकार करें।
- विवादित व्यक्तियों को जानबूझ कर आमंत्रित न करें।
- अपनी बात को ही सत्य न मानें। दूसरों की बात भी समझें।

आपका संतुलित और मृदु व्यवहार ही वैवाहिक जीवन के विषैलेपन को समाप्त कर सकता है।

अध्याय 24

दाम्पत्य संबंधों के पठार

पुरुष जब किसी दूसरी महिला के रूप सौंदर्य पर आसक्त हो जाता है या महिला किसी पर-पुरुष के मोह जाल में फंस जाती है, तो यह आसक्ति छिपाए नहीं छिपती। उनके तेवरों में आए बदलाव उनकी हरकतों को अभिव्यक्त करने लगते हैं। यदि आपको अपने साथी के तेवरों में ऐसा ही बदलाव दिखाई देता हो, तो तुरंत सचेत हो जाएं और बेहतर तो यह हो कि आप स्वयं अपने आप को नियंत्रित रखें जिससे आपके दाम्पत्य जीवन के बर्बाद होने की नौबत ही न आए। आप एक-दूसरे की उपेक्षा या सामाजिक बदनामी का शिकार होने से बच जाएं।

तपते रेगिस्तान में प्यास से व्याकुल हिरन को दूर का रेत भी पानी दिखाई देता है और वह उसे पीने की चाह में वहां भागता है, लेकिन सचमुच वह रेत होता है पानी नहीं। प्यासा हिरन दौड़ लगाकर खुद को निढाल ही करता है, समस्या का हल नहीं कर पाता है। ठीक इसी प्रकार दाम्पत्य जीवन में पराए पुरुष या स्त्री की दूर से आकर्षक लगती छवि सचमुच मृगतृष्णा की तरह है जो छकाती है, थकाती है। पारिवारिक सुख की हरियाली में अनेक बार पठार तथा कांटेदार नागफनी उगा देती है जिसके परिणाम सदैव विध्वंसकारी होते हैं।

पारिवारिक जीवन में जो व्यावहारिक नहीं है, संभव नहीं है, वर्जित है, काल्पनिक है, क्षमताओं के बाहर है, सीमाओं और मर्यादाओं के परे है, उसे प्राप्त करने की इच्छा करना, प्राप्त करने की सोचना, प्राप्त करने के लिए लालायित होना, दुराग्रही होना, दुखी होना मृग तृष्णा जैसी सोच ही तो है। जिसे आज की युवा पीढ़ी प्रगतिशील सोच मान कर इससे बुरी तरह ग्रसित है। फिल्मी ग्लैमर और सिनेमाई संस्कृति से प्रभावित युवाओं की यह सोच जहां उन्हें महत्त्वाकांक्षी बनाती है, वहीं उन्हें दिवा-स्वप्नों की काल्पनिक दुनिया में भटका देती है। मृगतृष्णा की यह सोच आज के युवा-युवतियों की सबसे बड़ी समस्या है, जब यह सोच पति-पत्नी में आने लगती है, तो दाम्पत्य जीवन पर संकट के बादल मंडराने लगते हैं। मानसिक विकृति की यह सोच हमें हमारे सामाजिक जीवन में कई रूपों में मिलती है। दाम्पत्य जीवन से संबंधित समस्याओं के समाधान के एक टी. वी. चैनल पर इस प्रकार के पत्रों की भरमार थी–

''मेरा झुकाव एक ऐसी महिला की ओर हो गया है, जो दो बच्चों की मां है। मेरी भावनाएं उसके प्रति बड़ी सामान्य हैं, लेकिन न जाने क्यों जब तक उसे देख नहीं लेता, मन बड़ा बेचैन रहता है। उसे देख लेने के बाद ही मुझे मानसिक शांति मिलती है। एक अजीब प्रकार की मानसिक संतुष्टि का अनुभव करता हूं। इस महिला के कारण मेरा पारिवारिक जीवन बड़ा अशांत हो गया है। लगता है, मैं पागल हो जाऊंगा...। कहीं ऐसा तो नहीं कि मेरा और उसका पूर्व जन्म का कोई संबंध हो। मेरी मदद करें...।''

''मैं एक डॉक्टर की सुंदर पत्नी हूं, मेरा दाम्पत्य जीवन काफी सुखी और समृद्ध है, पति का मुझ पर पूरा विश्वास है, लेकिन मेरी समस्या यह है कि मैं अपने ही एक निकट संबंधी युवक से प्यार करने लगी हूं, उम्र में वह मुझसे काफी छोटा है, मैं उसके बिना रह नहीं सकती। रात-दिन उसी के ख्यालों में ही खोई रहती हूं। मैं

उसे किसी कीमत में भी छोड़ना या भूलना नहीं चाहती…।''

''मेरे पति रिटायर हो गए हैं, जबकि मैं अपने संस्थान में अभी कार्यरत हूं, मेरी कल्पनाएं अभी भी रंगीन हैं। मेरा संपर्क अपने ही संस्थान के अधिकारी से है और वे मुझे हर प्रकार से 'संतुष्ट' रखते हैं। पति को मेरे इन संबंधों की जानकारी है और इन संबंधों के कारण परिवार में तनाव बना रहता है। मैं इन संबंधों को समाप्त नहीं करना चाहती…।''

इस प्रकार की समस्याओं के अनेक पत्र प्रतिदिन मनोचिकित्सकों के पास आते रहते हैं। वास्तव में ये समस्याएं नहीं, बल्कि पुरुष या महिला मोह-जाल में फंसे लोगों की अपनी सोच है। इस प्रकार की सोच ही उनकी अपनी समस्या है। इसका समाधान किसी भी विशेषज्ञ के पास नहीं।

परस्पर तनाव-टकराव और विश्वास की यह सोच पारिवारिक जीवन की ऐसी समस्याएं हैं, जिसके परिणाम आपको ही भुगतने पड़ेंगे। इस प्रकार की सोच जहां हमें पग-पग पर कमजोर बनाती है, वहीं हमें दूसरों की नजरों में भी गिराती है। इसलिए अर्थहीन मोहजाल की इस सोच से मुक्त हों और सामाजिक जीवन की वर्जनाओं को मान्यता दें। सामाजिक जीवन की ये वर्जनाएं ही हमें संतुलित और मर्यादित बनाती हैं। भावनाओं की आसक्ति और प्रेम व्यवहारों के अंतर को समझें। हमारा संपूर्ण समाजिक जीवन एक विश्वास पर टिका है। यह विश्वास ही हमें सुरक्षा प्रदान करता है। जीवन में सबकुछ मनचाहा नहीं होता, इसलिए जो यथार्थ है, शुभ है, हमारे योग्य है, उसे ही प्राप्त करने की सोच पालें। उसे ही स्वीकारें। उसमें ही संतुष्ट और प्रसन्न रहें।

खुले दिल से दूसरों की योग्यता, प्रतिभा और गुणों की चर्चा करें। दूसरे की सफलताओं को सराहें, दूसरों को हार्दिक शुभ कामनाएं दें। लेकिन संबंधों की पवित्रता का ध्यान रखें और मन में छिछले विचार न आने दें।

अनैतिक और अवैध संबंधों का अंत हमेशा कटु होता है, इसलिए पहल चाहे स्त्री की ओर से हो अथवा पुरुष की ओर से, ये संबंध छिपते नहीं और चूंकि इन संबंधों को सामाजिक मान्यता नहीं मिलती, इसलिए इन्हें अपनी ओर से पलने बढ़ने की सोच न पालें।

दाम्पत्य जीवन की मधुरता के लिए आवश्यक है कि एक-दूसरे के हमदर्द बनें, विश्वास जीतें और पूरे विश्वास के साथ अंतरंग संबंधों को जिएं। कोई भी पुरुष अथवा स्त्री यह सहन नहीं कर सकता कि उसके पति अथवा पत्नी के संबंध किसी

अन्य पुरुष अथवा स्त्री के साथ हों, इसलिए यदि आपके मन में किसी के प्रति कुछ लगाव, आसक्ति, आकर्षण अथवा झुकाव हो भी, तो इस संबंध के कारण अपनी सामाजिक प्रतिष्ठा को दांव पर न लगाएं। इन संबंधों की खुशबू जरूर अनुभव करें। लेकिन इस विषय में किसी प्रकार की मृगतृष्णा न पालें। भोग ही संबंधों की परिणति नहीं, इससे ऊपर भी भावनात्मक सोच है। इन संबंधों के कारण आपकी अस्मिता अथवा प्रतिष्ठा मलिन नहीं होनी चाहिए। इस प्रकार आपकी प्रतिष्ठा पर आंच नहीं आएगी और आप एक-दूसरे की प्रेरणा बन अपने कर्त्तव्यों का निर्वाह कर सकेंगी। इससे आप एक संतुष्ट, मधुर और सम्मानित वैवाहिक जीवन जी सकेंगी।

बेतुकी चाहतें

हमारे सामाजिक और पारिवारिक जीवन में प्रगतिशील सोच वाली ऐसी महिलाओं की कमी नहीं, जिनकी बेतुकी चाहतें उनके सिर चढ़कर बोलती हैं। ये चाहतें जहां उनके दाम्पत्य जीवन को विषैला बनाती हैं, वहीं उन्हें सामाजिक दृष्टि से भी कहीं का नहीं छोड़तीं। ऐसी महिलाओं को बदनामी और गुमनामी के सिवाय कुछ नहीं मिलता। विवाह पूर्व के संबंधों अथवा कुछ अवसरवादी पुरुषों के मोहजाल में फंसी ऐसी महिलाएं चाहत के नाम पर जहां शोषण का शिकार होती हैं, वहीं परिवार पर कलंक बनती हैं। चरित्रहीनता उनकी कमजोरी बन जाती है। ऐसी महिलाएं उम्र के एक दौर तक तो जैसे-तैसे अपना जीवन 'अच्छा' काट लेती हैं, लेकिन उम्र के आकर्षण के बाद इन्हें लोग दूध में पड़ी मक्खी के समान निकाल बाहर फेंकते हैं और तब इन महिलाओं को पता चलता है कि जीवन कैसे व्यतीत होता है। लेकिन तब तक सब कुछ नष्ट हो चुका होता है। रह जाता है केवल पश्चात्ताप का भाव और आत्महीनता। आशय यह है कि दाम्पत्य जीवन की सरसता को स्थायी रूप देने के लिए इन बेतुकी चाहतों का भ्रम न पालें और ऐसी चाहतें मन में न आने दें।

- विवाह पूर्व संबंधों को 'स्लेट पर लिखे रफ कार्य की तरह मिटा दें।' भूलकर भी इन्हें विवाह बाद जारी रखने की मूर्खता न पालें।
- कामकाजी जिंदगी में, स्कूल, कॉलेज की जिंदगी में अपना आचरण और व्यवहार कहीं भी अमर्यादित और असंतुलित न बनाएं। एकांत में पुरुषों से मिलना, सहकर्मियों से अंतरंगता भरी बातें करना, आंखों में आंखें डालना, एक-दूसरे की निकटता चाहना, स्पर्श करना, हाथ मिलाना, उपहार लेना-देना,

देर रात तक साथ रहना निश्चय ही महिलाओं की स्थिति को कमजोर बनाता है और आप लोगों की सवालिया नजरों का शिकार होती हैं, इसलिए संपर्क में आने वाले पुरुषों से एक मर्यादित दूरी बनाकर रखें।

- अपने सामाजिक और कामकाजी जीवन में आर्थिक और सामाजिक स्थिति का मूल्यांकन करें। बड़ों की सहानुभूति पाने के लिए कहीं भी अपनी हीनता प्रदर्शित न करें।
- कुछ लोग धन, वैभव और प्रभाव के बल पर महिलाओं को अपनी ओर आकर्षित करते हैं। ऐसे लोग पैसे को पानी की तरह बहाते हैं और अंत में पैसे के बल पर स्त्रियों को 'पा लेते हैं।' ऐसे लोगों से संबंध बढ़ाने में आपकी प्रतिष्ठा सुरक्षित नहीं रह सकती।
- सिनेमाई जिंदगी को वास्तविक जिंदगी से जोड़ने की कोशिश बिल्कुल न करें।
- अपने से बड़ी उम्र की महिलाओं, पुरुषों से मैत्री संबंध बनाने की कोशिश बिल्कुल न करें।
- चाहत के नाम पर कुछ पुरुष मगरमच्छ के आंसू बहाते हैं, फिर खानदान की इज्जत के नाम पर लड़कियों को 'अकेला' छोड़ जाते हैं, इसलिए उम्र के आकर्षण को चाहत का नाम देने वालों से बचें।

पति और बच्चों की उपेक्षा न कर इन चाहतों की चमक-दमक से दूर रहें। पत्नी के रूप में अपनी सोच को यथार्थ परक आधार दें, ताकि आपको अपनी करनी पर पछतावा न हो। इसके लिए अच्छा तो यह है कि आप–

- अपनी आर्थिक और सामाजिक सीमाएं जानें, उसी के अनुरूप अपना जीवन यापन करें।
- अपनी चाहतों पर लगाम लगाएं।
- जानबूझ कर सच्चाई को नकारना मूर्खता है। ऐसी मूर्खता पर आप जग-हंसाई की पात्र बनती हैं।
- अपनी भौतिक इच्छाओं का शमन करें।
- प्रलोभनों से बचें।

यह भी ध्यान रखें

- अपने आपको विशिष्ट न समझें।

- अनुचित लाभ लेने की सोच न पालें।
- उपहार के नाम पर प्रलोभन न स्वीकारें। -
- ऑब्लीगेशन' न स्वीकारें, न उनका भुगतान चाहें।
- भौतिक इच्छाओं की पूर्ति करने की इच्छाएं मन में न पालें। ये कभी तृप्त नहीं होतीं।

आप चाहे कितनी भी इच्छा करें, बबूल के पेड़ पर गुलाब के फूल नहीं लग सकते, फिर आप ऐसी इच्छाएं ही क्यों करती हैं?

अध्याय 25

ये रास्ते हैं तलाक के...

व्यक्ति अपने जीवन साथी को तभी छोड़ता है, जब उसे यह विश्वास हो जाता है कि अब उसके लिए साथ-साथ रहना असंभव है। एक-दूसरे के प्रति तन-मंन से समर्पित पति-पत्नी में ऐसा क्या हो जाता है कि दोनों के दिल में एक-दूसरे के लिए कहीं कोई स्थान नहीं रहता? एक ही घर में एक ही बिस्तर पर दो दिलों के बीच एक ऐसा रेगिस्तान उभर आता है कि उसे पार करना संभव नहीं रह जाता। इतनी चौड़ी खाई बन जाती है कि घृणा, विद्वेष और अविश्वास चाहकर भी उसे घटने नहीं देते। फिर पति--पत्नी जिन रास्तों पर चल पड़ते हैं, वे प्रायः एक-दूसरे को विपरीत दिशाओं में ले जाते हैं। कहीं ये रास्ते तलाक के तो नहीं...??

भावनाओं के आवेश में किसी भ्रामक धारणा, विवशता अथवा पूर्वाग्रह के कारण कभी-कभी हमारा चिंतन, व्यवहार, सोच, संबंध कुछ ऐसे हो जाते हैं, जिन्हें न तो सामाजिक मान्यता ही मिलती है और न उन्हें उचित ही कहा जा सकता है। ऐसे अप्रिय व्यवहार, अवैध संबंध, गलतियां जहां दाम्पत्य जीवन को विषाक्त करते हैं, वहीं हमारी सोच पर भी भारी पड़ते हैं। ऐसे व्यवहारों के कारण स्नेह संबंध टूटने लगते हैं। परस्पर विश्वास और आत्मीयता के सारे स्रोत सूखने लगते हैं। सम्बंधों में दूरियां बढ़ने लगती हैं। परिवार के सदस्य ही एक-दूसरे को सवालिया नजरों से देखने लगते हैं। सच तो यह है कि इन संबंधों के कारण स्वयं अपनी और अपने साथी की नजरों से गिरने लगते हैं। अवैध संबंधों के ये व्यवहार जब मर्यादा की सीमाओं को तोड़ देते हैं, तो पति-पत्नी न रहकर स्त्री-पुरुष हो जाते हैं और उनके कदम तलाक की राहों पर बढ़ जाते हैं।

"मम्मी, मुझे राकेश अंकल का इस तरह से आपके साथ कमरे में अकेले बैठा रहना बिल्कुल पसंद नहीं। मेरी सहेलियां कहती हैं...।" जैसी बातें सुनकर आप परिवार वालों की आंखों में धूल नहीं झोंक सकतीं।

एक बार गलती हो जाना स्वाभाविक है और गल्तियों को क्षमा भी किया जा सकता है, लेकिन बार-बार दोहराई गई गलती 'अपराध' की श्रेणी में आ जाती है। इसलिए ऐसे संबंधों, विचारों, व्यवहारों को समय रहते सुधारकर आप इन रास्तों से बच सकती हैं। आपकी छोटी-सी भूल अथवा अनुचित व्यवहार, वह चाहे पति से हुआ हो अथवा पत्नी से कितना भयानक हो सकता है, इसकी आप कल्पना भी नहीं कर सकते। इस प्रकार की भूल दाम्पत्य जीवन में कितनी कड़ुवाहट घोल सकती है, इसका आप अनुमान नहीं लगा सकते।

श्रीमती सरला जो स्वयं प्रशासनिक अधिकारी भी हैं, ने अपने मन की फांस को व्यक्त किया—'मेरी स्थिति यह है कि मैं यह बात किसी से कह भी नहीं सकती। एक दर्द है, जो कसक बनकर अंदर-ही-अंदर मुझे रुला रहा है। एक धुआं है, जो मन में हमेशा घुमड़ता रहता है। लगता है, धुएं का यह बादल मेरा दम घोंट देना चाहता है, मुझे खत्म कर देना चाहता है। मेरे अस्तित्व पर लगा यह प्रश्न चिह्न कितना घिनौना है? उफ! कितना कठिन होता है, इन अविश्वास के पलों को जीना।

"हम दोनों के बीच विश्वास की वह दीवार न जाने कब टूट गई, जाने कब ढह गई। लगता है, जैसे यह दीवार ही हमारे जीवन का आधार थी और अब...अब जैसे कुछ भी शेष नहीं बचा।

'एक सवाल है, जो बार-बार मेरे बहुत अंदर तक मुझे झकझोर देता है। कई बार इस एक ही प्रश्न में डूब चुकी हूं। मेरा कसूर क्या था? कोई मुझे मेरा अपराध तो बताए...मैं तो संपूर्ण रूप से उनके प्रति समर्पित थी, फिर मेरे साथ यह विश्वासघात क्यों? घायल मन की पीड़ा सहते-सहते मैं बिल्कुल निर्जीव-सी हो गई हूं। एकांत में रोते-रोते अब तो इन सूखी आंखों में आंसू भी नहीं आते।

'मैं बार-बार अपने मन से पूछती हूं कि आखिर क्या कमी थी मुझमें? क्या उनकी नजरों में मेरी स्थिति एक कामवाली से भी गईगुजरी है? मेरी स्थिति का इतना घटिया मूल्यांकन! तो फिर मेरे उस अधिकार का क्या हुआ, जो पत्नी के रूप में मुझे पवित्र सप्तपदी के द्वारा मिला था। इतना बड़ा धोखा...छल...फरेब। इस छलावे द्वारा क्या मेरे उस अधिकार का अपहरण नहीं किया गया? और वो भी मेरे ही पति के द्वारा...।

'मैं कर भी क्या सकती हूं, सिवाय इस विष को पीने के, इस पीड़ा को सहने के एक पंख कटे पक्षी के समान निढाल पड़ी रहने के। उसे देखती हूं तो विद्रोह की ज्वालाएं और भी भड़क उठती हैं, शायद ये लपटें मुझे ही जला देना चाहती हैं। जीते जी लपटों में जलने का यह अहसास... सिर्फ मैं ही जानती हूं या फिर जिसने कभी इस यथार्थ को भोगा हो वह जान सकता है।

'क्या हो गया है मुझे...? अनेक प्रयासों के बाद भी मैं अपने आपको संभाल क्यों नहीं पाती? झूठी तसल्ली देना चाहती हूं, दे नहीं पाती। सच कितना कड़ुवा होता है और विश्वासघात...कितना कसैला-तीखा और पीड़ादायक...टूटे विश्वास की किरणें मुझे बहुत अंदर तक लहूलुहान कर जाती हैं और मैं जल से बाहर निकाली हुई मछली जैसी तड़पती हूं।

'क्यों होता है एक पत्नी के साथ यह विश्वासघात? जी चाहता है कि उसका मुंह नोच लूं, उसे इतना कुरूप कर दूं कि वह कलमुंही, डायन, किसी को चेहरा दिखाने के लायक ही न रहे। लेकिन मैं उस आदमी का क्या करूं, जिसने वचनबद्ध होकर भी मेरे साथ विश्वासघात किया, क्या करूं उसका...? जी चाहता है थूक दूं उस पर...लेकिन इससे भी क्या होगा? मेरे मन की वेदना तो कम न होगी। मेरे ही घर पर...मेरी ही कामवाली कजरी...मेरे ही बिस्तर पर...मेरे ही पति के साथ...गले में पड़ी हुई एक फांस है, जो दिनोंदिन कलेजे में धंसती जा रही है, इस घुटन भरी जिंदगी को और जीना नहीं चाहती। मैं चिल्लाना चाहती हूं, लेकिन जब कजरी एक विजयी मुस्कान से मुझे देखती है, तो लगता है जैसे मेरे गीले जख्मों पर तेजाब की तेज धार डाल रही है। मेरा टूटा हुआ गर्व, मेरे ही आंगन में फैल गया है, बिखर

गया है मेरे चारों ओर। मेरे पत्नी होने का अहसास अब बचा ही कहां है, लेकिन फिर भी मैं जी रही हूं। जिए जा रही हूं।'

श्रीमती सरला जैसी जिंदगी जीने वाली महिलाएं कब और क्या कदम उठाएं, कुछ कहा नहीं जा सकता। ऐसी महिला घुट-घुट के स्वयं को मिटा भी सकती है। अपने प्रतिद्वंद्वी को रास्ते से हटाने की कोफ्त में अपराध कर सकती है और पति से घृणा के कारण अपने चरित्र को भी दाव पर लगा सकती है।

वास्तव में चोरी की आदत, झूठ बोलना कामकाजी जीवन में वरिष्ठ अधिकारियों के अनुचित दबाव और इन दबावों के कारण समर्पण की विवशता, पुरुष सहकर्मियों से मित्रता की इच्छा और मैत्री संबंधों में विश्वासघात, अपनी हीनता प्रदर्शित करना और फिर इन्हीं हीनताओं के कारण कमजोरियों का प्रदर्शन, परिवार के सदस्यों द्वारा ही अनुचित संबंधों की स्थापना, विवाह पूर्व संबंधों के कारण पति-पत्नी के संबंधों में टकराव, तनाव आदि ऐसे अनेक कारण हैं, जिन्हें भोगना तो पड़ता ही है। हां, यदि ऐसे संबंधों अथवा व्यवहारों को आप समय रहते छोड़ दें, अपनी गलतियों अथवा सोच में सम्मानजनक परिवर्तन कर लें, तो आपके दाम्पत्य जीवन में सुख, शांति और प्रेम आ सकते हैं। अतः दाम्पत्य जीवन की सरसता के लिए अपनी सोच को कुछ इस प्रकार से दिशा दें कि आपको आत्म-ग्लानि अथवा आत्महीनता का जीवन न जीना पड़े।

यदि आप से, अपनी पत्नी से अथवा परिवार के अन्य किसी युवा पुत्र-पुत्री से कभी कोई ऐसा अपराध अथवा व्यवहार हो जाता है, जो उसे हमेशा परेशान करता है, तो ऐसे अपराध भाव से मुक्त होने के लिए अपनी सोच को व्यावहारिक बनाएं। ऐसी परेशानियों से बचने के लिए इन्हें फिर न दोहराने का दृढ़ संकल्प कर लें।

तलाक के बहुत से रास्ते विवाह पूर्व संबंधों के चौराहों पर से होकर जाते हैं। अतः इस विषय में आप बहुत सावधान रहें और बिल्कुल खुली सोच अपनाएं। सुजाता ने जब विवाह पूर्व संबंधों को होम कर ससुराल में कदम रखा, तो उसने पीछे मुड़ कर भी नहीं देखा। शांत और सुखी दाम्पत्य जीवन में उस दिन हलचल मच गई, जब अनूप ने एक दिन अपने विवाह पूर्व संबंधों की दुहाई देते हुए सुजाता से 'प्यार' का मनुहार किया। सुजाता अपना भला बुरा समझती थी, दृढ़तापूर्वक तुरंत बोली, 'अनूप मुझे तुमसे ऐसी आशा न थी, मैं और अमित अब एक-दूसरे के साथ विश्वास की डोर से बंध कर दो शरीर एक आत्मा हो गए हैं। मैं अब उनके साथ विश्वासघात नहीं कर सकती और तुम्हें भी अपने इस विश्वास की कसम देकर कहती हूं कि मेरे वैवाहिक जिंदगी में कभी भी विष घोलने की कोशिश न करना,

रहा मेरे-तुम्हारे प्यार का सवाल···तो प्रेम तो त्याग मांगता है, मैंने कर्तव्य की वेदी पर इस त्याग को सहा है··· ।''

सुजाता की दृढ़ता के सामने अनूप पानी-पानी हो गया। आशय यह है कि दाम्पत्य जीवन में ऐसे अनेक व्यवहार, घटनाएं, हादसे हो जाते हैं जिन्हें पति-पत्नी बड़ी उदारता के साथ माफ करते हैं। एक-दूसरे को संभल जाने के अनेक अवसर प्रदान करते हैं। समय रहते संभल जाने की सोच ही समन्वय है। आखिर गलती किससे नहीं होती, मगर ठोकर खाकर जो सुधर जाता है, वही सच्चा मनुष्य है। अतः अपने साथी को संभालें। उसे संभलने का मौका दें। बीमार होने के बाद स्वस्थ होने में समय तो लगता ही है और इस बीच बीमार व्यक्ति को और अधिक सहारे की जरूरत भी पड़ती है। अतः आप चाहे पति हों अथवा पत्नी, इस विषय में हमेशा सकारात्मक सोच ही अपनाएं। इसलिए आपको चाहिए कि आप सदैव–

- आशावादी सोच अपनाएं।
- अपराधों को मन से स्वीकारने के अवसर दें।
- कमजोरियां जानें।
- अभावों को स्वीकारें।
- गलती को स्वीकारें।
- दुबारा गलती न करने का दृढ़ संकल्प करें और उसे दोहराएं नहीं।
- पत्नी अथवा पति को 'माफ' करने की सोच हमेशा मन में पालें।
- अप्रिय प्रसंगों, हादसों, घटनाओं को याद न करें। ये कड़ुवे अनुभव सुख-शांति के दुश्मन हैं।

साथ ही ध्यान रखें

- गलतियों को छिपाने के लिए एक और गलती न करें।
- अभावों को अभिशाप न मानें।
- जानबूझ कर अनुचित समझौता न करें।

विवाहित पुरुष अविवाहित पुरुषों की अपेक्षा अधिक वफादार होते हैं।

अध्याय 26

ऐसी भी क्या व्यस्तता…

व्यस्त पति की व्यस्त पत्नी… । सुबह से शाम तक की व्यस्तता… । एक-दूसरे को देखने का समय ही नहीं मिलता। काम की व्यस्तता और तनावों के कारण दाम्पत्य संबंधों में आई दरारें, अनचाहे बढ़ती दूरियां, दो दिलों के बीच उगती कंटीली झाड़ियां… । कहीं यह आपका भी तो सच नहीं ?

"काम! काम!! काम!!! अगर तुम्हें अपने काम से इतना ही लगाव था, तो फिर शादी क्यों की? और सब कामों के लिए तुम्हारे पास समय है, सिर्फ मेरे लिए ही तुम्हारे पास समय नहीं। तुम्हें इतनी भी फुर्सत नहीं कि मेरी ओर आंख उठा कर देख भी सको। सुबह से शाम और शाम से रात हो जाती है। मैं तुम्हारी सूरत देखने के लिए तरस जाती हूं। बच्चे तुमसे बातें करने और तुम्हारा प्यार पाने की उम्मीद लगाए रोज सो जाते हैं। न तुम्हें बच्चों से कोई लगाव है, न मेरी कोई परवाह, ये अजनबियों की तरह साथ रहना भी कोई जिंदगी है। आखिर मेरी भी तो कोई इच्छा है...लेकिन एक तुम हो कि...।"

यह किसी हिंदी फिल्म का कोई संवाद नहीं, बल्कि पति की व्यस्तता पर पत्नी के आक्रोश और उलाहने भरी खीझ है, जो हमें अकसर अनेक मध्यवर्गीय परिवारों में सुनने को मिल सकती है। जहां पति की व्यस्तता का रोना पत्नी रोती है और बदले में उसे सहानुभूति के स्थान पर तीखी प्रताड़ना सुनने को मिलती है–

"कान खोल कर सुन लो कान्ता! यह रोज-रोज की हाय-हाय, चिक-चिक मुझे बिल्कुल पसंद नहीं। अगर मैं रात-दिन काम करके कुछ कमा कर लाता हूं, तो किसके लिए? तुम्हीं लोगों के लिए ...यह मत भूलो कि आज सोसायटी में हमारी जो इज्जत है, इसी रुपए की वजह से है और यह रुपया मेहनत से मिलता है। ये सारी सुख-सुविधाएं...यह स्टैन्डर्ड ऑफ लिविंग...होटल, क्लब, पार्टियां, इसीलिए तुम्हें सुलभ हैं क्योंकि में रात-दिन एक करता हूं। सुबह-सुबह मेरा मूड ऑफ मत किया करो वरना...।"

आधुनिक प्रगतिशील जीवन-यापन की चाह लिए पति-पत्नी आजकल इतने व्यस्त रहते हैं कि उन्हें एक-दूसरे के पास बैठने तक का समय ही नहीं मिलता। यदि पत्नी कामकाजी नहीं है, तो उसे अपने पति की इस प्रकार की व्यस्तता फूटी आंख पसंद नहीं आती। समय-समय पर वह न केवल पति की इस व्यस्तता का रोना रोती है, बल्कि पति के गौर न करने पर अपने भाग्य को कोसती है। जबकि सच्चाई यह है कि पति-पत्नी की इस प्रकार की अत्यधिक व्यस्तता कैरियर के प्रति बढ़ता नशा और आर्थिक संपन्नता की चाह दाम्पत्य संबंधों में दूरियां बढ़ाती है, पति-पत्नी में परस्पर कटुता, वैमनस्य, क्रोध, कुंठा और खीझ पैदा करती है। दाम्पत्य संबंधों में दारार वाला यह व्यवहार आज के परिवारों की सबसे बड़ी समस्या बनता जा रहा है।

यदि आप किसी ऐसे व्यवसायी, व्यापारी, पत्रकार, संपादक, सामाजिक कार्यकर्ता अथवा अधिकारी की पत्नी हैं, तो निश्चय ही समाज में आपका विशिष्ट स्थान है,

स्वाभाविक है कि इस स्थान को पाने अथवा इस स्थान पर पहुंचने के लिए पति को कुछ अतिरिक्त मेहनत करनी ही पड़ेगी, अतिरिक्त समय भी देना पड़ेगा, कुछ अतिरिक्त त्याग भी करने पड़ेंगे, इसलिए पति के ऐसे किसी भी काम की व्यस्तता को दोष न मानते हुए गुण ही मानें। उनकी व्यस्तता को कोसने के स्थान पर उन्हें सहयोग दें। यदि पति का कारोबार नया है, बड़ा है या वे किसी विभाग के स्वतंत्र प्रभारी हैं, जिम्मेदार अधिकारी हैं, निरीक्षणकर्ता हैं अथवा प्रबंधक हैं। तो यह स्वाभाकि ही है कि उन्हें अतिरिक्त समय देना ही पड़ता है। वैसे भी लोग अपनी 'पोजीशन' और अपनी अच्छी छवि बनाने के लिए मेहनत करते हैं। मेहनत के इस कार्य में उन्हें न जाने कितने पापड़ बेलने पड़ते हैं। इस पर यदि आप पत्नी के रूप में उनकी व्यस्तता पर प्रश्न चिह्न लगाती हैं, तो निश्चय ही उनका मूड खराब होगा और आपके आक्रोश से वे झुंझला सकते हैं। अतः इस प्रकार की व्यस्तता में पति का विश्वास जीतें। पति की व्यस्तता को सकारात्मक भाव से लें। व्यस्तता के लिए उन पर ताने न कसें। पति की भूमिका को समझें, उन्हें प्रेरित करें। यदि आप पढ़ी-लिखी हैं, तो पति के काम में सहयोग दें। पत्रों का उत्तर, लेखा कार्य, बैंकिंग कार्य आप स्वयं करें। इससे आपको पति का साहचर्य भी मिलेगा और आत्मीयता भी।

यदि आप स्वयं कामकाजी हैं, तो पति के कार्य में उनकी कार्य योजना, विचारों, निर्णयों में उसकी सहायता कर सकती हैं। घर के कामों को कुछ इस तरह से नियोजित करें कि दोनों की ही कार्य क्षमता पर कोई प्रतिकूल प्रभाव न पड़े। घर में आए मेहमानों का स्वागत, विवाह-बरात आदि में जाना, सामाजिक संबंधों का निर्वाह करना, बच्चों की पढ़ाई-लिखाई, गृहकार्य, हिसाब-किताब, बिजली-पानी, टेलीफोन आदि के बिलों का भुगतान आदि ऐसे कार्य हैं, जिन्हें आप स्वयं कर सकती हैं, बच्चों से करा सकती हैं। इन सबसे जहां पति की व्यस्तता कम होगी, वहीं आप इस बचे हुए समय का सदुपयोग भी कर सकेंगी।

आशय यह है कि दाम्पत्य संबंधों में कहीं भी रिक्तता अथवा शून्यता न आने दें। इसके लिए पूरा-पूरा समय निकालें। पति-पत्नी बच्चों की समस्याओं पर परस्पर विचार-विमर्श करें। उनके भविष्य के बारे में सोचें। उनकी समस्याओं पर सकारात्मक निर्णय लें। केवल अपनी सामाजिक प्रतिष्ठा अथवा अपने बारे में ही न सोचें। पारिवारिक समस्याओं के समाधान में दिया गया समय आपकी सामाजिक प्रतिष्ठा को बढ़ाएगा और आप जीवन के मूल उद्देश्यों को पा सकेंगे।

केवल पैसा कमाना ही आपका उद्देश्य नहीं होना चाहिए। वास्तव में पैसा कमाने से भी अधिक महत्त्वपूर्ण है उस पैसे का उपयोग...यदि आप रात-दिन मेहनत करके

पैसा कमाते हैं और उसका सही उपयोग नहीं होता, तो ऐसे पैसे की क्या उपयोगिता है?

पति को अनुचित कमाई के लिए प्रत्यक्ष अथवा अप्रत्यक्ष रूप से प्रेरित, प्रोत्साहित न करें। इस प्रकार की प्रेरणा उन्हें तनावग्रस्त बनाएगी और वे संस्थान आदि में कोई 'बड़ा हाथ मारने' या 'घोटाले' करने की सोच से ग्रसित हो सकते हैं, जो आपके परिवार के हित में कतई नहीं होगा।

पति की व्यस्तता पर उसे प्रताड़ित करना, अपमानित करना 'बिजी विदाऊट वर्क' कहकर उनका मजाक उड़ाना ठीक नहीं। "तुमसे तो कुछ होता ही नहीं...। तुम्हें तो दुनियादारी की ए. बी. सी. भी नहीं आती। पता नहीं तुम्हें कब अक्ल आएगी...? घर में बहू आने वाली है, कल को जमाई घर में आएगा...। तुम्हें तो कुछ होश ही नहीं···। पता नहीं दफ्तर में कैसे अफसरी करते हो···?" जैसी बातें पति में हीनता लाती हैं। वह इस प्रकार की जली-कटी सुनने की अपेक्षा बाहर रहना ही अधिक पसंद करता है। ऐसे लोगों का घर के प्रति आकर्षण विशेष नहीं रहता और वे अपना अधिकांश समय बाहर ही बिताना उचित समझते हैं। ऐसे पति की व्यस्तता के नाम पर दफ्तर में रम्मी खेल कर अपना समय बिताते हैं या फिर दोस्तों के साथ गप्पें मारकर अपनी व्यस्तता प्रदर्शित करते हैं। आशय यह है कि पति की व्यरतताओं को रामझें, उनमें अपना सहयोग दें। उन्हें कम करने की सोच पालें।

पति को उनकी पारिवारिक जिम्मेदारियों का अहसास कराते समय उनकी योग्यता, परख, अनुभवों में विश्वास व्यक्त करें, उन्हें यह अहसास न होने दें कि उनके निर्णय, मत या चयन का कोई मूल्य नहीं। पति की इस व्यस्तता को स्नेहिल व्यवहार से जीतें। उनकी व्यस्तता के प्रति विद्रोह करना, प्रतिशोधी भावनाएं मन में लाना अथवा उन्हें कोसना, अपनी हीनताओं का रोना रोना अथवा पति से अपेक्षाओं का रोना रोना ठीक नहीं।

"मैं भी तो नौकरी करती हूं, घर भी संभालती हूं, बच्चों को भी देखती हूं। तुम क्या करते हो···बस अखबार चाटने के सिवाय कोई और काम भी है तुम्हें···!" जैसी बातें पारिवारिक स्नेह स्रोतों को सोखती हैं। पति-पत्नी में मन-मुटाव बढ़ाती हैं।

परस्पर में विश्वास, समझ, समर्पण, सम्मान ऐसे रंग हैं, जो पति की व्यस्तता को अपने रंग दे सकते हैं। पति की व्यस्तता को आकर्षक बना सकते हैं, इसलिए पति की व्यस्तता के संग अपने रंग दें। उन्हें विश्वास में लेकर उनका विश्वास प्राप्त

करें। विश्वास की प्रेरणा पाकर जहां आप पति का स्नेह, सहयोग और आत्मीयता पा सकेंगी, वहीं पति की व्यस्तता कम होगी। आखिर पति की व्यस्तता भी तो आपके लिए ही है। बच्चों के वर्तमान और भविष्य के लिए है, इसे कोस कर आप किस मानसिकता का परिचय दे रही हैं? इसलिए इस व्यस्तता को आक्रोश से नहीं विश्वास से कम करें और व्यर्थ के तनाव न बढ़ाएं। इस विषय में निम्नांकित मनोवैज्ञानिक सोच विकसित करें–

- रविवार या किसी दूसरी छुट्टी को पूरे परिवार के साथ मिल-बैठकर मनाएं।
- रात का खाना पूरे परिवार के साथ डाइनिंग टेबल पर बैठकर खाएं।
- बच्चों की समस्याएं मिल-बैठकर निपटाएं।
- घर की सफाई में बराबरी का सहयोग करें।
- मित्र-मंडली को घर पर बुलाने में एक-दूसरे की सहमति अवश्य लें।
- पारिवारिक समस्याओं के समाधान के लिए प्राथमिकताएं निर्धारित अवश्य करें।
- अपने काम स्वयं करने की आदत डालें और एक-दूसरे का सहयोग करें।
- पति की सार्थक व्यस्तता को दोष नहीं गुण मानें और उसे नकारने की बजाय सहानुभूति पूर्ण व्यवहार करें।

किंतु ध्यान रखें

- दोस्तों की भीड़ घर में लाने से परिवार का अनुशासन बिगड़ता है। इस विषय में अपनी सोच को व्यावहारिक बनाएं।
- अनावश्यक विवाद न बढ़ाएं।
- अपने आपको एक-दूसरे का बॉस न समझें।

दाम्पत्य संबंधों की खुशबू पड़ोसी भी अनुभव करते हैं।

अध्याय 27

घर आए पुरुष मित्र

सामाजिक जीवन में ऐसे अनेक अवसर आते हैं, जब आपको अपने परिचय क्षेत्र के पुरुषों के संपर्क में आना पड़ता है। कभी-कभी मुंह बोले रिश्तों के नाम पर स्त्री-पुरुषों को मेहमान के रूप में घर में रखना पड़ता है। ऐसे घर आए पुरुष अथवा महिला मित्र कहीं आपके दाम्पत्य जीवन में कटुता लाने के माध्यम तो नहीं बन रहे...। कहीं एक-दूसरे के मित्रों के प्रति आप में अनावश्यक आकर्षण तो नहीं बढ़ रहा? या फिर कहीं आप एक-दूसरे पर अपने मित्रों के साथ उपेक्षा का बर्ताव करने के आरोप लगाकर घर में तनाव तो नहीं बढ़ा रहे? आखिर आपसी विश्वास को मजबूत करने के लिए एक-दूसरे के मित्रों के प्रति आप किस प्रकार का व्यवहार करें?

सामने की सीट पर बैठे मेरे वरिष्ठ सहयोगी का चेहरा मुझसे छिप न सका। आखिर मैंने पूछ ही लिया–''क्या हुआ कुछ दिनों से आप बड़े उदास लग रहे हैं?''

मन के भावों को छिपाने की कोशिश करते हुए उन्होंने ''कुछ नहीं...पर...कुछ भी तो नहीं।'' कह कर टालने की कोशिश की।

भई कुछ तो है, आखिर मैं तुम्हारा दोस्त हूं, मुझ पर विश्वास करो। मैं अगर तुम्हारे कुछ काम आ सका, तो मुझे बहुत प्रसन्नता होगी।''

एक बार मेरी ओर विश्वास भरी नजर डालकर मेरे मित्र ने उदासी भरा मौन तोड़ा–

''क्या बताऊं शर्मा जी...आप तो जानते ही हैं कि सुलभा कुछ ज्यादा ही बातूनी है। सुंदर तो है ही, मिलनसार भी अधिक ही है। घरों में चाहे जिससे बातें करने लग जाती है, उसका चाहे जिस महल्ले या पड़ोसी से इस तरह से असहज होकर बातें करना, हर किसी में रुचि लेना, घुलना-मिलना, मजाक करना, हंस-हंसकर बातें करना, उछलना-कूदना मुझे फूटी आंख नहीं सुहाता। वह दुनियादारी तो कुछ समझती नहीं, उसकी इस आदत से घर में हमेशा चिक-चिक होती रहती है, और वह है कि अपनी इन हरकतों से बाज नहीं आती। लोग भी उसके इस हंसी-मजाक का गलत अर्थ लगाने लगे हैं। उसे कितनी बार समझाकर देख लिया, लेकिन समझती ही नहीं। एक अजीब-सा तनाव हम दोनों में बना रहता है। समझ में नहीं आता कि क्या करूं?''

बुरी तरह परेशान और हताश होकर प्रकाश आगे बोला, ''जब मेरे सामने ही वह किसी भी पुरुष का हाथ पकड़ लेती है, तो मेरी अनुपस्थिति में तो...उफ! सोच-सोच कर मेरी हालत खराब हो जाती है...। मेरे सामने ही इतना दुःसाहस? मैं उसके मन को निश्छल मान भी लूं। मगर डर तो यह है कि आजकल तो लोग अंगुली पकड़ कर सीधे पहुंचा पकड़ते हैं...।''

घर आने वाले पुरुष मेहमानों से घर की औरतों का इस प्रकार से मेल-जोल बढ़ाना दाम्पत्य जीवन की एक गंभीर समस्या है। पत्नी के इस व्यवहार को समस्या मानने वाले पति की मानसिक स्थिति का अनुमान इसी से लगाया जा सकता है कि प्रकाश को घर और दफ्तर में कुछ भी अच्छा नहीं लगता। अविश्वास से ग्रसित उसकी यह सोच उसे हमेशा परेशान करती रहती है।

घर में आने वाले पुरुष मेहमानों, मित्रों अथवा पड़ोसियों से स्त्रियों का असहज

होकर मिलना, अति उत्साह प्रदर्शित कर उनमें रुचि लेना, उनका जरूरत से ज्यादा स्वागत करना, उनके प्रति आकर्षित होना, हंसी मजाक करना एक ऐसी समस्या है, जो पारिवारिक तनावों की जड़ है। वास्तव में इस प्रकार की सोच जहां पति-पत्नी में परस्पर विश्वास घटाती है, वहीं उनमें सन्देह के बीज अंकुरित करती है। उनके दाम्पत्य जीवन की दूरियां बढ़ाती है। इस प्रकार के व्यवहार स्नेह स्रोतों को सुखाते हैं। पति-पत्नी के मन में आशंकाएं पैदा होती हैं। पत्नी का असामान्य व्यवहार जहां पति को अंदर ही अंदर तोड़ देता है, वहीं स्वयं पत्नी को भी चैन की सांस नहीं लेने देता।

लोग ऐसी औरतों पर अंगुली उठाते हैं, घर वाले ताने देते हैं, समाज में बात का बतंगड़ बनता है और पति अविश्वास करने लगता है। इस प्रकार की ऐसी महिलाओं का जीवन नरक बन जाता है।

यह भी एक मनोवैज्ञानिक सत्य है कि ऐसे मैत्री संबंधों को बढ़ाने-पालने अथवा बनाने में अधिकांश महिलाओं की सोच खराब नहीं होती, यहां तक कि वे कभी सपनों में भी नहीं सोचतीं कि इन संबंधों के कारण उन्हें कहीं हीनता अथवा मलिनता का सामना करना पड़ेगा, लेकिन पुरुषों की सोच इनसे भिन्न होती है। यही कारण है कि ये संबंध समाज के गले नहीं उतरते और इन संबंधों की परिणति दुर्भाग्यपूर्ण होती है।

साफ मन से और अनजाने में ही सही, पत्नी यदि इस प्रकार का व्यवहार कर रही है, तो परिवार के बड़े सदस्यों जैसे सास-ससुर अथवा स्वयं पति को इन संबंधों की वास्तविकताओं से उसे परिचित कराना चाहिए। उन्हें इस संबंध में बहुत स्पष्ट कर दें कि समाज में ऐसे संबंध ही अवैध संबंधों का आधार बनते हैं और इन संबंधों के कारण किसी भी स्त्री अथवा पुरुष की प्रतिष्ठा धूल में मिल सकती है।

स्त्रियों को भी चाहिए कि यह व्यवहार भले ही उन्हें सामान्य दिखाई दे, लेकिन फिर अवसर, प्रोत्साहन, कमजोरी और हीनता पाकर ये संबंध ही अवैध संबंधों में बदलने लगते हैं, जो दाम्पत्य जीवन में दरार और फिर तलाक का कारण बनते हैं। कुछ पुरुष अथवा महिलाएं तो इन संबंधों के कारण ही 'ब्लैकमेल' का शिकार होती हैं। फिल्म 'गुमराह' और 'ये रास्ते हैं प्यार के' कुछ ऐसे ही संबंधों की कहानी पर आधारित फिल्में हैं, जो नई प्रगतिशील सोच वाली महिलाओं की आंखें खोलने के लिए पर्याप्त हैं।

स्त्रियों की स्थिति समाज में, यहां तक कि घर में भी बड़ी कमजोर होती है। वे स्वभाव

से संकोची, सरल, शीघ्र विश्वास कर लेने वाली, उदार किंतु भीरु होती हैं। इन्हीं मनोवैज्ञानिक कमजोरियों के कारण वे ऐसे अवसरवादी लोगों के द्वारा कई बार ठगी जाती हैं, छली जाती हैं। ऐसे अवसरवादी पुरुष मैत्री संबंध बढ़ाने के नाम पर, नौकरी दिलाने के नाम पर अथवा आर्थिक प्रलोभनों के नाम पर भोली औरतों से विश्वासघात करते हैं। वास्तव में वे ऐसे पुरुषों के साथ जब हंसी-मजाक करती हैं या बातचीत में विशेष रुचि लेती हैं, तो यह व्यवहार एक कमजोरी बनकर सामने आता है। वे संपर्क में आने वाले पुरुषों के इस हंसी-मजाक का अर्थ तो समझती नहीं, खुद अपने ही बनाए हुए जाल में फंसती चली जाती हैं और अंत में उन्हें मिलता है छलावा, आत्मग्लानि और बदनामी।

ऐसे ही सुनीता का उदाहरण मेरे सामने है। घर में आने वाले पुरुषों से उसका इस प्रकार से रुचि लेना, ताश अथवा रम्मी खेलना, पप्लू खेलना, हंस-हंस कर बातें करना, द्विअर्थी बातचीत में रुचि लेना उसके पति राकेश की आंखों से छिप न सका। पति-पत्नी में दूरियां बढ़तीं, इससे पहले राकेश ने सुनीता को इसके संभावित खतरों के बारे में चेतावनी दी। दूसरे दिन ही पड़ोस के मिश्रा जी ने सुनीता का हाथ पकड़ने की जब चेष्टा की, तो सुनीता को लगा जैसे राकेश का कहा हुआ सत्य उसके सामने आ गया। सुनीता को अपनी गलती का अहसास हुआ, उसने मिश्रा जी की अक्ल ठिकाने लगाई।

दूसरी ओर समाज में ऐसी महिलाओं की भी कमी नहीं जो पति मित्रों के सुदर्शन व्यक्तित्व से आकर्षित होकर उनसे अंतरंग संबंध बनाना चाहती हैं, चूंकि ये अपने पतियों की कमजोरियों को समझती हैं, इसलिए वे इन कमजोरियों से लाभ उठाकर, इन कमजोरियों की आड़ में पति के मित्रों से संबंध बढ़ाती हैं और इस प्रकार से एक म्यान में दो तलवारें न रखने के सत्य को झुठलाती हैं।

ऐसी किसी भी स्थिति के निर्मित हो जाने पर पति को चाहिए कि वह पत्नी के आचरण, चरित्र अथवा सोच पर अविश्वास न कर, उसे विश्वास में लेकर सुधरने का पर्याप्त अवसर दे और अपने घर-संसार को उजड़ने से बचाएं, क्योंकि ऐसी परिस्थिति के निर्मित होने में अकेली पत्नी कहीं भी दोषी नहीं होती। शायद आप उन दिनों को भूल गए हैं, जब आपने अपनी अकेली पत्नी को अपने मित्र के घर चार-पांच दिन रहने के लिए अकेला छोड़ा था। उन पांच दिनों में पत्नी ने किन-किन बातों का सामना किया, इस सत्य को जानने का आज तक आपने कोई प्रयास नहीं किया।

इस विषय में अच्छा यह हो कि आप अपनी पत्नी अथवा परिवार के अन्य सदस्यों को भी इस प्रकार के व्यवहारों से सचेत करते रहें। मित्र या संबंधी कितने ही

विश्वास पात्र क्यों न हों, किशोरी और युवतियों को उनके यहां अकेला न छोड़ें और न ऐसे लोगों को घर के अंदर प्रवेश ही दें, जो विश्वास के योग्य न हों।

किसी भी पुरुष मित्र से एकांत में बातें करना, उससे अंतरंगता भरी बातें करना, उससे उपहार स्वीकारना, साथ-साथ फिल्में देखना, होटलों में जाना, लिफ्ट देना अथवा लेना आदि ऐसे व्यवहार हैं, जो 'सामान्य' नहीं होते हैं। आप स्वयं ही इन व्यवहारों के संभावित खतरों के अनुमान लगा सकती हैं।

आजकल लोगों की मानसिक सोच इतनी संकीर्ण हो गई है कि इस प्रकार के व्यवहारों को करना अथवा स्वीकारना, दोनों ही एक ही अर्थ में लिए जाते हैं और लोग तुरंत अपने इन 'उपकारों' का 'भुगतान' चाहते हैं। जबकि दाम्पत्य जीवन में इस प्रकार के व्यवहार पति-पत्नी के संबंधों को तोड़ने वाले व्यवहार हैं।

कभी-कभी स्त्रियों अथवा पुरुषों की कुछ गलतफहमियां भी इन संबंधों को बढ़ाती हैं।

मिसेज सेठी की चंचलता और हंसी का पड़ोस के उमेश ने न जाने क्या अर्थ लगाया कि होली के दिन अवसर पाकर वह मुस्कराकर बोला, "भाभी जी, आज आपको हम नहीं छोड़ेंगे। अच्छा हो, आज हमें होली खेल लेने दो। मौका अच्छा है···।"

मिसेज सेठी की हालत यह थी कि जैसे काटो तो खून नहीं। उमेश से उसे इस प्रकार के व्यवहार की आशा न थी। उसे तुरंत अपनी गलती का अहसास हुआ। वह उमेश को अपना देवर जैसा समझती थी। मन में स्नेह और ममता भरकर बोली, "देवर जी···अच्छा हो आप जरा हमसे दूर ही हटकर बात करें। मैं तो तुम्हें अपने बेटे जैसा स्नेह देती आई हूं, अच्छा हो तुम यहां से फौरन चले जाओ, अगर एक कदम भी आगे बढ़ाया तो खैर नहीं···।"

उमेश पर जैसे घड़ों पानी पड़ गया। इश्क का बुखार तो उतर गया, कई दिनों तक मिसेज सेठी के सामने आने का साहस भी न जुटा सका। मिसेज सेठी का साहस और विवेक उस दिन काम आया।

आशय यह है कि मामला चाहे पड़ोस का हो अथवा कामकाज के दौरान संपर्क में आने वाले पुरुष सहकर्मियों का, ऐसे पुरुषों से हमेशा सावधान रहें, जो सुखी घर-संसार में विष घोलना चाहते हैं। वास्तव में ऐसे पुरुषों के प्रति आपकी वैचारिक सावधानी और मर्यादित दूरी जहां आपको सुरक्षा और संरक्षण प्रदान करेगी, वहीं आप धोखेबाजी से भी बच सकेंगी।

ध्यान रखें कि घर में कभी भी किसी पुरुष के साथ एकांत में न बैठें। हमेशा खुले में, आंगन में, बागीचे में, लॉन में, कुर्सियां डाल कर बैठें। किसी प्रकार के अनुचित

व्यवहार, बातचीत अथवा स्पर्श को सहन न करें और तुरंत विरोध करें। आपका हलका-सा विरोध ही पुरुषों को हतोत्साहित करने के लिए काफी है, क्योंकि पुरुष प्रोत्साहन पाकर 'शेर' बनता है। किसी भी परिस्थिति में तथा किसी अप्रिय प्रसंग में आकर कोई अनुचित समझौता न करें।

अपनी किसी कमजोरी के लिए ब्लैकमेल होने से तो अच्छा है कि आप परिवार वालों अथवा पति को विश्वास में लेकर परिस्थितियों से संघर्ष करें और सम्मानजनक जीवन-यापन करें। छिछली मानसिक सोच के स्थान पर उच्च और आदर्श चरित्र का परिचय दें, ताकि आपकी पारिवारिक प्रतिष्ठा बढ़े और आप अपनों से, पति के मित्रों से यहां तक कि घर आए मेहमानों से भी यथेष्ठ मान-सम्मान प्राप्त कर सकें। अतः सदैव ध्यान रखें कि–

- घर आए मेहमानों से एक मर्यादित दूरी बनाकर रखें।
- घर आए अपने तथा पति के पुरुष मित्रों को पति की उपस्थिति में ही घर में बैठाएं।
- अपना आंचल तथा वस्त्र संभाल कर बैठें।
- घर आए पुरुष मेहमानों से परिवार के बड़े सदस्य ही बातचीत करें।
- बुजुर्गों के चरण स्पर्श कर आशीर्वाद प्राप्त करें।

किंतु ध्यान रखें

- पुरुष मेहमानों से संबंध बनाने के लिए अति उत्साही न बनें।
- अपनी ओर से किसी प्रकार से भी अनौपचारिक होने की पहल न करें, न प्रोत्साहन दें।
- अवैध संबंधों के प्रस्ताव पर तेवर चढ़ाकर बात करें, ताकि ऐसे संबंधों की स्थापना के लिए कोई पहल ही न कर सके।
- केवल पुरुषों की उपस्थिति में ही पुरुष मेहमानों के साथ बैठें।
- यदि घर में अकेली हों, तो आने वाले ऐसे पुरुषों के लिए दरवाजा न खोलें, जिनके बारे में आप आश्वस्त न हों।

पत्नी जैसा अच्छा मित्र चिराग लेकर ढूंढ़ने पर भी नहीं मिलता।

अध्याय-28

तलाक : एक अभिशाप

विवाह और मातृत्व नारी जीवन की सार्थकता के मापदंड हैं। पुरुष का सहयोग उसे इस लक्ष्य तक पहुंचाता है। परस्पर स्नेह और विश्वास जहां उन्हें एक दूसरे से जोड़ता है, वहीं विश्वासघात पति-पत्नी को एक-दूसरे से उस सीमा तक तोड़ देता है, जहां दाम्पत्य जीवन अभिशाप बन जाता है। रोज-रोज की नोक-झोंक, गाली-गलौच, मारपीट दाम्पत्य जीवन को नरक बना देती है और इस नरक से निकलने का एक ही उपाय है—तलाक। लेकिन जब तलाक ही अभिशाप बन जाए तो…।

दाम्पत्य जीवन के अधिकारों के प्रत्यापना, अनुसंरक्षण व संरक्षण के उद्देश्य से अप्रैल, 1869 में भारतीय विवाह विच्छेद अधिनियम, फिर 1954 में विशेष विवाह अधिनियम और फिर 18 मई, 1955 से हिंदू विवाह अधिनियम लागू किया गया। इन अधिनियमों के द्वारा ही देश में अंतर्जातीय और अन्तर्धर्मीय विवाहों को कानूनी मान्यता मिली। वास्तव में विवाह बंधन को हिंदू धर्म में श्रेष्ठ बंधन माना गया है और इस बंधन में बंध कर ही पत्नी और पति जन्म-जन्म तक के साथी हो जाते हैं, लेकिन कभी-कभी वैचारिक मतभेदों के कारण अथवा अन्य किसी भूल के कारण आपस में इतना अधिक विवाद हो जाता है कि सारे स्नेह-बंधन, सारी कसमें तथा प्यार और विश्वास की बातें बेमानी होकर रह जाती हैं। देखते-ही-देखते आपसी प्यार का यह पवित्र रिश्ता अपनी सारी गरिमा को तोड़कर तलाक के दरवाजे तक पहुंच जाता है।

सबसे बड़ी विडंबना यह है कि तलाक की इस राह में भी पति और पत्नी को सिवाय रुसवाई, अपमान भरी कुढ़न और आत्महीनता के कुछ नहीं मिलता। हमारे समाज में तलाकशुदा स्त्री अथवा पुरुष को न तो सम्मान की दृष्टि से देखा जाता है और न ही लोग उनके चरित्र के प्रति आश्वस्त होते हैं। हारे हुए जुआरी जैसी पति-पत्नी की स्थिति उन्हें अपनों में ही पराए जैसा बना देती है, इसलिए तलाक का निर्णय और सोच एक अभिशाप के सिवाय और कुछ नहीं देता। अंत में पति और पत्नी को एक बार फिर असम्मान जनक समझौते ही करने पड़ते हैं, वह भी मन मार कर। इस विषय में एक मनोवैज्ञानिक सत्य यह भी है कि तलाकशुदा स्त्री अथवा पुरुष चाहे कितने ही 'योग्य और प्रतिभाशाली' क्यों न हों, तलाक का लेबल लग जाने के बाद समाज में उनकी प्रतिष्ठा गिर ही जाती है और उन्हें सदैव संदेह तथा सवाल भरी नजरों से देखा जाता है। निश्चय ही ऐसे पुरुष अथवा स्त्री की 'मार्केट वैल्यू' कम हो जाती है।

1954 के विशेष विवाह अधिनियम में संशोधन कर विवाह विच्छेद, यानी कि तलाक के प्रावधानों को इतना सरल, सुलभ और तर्कसंगत बना दिया गया है कि कोई भी व्यक्ति अदालत में तलाक के लिए प्रार्थना-पत्र देकर अपने प्रतिपक्षी के विरुद्ध डिक्री प्राप्त कर सकता है। ये प्रावधान देखने-सुनने में जितने सरल लगते हैं, उतने सरल हैं नहीं। उस विषय में पहली बात तो यह है कि कोई भी व्यक्ति अपने द्वारा की गई गलतियों अथवा स्वयं की अयोग्यता का लाभ उठाकर तलाक नहीं ले सकता। स्वयं की गलतियों के संबंध में कानूनी मान्यता यह है कि किसी की कमजोरियों के लाभ कोई दूसरा पक्ष नहीं उठा सकता।

चूंकि तलाक का बच्चों पर गहरा प्रभाव पड़ता है। बच्चों के साथ-साथ स्वयं पति-पत्नी के वर्तमान और भविष्य पर विपरीत प्रभाव पड़ता है। उनमें अनेक मनोविकार पैदा हो सकते हैं, इसलिए पति-पत्नी को तलाक जैसे घातक निर्णय नहीं लेने चाहिए। पति-पत्नी को अपने इन निर्णयों पर हमेशा ठंडे दिमाग से विचार करना चाहिए। इसीलिए विशेषज्ञों का मत है कि तलाक संबंधी कानूनों को इतना कठोर बनाना चाहिए कि कोई भी पति-पत्नी जरा-जरा-सी बात पर तलाक लेने जैसा कठोर कदम न उठाएं और तलाक लेने-देने को बच्चों का खेल न समझें। इस विषय में प्रसिद्ध वैवाहिक कौंसिलर मदनबिहारी श्रीवास्तव का मत है कि जितना उत्साह, उल्लास लड़के-लड़की के विवाह पर परिवार में होता है, उतनी ही उपेक्षा, आत्मग्लानि और निराशा तलाक लेने में होनी चाहिए। विवाह का अर्थ एक-दूसरे के साथ जीवन भर निर्वाह करना होता है, जबकि तलाक का अर्थ स्वयं ही अपने हाथों इन संबंधों को तोड़ना होता है।

वास्तव में तलाक दाम्पत्य संबंधों का एक ऐसा मोड़ है, जहां मन से कोई भी स्त्री अथवा पुरुष खड़ा होना नहीं चाहता। इसलिए जहां तक हो सके, पति अथवा पत्नी अपने आपको इस अप्रिय मोड़ पर लाकर खड़ा नहीं करें। विवाह कौंसिलर श्रीवास्तव का मत है कि कभी-कभी तो पति-पत्नी बच्चों के भविष्य के बारे में सोचकर स्वयं ही अपने निर्णय पर पुनर्विचार कर इस निष्कर्ष पर पहुंचते हैं कि तलाक उनकी समस्या का समाधान नहीं।

सच तो यह है कि तलाक लेने की इच्छुक महिलाएं अदालत की दूसरी-चौथी पेशी में ही टूटने लगती हैं और फिर उनके सामने एक ही प्रश्न होता है कि क्या करें? उनका भविष्य क्या होगा? तलाक की राह में आई कानूनी अड़चनें, अदालत के कटघरे में खड़ी महिलाओं से पूछे गए अशिष्ट और अमर्यादित सवाल-जवाब, वकीलों की जिरह, किंतु, परंतु, द्विअर्थी बातें आदि सुन-सुन कर महिलाओं की जो 'गत' बनती है, उसे केवल भुक्तभोगी महिलाएं ही समझ सकती हैं। तलाक लेने की इच्छा उसके गले में फांस बनकर रह जाती है। मानसिक प्रताड़ना सहती महिलाएं अकेलेपन की जिंदगी से इतनी टूट जाती हैं कि उन्हें जीवन में किसी प्रकार की कोई 'इच्छा' ही नहीं रह जाती। तलाक के मामले चलते-चलते कभी-कभी तो सारी उम्र ही बीत जाती है। फैसला तब होता है, जब दाम्पत्य जीवन अर्थहीन हो चुका होता है।

आशय यह है कि तलाक दाम्पत्य जीवन की राह में एक ऐसा मोड़ है, जो किसी के लिए भी 'अच्छा' नहीं कहा जा सकता। तलाकशुदा महिलाओं को समाज में ही

नहीं, वरन् अपनों की नजरों में भी उपेक्षा का शिकार होना पड़ता है। तलाकशुदा औरत की स्थिति समाज में कटी पतंग से अधिक कुछ नहीं होती। तलाक चाहे विवशता से लिया गया हो या अपनी खुशी से, लेकिन तलाकशुदा औरतों पर शक की निगाहें हमेशा पड़ती हैं। इस स्थिति में उन्हें सैकड़ों चुभती निगाहों का सामना करना पड़ता है।

तलाक चाहने वाले पुरुषों की मानसिकता के बारे में वैवाहिक कौंसिलर श्रीवास्तव का मत है कि तलाक के मामलों में पुरुषों की मानसिकता 'तू नहीं और सही, और नहीं और सही...।' जैसी होती है। जबकि तलाक मिल जाने के बाद उन्हें अपनी भूल का अहसास होता है और वे अपनी इस सोच पर पश्चात्ताप करते हैं, क्योंकि समाज में अब दिनों-दिन स्थिति बदल रही है और कोई भी स्त्री तलाक लेने के बाद दूसरा विवाह बहुत सोच-समझ कर करती है। इस विषय में तलाकशुदा श्रीमती 'क' का कहना है कि "मैं शादी नहीं करूंगी, अगर मेरे मन में इस विषय में कभी कोई विचार आया भी, तो मैं ठोंक बजा कर निर्णय लूंगी, आप तो जानते ही हैं कि दूध का जला हुआ छाछ को भी फूंक-फूंक कर पीता है...।"

अदालतों में आने वाले, तलाक चाहने वाले पति अपनी पत्नी पर चरित्रहीनता का आरोप लगाते हैं। सौ में से अस्सी मामलों में पत्नी पर पति की ओर से पत्नी के प्रेम-पत्र साक्ष्य के रूप में प्रस्तुत किए जाते हैं। कुछ अश्लील चित्र प्रस्तुत किए जाते हैं। वास्तव में पत्नी की बेवफाई कोई भी पति सहन नहीं कर पाता, जबकि यह एक अर्ध सत्य है कि इस मामले में पति-पत्नी समान रूप से दोषी होते हैं। इस विषय में किसी एक सिद्धांत अथवा किसी एक को दोषी नहीं ठहराया जा सकता और न ही इस विषय में अधिक बहस की आवश्यकता होती है। आवश्यकता तो केवल इस बात की है कि पति अथवा पत्नी यह देखें कि दोनों एक-दूसरे के प्रति अब कितने समर्पित हैं, निष्ठावान हैं।

तलाक का अभिशाप सहती एक नहीं अनेक युवतियों की दर्दनाक कहानियां इस बात का प्रमाण हैं कि वैवाहिक जीवन में तब दरार पड़ने लगती है, जब पत्नी की कमजोरियों को 'सूक्ष्म दर्शी' दृष्टिकोण से देखा जाता है। सामाजिक लांछनों की दुहाई दी जाने लगती है। विवाह पूर्व की जिंदगी में झांका जाता है और इन सब के लिए केवल महिलाओं को दोषी ठहराया जाता है। जबकि असलियत यह है कि इन सब दोषों, कमजोरियों के लिए केवल 'लड़कियां' दोषी नहीं होतीं।

कभी कोई छोटी-सी भूल ही तलाक का कारण बन जाती है। भावनाओं के आवेश में आकर शैला ने रो कर अपने पिता से कहा—"मैं अब राकेश के साथ सम्मान-

पूर्वक जीवन-यापन नहीं कर सकती और न ही भविष्य में इसकी कोई संभावना है, इसलिए मैं उससे तलाक लेना चाहती हूं। यही मेरा अंतिम निर्णय है।''

''और तुम्हारा भविष्य।'' पिता ने सहज ही पूछा।

''वह मैं रोहित के हाथों सौंपने का निर्णय ले चुकी हूं...।''

''इसकी क्या गारंटी है कि रोहित वह सब नहीं करेगा, जो राकेश करता है, या कहता है... ।''

इस एक बात का शैला के पास कोई उत्तर न था। कुछ ही दिन बीते थे कि रोहित की आंखों में शैला के लिए बनी चमक खत्म होने लगी। शैला को भी समझते देर न लगी कि उसका तलाक लेने का निर्णय उसकी भूल थी। उसने निर्णय कर लिया कि वह राकेश के पास वापस चली जाएगी।

तलाक चाहने का आधार चाहे कुछ भी हो, पहल चाहे कोई भी करे, इतना अवश्य समझ लें कि आपका यह निर्णय आपके वर्तमान और भविष्य को 'ठहराव' न दे सकेगा। समाज में जितना मान सम्मान, जितनी सुरक्षा पति अथवा पत्नी के साथ रहने से मिलती है, उतनी अन्य किसी से न मिलेगी। घर में भी आपका मान-सम्मान तभी तक सुनिश्चित है, जब तक आप दोनों पति-पत्नी के रूप में जुड़े हुए हैं।

यहां इसका यह अर्थ बिल्कुल नहीं कि घुटन भरी जिंदगी जीने के लिए आप विवश हों, सबको सम्मानजनक जीवन जीने का अधिकार है। कानून आपके साथ है। समाज और समाज सेवी संस्थाएं आपके साथ हैं, फिर दाम्पत्य जीवन की समस्याएं तो आपकी अपनी बनाई हुई होती हैं। अतः समय रहते इन समस्याओं को अपने स्तर पर ही हल करें। यदि किन्हीं अनचाही परिस्थितियों के कारण जैसे पति-पत्नी मां-बाप न बन पा रहे हों, तो एक-दूसरे को उलाहने देने, ताने मारने की अपेक्षा समस्या का ठोस व्यावहारिक धरातल तलाशें। समाधान ढूंढ़ें। किसी बच्चे को गोद लेकर अपनी दुविधाओं से बचें। किसी निकट संबंधी अथवा किसी अनाथालय से किसी बच्चे को गोद लेकर अपनी मानवीय संवेदनाओं को उस पर प्रकट करें और हीनताओं से मुक्त हों। इससे जहां आप पति-पत्नी मानसिक रूप से संतुष्ट होंगे, वहीं आप एक बच्चे को नया और खुशहाल जीवन दे सकेंगे। कहने का आशय यह है कि पुत्र अथवा पुत्री होने के आधार पर एक-दूसरे से तलाक लेने की सोच पालने की अपेक्षा यह कहीं अच्छा है कि आप तलाक न लेकर अन्य कोई विकल्प स्वीकारें।

यौन संबंधी विवाद अथवा यौन संबंधी रोग तलाक के कारण बनते हैं। यदि किसी योग्य चिकित्सक से सलाह-मशविरा कर पति-पत्नी अपनी-अपनी शारीरिक कमजोरियों का इलाज करा लें, तो इससे संबंधित कई समस्याएं हो सकती हैं। इस संबंध में आप स्वयं पहल करें और एक दूसरे का विश्वास जीतें, एक दूसरे के दिल में विश्वास पैदा करें। दाम्पत्य संबंध तोड़ने के लिए नहीं, जोड़ने के लिए होते हैं। इसलिए यदि कभी इनके टूटने की नौबत आए भी, तो तुरंत संभल जाएं।

तलाक पति-पत्नी की निजी और नितांत व्यक्तिगत समस्या होती है। इस समस्या को बाहरी लोगों द्वारा हवा देने से ही यह इतनी बिगड़ जाती है कि इसका कोई ओर-छोर नहीं मिलता। माता-पिता, जेठ-जेठानी, वकील, मुंशी, हिमायती, जज, सबकी निगाहों में पति-पत्नी ही दोषी होते हैं। इनमें से कोई भी पक्ष उनकी निजी समस्याओं, भावनाओं को सुनने वाला नहीं होता, सब-के-सब यह चाहते हैं कि जीत हमारी हो। जबकि दाम्पत्य जीवन में किसी की जीत नहीं होती। वास्तव में दाम्पत्य संबंध तो पूरी तरह से स्वयं को हार कर ही मधुर बनते हैं, सरस बनते हैं।

आप भी हार के इस सिद्धांत को स्वीकारें और दाम्पत्य संबंधों के इस मोड़ पर तलाक रूपी अभिशाप से बचें। तलाक एक ऐसा अभिशाप है, जो पति-पत्नी के मधुर संबंधों को प्रतिशोधी भावनाओं से झुलसा देता है। परस्पर के विश्वास को जला देता है। उनके मन में आत्मीयता के सागर को सुखा देता है। पति-पत्नी द्वारा वर्षों मेहनत कर बनाया हुआ घोंसला नष्ट कर देता है। वास्तव में अविश्वास की इस आग को तो कोई सहृदय मित्र ही बुझा सकता है। इसलिए परस्पर पैदा हुई गलतफहमियों को तुरंत दूर करें, क्योंकि कभी-कभी बहुत मामूली-सी बात भी बवन्डर बन जाती है। यदि पति-पत्नी स्वयं अपनी समस्याओं को आपसी सूझ-बूझ से सुलझाने का प्रयत्न करें, तो न केवल इन्हें सरलता से सुलझाया जा सकता है, बल्कि परिवार को टूटने की हद तक बढ़ने से रोका जा सकता है।

कोर्ट-कचहरी में जाकर तो संबंध इतने खराब हो जाते हैं कि फिर उन्हें जोड़ना बड़ा कठिन हो जाता है। वास्तव में अदालत को सबूत चाहिए और सबूतों को इकट्ठा करने के लिए दोनों पक्ष ही सच-झूठ का इतना सहारा लेते हैं, एक-दूसरे के प्रति घृणा को चरम सीमा तक पहुंचा देते हैं और फिर संबंधों की दूरियां इतनी अधिक बढ़ जाती हैं कि पीछे अंधेरा-ही-अंधेरा नजर आता है। अलगाव के लंबे अरसे, लंबी बहसें, लंबी तारीखें और रिश्तेदारों की बातें, इन सबका परिणाम यह होता है कि दाम्पत्य संबंध बुरी तरह नष्ट हो जाते हैं और फिर जिंदगी एक बोझ बन जाती है।

वस्तुतः तलाक दाम्पत्य संबंधों पर पड़ी एक ऐसी छाया है, जो सब कुछ नष्ट कर देती है। इसलिए दाम्पत्य जीवन की सरसता के परिप्रेक्ष्य में तलाक को अभिशाप के अलावा कुछ नहीं माना जा सकता। परिवार की खुशहाली पर इस अभिशाप की छाया न पड़ने दें।

खुशहाल दाम्पत्य जीवन के लिए सदैव याद रखें

- दाम्पत्य संबंधी समस्याओं का समाधान कोर्ट-कचहरी में नहीं, स्वयं में तलाशें।
- पति-पत्नी के विवादों में पारिवारिक विवादों को घटाकर देखें।
- उलझी हुई समस्याओं का एक सिरा हमेशा अपने हाथ में रखें।
- पत्नी को अपना परम शुभचिंतक एवं मित्र मानें।
- बात-बात में क्लेश कर न स्वयं दुःखी हों, न उन्हें करें।

लेकिन ऐसा करें

- मां या किसी अन्य के सामने पत्नी की फटकार लगाने या पत्नी पर हाथ उठाने की मूर्खता न करें।
- अपनी किसी कमजोरी के लिए पत्नी को दोषी न ठहराएं।
- इस भ्रम को मन से निकाल दें कि शराब गमों को भुला देती है।
- शराब पीकर घर में न आएं।
- इस भ्रम को मन से निकाल दें कि बहू के लाए हुए दहेज से आपकी कोई समस्या हल हो सकेगी।

पति-पत्नी का संबंध सृष्टि का अनुपम संबंध है।
अधैर्य और अज्ञानता से इसे धूमिल न करें।

अध्याय-29

दाम्पत्य संबंधों में उग आए कैक्टस साफ करें

कभी-कभी दाम्पत्य जीवन में कुछ ऐसी गलतफहमियां अथवा विषम परिस्थितियां निर्मित हो जाती हैं जिससे हमारे सारे सिद्धांत और आदर्श बौने होने लगते हैं। दाम्पत्य संबंधों को विषाक्त करने वाले ये व्यवहार मुख्यतः भौतिकवादी सोच की देन हैं। प्रगतिशीलता के नाम पर दाम्पत्य जीवन में उग आए कैक्टस पति-पत्नी को ही समय रहते साफ कर देने चाहिए। थोड़ी-सी समझ और विवेक से इन्हें सरलता से साफ किया जा सकता है।

दिल्ली की वैवाहिक कौंसिलर श्रीमती डॉ. बूटा का कार्यालय हो या फिर मनोचिकित्सक डॉ. सचदेवा का चैम्बर, महिलाओं की कोई पारिवारिक पत्रिका हो या टी.वी. पर दाम्पत्य जीवन की समस्याओं का समाधान करने वाला कोई कार्यक्रम—सभी में दाम्पत्य संबंधों में उग आए कैक्टसों की चुभन अनुभव करने वाले स्त्री-पुरुष के पत्रों के ढेर लगे रहते हैं।

विशेषज्ञों की सलाह लेने वाले ऐसे पत्रों में जहां गुमराही के अंधेरों में भटकती महिलाएं अपनी आत्मग्लानि का वर्णन करती हैं, वहीं अपनी ही भ्रामक सोच के कारण दुःखी पति अपने किए पर पश्चात्ताप करते हैं और चाहते हैं कि उन्हें अब ऐसी कोई दिशा मिल जाए, जिससे वे अपने बिखरे हुए घर-संसार को फिर से जोड़ सकें। वास्तव में प्रगतिशीलता की सोच के कारण पारिवारिक विघटन की समस्या तेजी से बढ़ती जा रही है। पत्रिकाओं में छपे लेखों और टी.वी. चैनलों के कार्यक्रमों में प्रायः दाम्पत्य जीवन की अनेक समस्याओं पर विचार कर पारिवारिक जीवन में धुली हुई कड़ुवाहट तथा असामान्य यौन संबंधों पर चेतावनी दी जाती है। वैवाहिक जीवन से बुरी तरह से असंतुष्ट और तलाक लेने पर उतारू अनेक युवक-युवतियां अपनी छोटी बातों को ही इतनी बड़ी बना लेते हैं कि उनका दाम्पत्य जीवन नदी के दो किनारे बनकर रह जाता है। ऐसे ही कुछ पत्रों के अंश हम यहां दे रहे हैं। इनमें जहां दाम्पत्य जीवन में उग आए कैक्टसों का प्रभाव आपको देखने को मिलेगा, वहीं इन कैक्टसों को साफ करने के लिए विशेषज्ञों द्वारा पति-पत्नी को दिए गए सुझाव भी।

हमारे समाज में देवर-भाभी, जीजा-साली, ननदोई (ननद के पति) को साली अथवा सलहज (साले की पत्नी) के साथ शिष्ट हंसी-मजाक करने का जैसे सामाजिक अधिकार मिला हुआ है। कभी-कभी ये रिश्ते भाभी अथवा साली की सहज आत्मीयता और अपने कथित सामाजिक अधिकारों की आड़ में, शिष्टता और मर्यादाओं का उल्लंघन करने का प्रयास करते हैं। ऐसी स्थिति में बहू, भाभी अथवा साली इन व्यवहारों को छिपाती है, सहती है, तो अपनी नजरों में गिरती है और यदि इन्हें घर में कहती हैं, तो परिवार की नजरों में गिरती हैं और दाम्पत्य संबंधों में कडुवाहट आती ही है। प्रायः घर की बड़ी महिलाएं सास अथवा पति भी इस प्रकार के व्यवहारों के लिए बहू को ही दोषी मानते हैं और सारी तोहमत, अपमान बहू को ही सहने पड़ते हैं। इस प्रकार की समस्याओं में बहुधा पति की भूमिका बहुत अच्छी नहीं होती। बहू, साली अथवा भाभी को अपमान का यह घूंट अकेले ही पीना पड़ता है। इसी समस्या पर दिल्ली की श्रीमती 'क' द्वारा विशेषज्ञ को

भेजा गया पत्र कुछ इस प्रकार है–

''लगता है, मेरे दाम्पत्य जीवन में विष घोलने का कोई षड्यंत्र किया जा रहा है। मेरी इस कमजोरी का लाभ मेरे अपने ही जीजा जी उठाना चाहते हैं। पहले तो मैं उनकी ओछी हरकतों को इसलिए सहन करती रही कि इतना तो चलता है, लेकिन पिछले कुछ दिनों से पानी सिर के ऊपर होता दिखाई दे रहा है। जीजा जी की सोच है कि साली आधी घर वाली होती है। वे कई बार अपनी सीमाओं को लांघ कर मेरे साथ अशिष्ट व्यवहार और उच्छृंखलता का व्यवहार कर चुके हैं। कभी-कभी तो वे असहज हो कहते हैं कि मैंने तो तुम्हें देखकर तुम्हारी दीदी को पसंद किया। उनकी फूहड़ता का आलम यह है कि वे कभी-कभी तो बड़ी बेशर्मी से कहते हैं एक टिकट में दो मजे...। उनकी इस प्रकार की मानसिक सोच का प्रभाव अब हमारे दाम्पत्य जीवन पर भी पड़ने लगा है और मेरे पति के मन में अविश्वास के अंकुर पैदा होने लगे हैं। वे मुझे ताने मारते हैं। कभी-कभी तो हम दोनों में इस विषय पर गर्मागर्म बहस हो जाती है। दीदी भी जीजा जी के इस व्यवहार से दुःखी रहती है। जीजा जी के इस व्यवहार के कारण पूरे परिवार में एक अजीब प्रकार का खिंचाव बना रहता है। शरब पीकर जब वे अनर्गल बकते हैं, तो मेरा सिर शर्म से झुक जाता है। यदि उनकी इस प्रकार की अनुचित हरकतें सहती रहूं, तो अपने आप से विश्वासघात करती हूं। मैं अपनी दीदी से संबंध भी नहीं बिगाड़ना चाहती। समाज में हमारी बड़ी प्रतिष्ठा है, जीजा जी को कैसे राह पर लाऊं, ताकि सांप भी मर जाए और लाठी भी न टूटे...।''

साली-जीजा, देवर-भाभी, ननदोई-सलहज के इन रिश्तों के संबंध में पुरुषों को यह बात अच्छी तरह से समझ लेनी चाहिए कि इस प्रकार के रिश्तों की पवित्रता को नकारने का अर्थ है, दो नहीं तीन बसे-बसाए घरों को उजाड़ना। अवैध संबंधों के अलावा इन संबंधों को और कोई नाम दिया ही नहीं जा सकता और अवैध संबंधों का अंत कभी भी अच्छा नहीं होता।

ऐसे संबंधों और इस प्रकार की सोच रखने वालों के संबंध में विशेषज्ञों की एक ही सलाह है कि ऐसी सोच वाले व्यक्तियों को एक ही फटकार, उनके सिर से इश्क का भूत उतारने के लिए काफी है। जीजा अथवा ननदोई या फिर कभी-कभी देवर का व्यवहार भी दाम्पत्य जीवन में ग्रहण बन जाता है। अतः ऐसे पवित्र रिश्तों को बनाए रखने में कोई भी 'उदारता' न बरतें। अवसर चाहे होली का हो अथवा अन्य किसी सामाजिक परिस्थिति का, किसी भी निकट संबंधी अथवा पड़ोसी की मैली नजरों का शिकार न हों। इस प्रकार के व्यवहार सहन कर अपने दाम्पत्य जीवन

में विष न घोलें। ऐसी सभी परिस्थितियों में पति का विश्वास प्राप्त करें। इससे न केवल आप का मान सम्मान सुरक्षित रहेगा, बल्कि आप पारिवारिक प्रतिष्ठा भी प्राप्त कर सकेंगी। आशय यह है कि ऐसे संबंध आपके प्रोत्साहन के बिना स्थापित नहीं हो सकते और ऐसे संबंधों को प्रोत्साहन देकर आत्मघाती सोच न पालें।

''मैं एक मां के श्रवणकुमार की पत्नी हूं। पति हर महीने पूरा-का-पूरा वेतन मां की हथेली पर रखकर हर समय मां के सामने भीगी बिल्ली बने रहते हैं। इन्हें न खाने का शौक है, न पहनने का। मां की इच्छा के बिना कोई भी निर्णय नहीं लेते। मेरा वर्तमान और भविष्य सब कुछ मेरी सास की मुट्ठी में बंद है। मेरे पति रात को भी मां की इच्छा के बिना मेरे पास नहीं आते। मेरी कोई आशा नहीं, इच्छा नहीं, अभिलाषा नहीं। मैं बंद पिंजरे में कैद एक ऐसा पक्षी हूं, जिसे अपनी मर्जी से न रोने का अधिकर है और न हंसने का। हंसने के नाम पर याद आया कि मैं हंसना तो जानती ही नहीं...। पूरा-का-पूरा दाम्पत्य जीवन रेगिस्तान बनकर रह गया है। इस में आशा, उमंगे, उत्साह की हरियाली दूर-दूर तक दिखाई नहीं देती। मेरा नाम प्रीति है, लेकिन प्रेम जैसी कोई भी वस्तु मेरे जीवन में नहीं...।''

संयुक्त परिवारों में प्रीति जैसी महिलाओं की स्थिति कुहासे में कैद किरण जैसी होती है, जो सास के कड़े अनुशासन, छोटे-छोटे देवरों, छोटी ननदों की जिम्मेदारियों को सहती हुई दाम्पत्य जीवन की सरसता को भोग नहीं पातीं। मानसिक रूप से असंतुष्ट ऐसी महिलाओं को सोचना चाहिए कि घुटन भरी जिंदगी जीने की अपेक्षा अपनी सोच को सहज-सरल बनाएं। एक-दूसरे को कोसने की अपेक्षा अपनी यथा-स्थिति में भी छोटी-छोटी खुशियां तलाशें और इनमें अपने आपको प्रसन्न रखने की सोच पालें।

शादी, बच्चे और पारिवारिक जिम्मेदारियों तक ही अपनी जिंदगी को सीमित न रखें। वास्तव में इससे अधिक भी कुछ सोचें। यह सोचें कि आप के मन में किसी का प्यार पाने की इच्छा बलवती होती है, तो दूसरा भी आप का प्यार पाने को इच्छुक रहता है। दाम्पत्य जीवन में प्यार के इस आदान-प्रदान को समझें। जीवन संध्या तक अपने जीवन साथी से पूरी तरह से संतुष्ट बनें, तभी आपको जीवन का आनंद अनुभव होगा। अपनी जीवनशैली को एक-दूसरे की अपेक्षाओं के अनुकूल बनाएं। एक-दूसरे की भावनाओं को समझें। एक संपूर्ण व सफल दाम्पत्य की शुरुआत वहीं से होती है, जहां पति-पत्नी एक दूसरे को समझने व सहयोग लेने-देने के लिए तैयार हों। सास को हमेशा कोसने के स्थान पर उनकी भावनाओं का सम्मान कर उसके मन को जीतने का प्रयास करें, वह आप दोनों के लिए

अपना सर्वस्व देने को तैयार हो जाएगी।

दाम्पत्य जीवन की सरसता के लिए एक-दूसरे को शारीरिक और मानसिक रूप से संतुष्ट करने के प्रयास करें। जीवन में उग गए कैक्टस अपने आप ही साफ होने लगेंगे।

पारिवारिक जीवन में उगे एक दूसरे कैक्टस का उदाहरण हमारे सामने है।

''मैं इस घर की बड़ी बहू हूं। एक कंपनी में सर्विस करती हूं। अभी तक सब कुछ ठीक था, लेकिन जब से देवर का विवाह हुआ है, घर में छोटी बहू आ जाने से सब की आंखें खुल गई हैं। मां जी के व्यवहार में बहुत अंतर आ गया है। वह हमेशा छोटी बहू के गुण गाती रहती हैं। जबकि छोटी बहू का आलम यह है कि वह न तो रसोई का कोई काम करती है और न घर के कामों में हाथ बंटाती है। नखरा इतना कि···लगता है, जैसा कोई फिल्मी हीरोइन हो···सास का पक्षपात पूर्ण व्यवहार देख-देख कर मैं रात-दिन जलती-कुढ़ती रहती हूं। देवर जी भी हमेशा उसी के तलवे चाटते रहते हैं, हमारी भी शादी हुई थी, लेकिन इतनी बेशर्मी की बातें और व्यवहार...समझ में नहीं आता इस घर का क्या होगा···। मैं इस डर से कुछ नहीं बोलती कि अपने आप सब के सामने बात आ जाए, तो अच्छा है। लेकिन मैं क्या करूं...सहनशीलता की सारी सीमाएं टूटती जा रही हैं। हर समय तनावों से घिरी रहती हूं, क्या आपके सामने मेरी इस समस्या का कोई समाधान है?''

महानगरों में कामकाजी महिलाएं काम-काज के बाद मानसिक तनावों से घिरी इस आशय के साथ घर में प्रवेश करती हैं कि उन्हें घर में कुछ सकून मिलेगा, लेकिन उन्हें घर में भी पारिवारिक तनावों की बातें सहनी और सुननी पड़ती हैं। ऐसी महिलाओं को जहां रात में पति की 'मर्दानगी' का सामना करना पड़ता है, वहीं अनेक प्रकार के अन्य मानसिक तनावों में रात गुजारनी पड़ती है। ऐसी महिलाओं को एक नहीं अनेक मानसिक दबावों को सहना पड़ता है।

''मैं उनसे ज्यादा पढ़ी-लिखी हूं, ज्यादा कमाती हूं, ज्यादा मेहनत करती हूं, फिर भी जब देखो, तब परिवार के सभी सदस्यों के मुंह फूले रहते हैं। जबकि इनका कोई स्टैन्डर्ड नहीं, कोई सोसायटी नहीं, न खाना जानते हैं, न पहनना। अगर मैं किसी तरह की पहल करती हूं, तो मुझे अपमानित किया जाता है। दाम्पत्य जीवन की सरसता और मधुरता लाने के मेरे सारे प्रयास···किताबी बातें बन कर रह गए हैं। बाहर किसी के यहां आना-जाना इन्हें पसंद नहीं। 'बर्थ डे पार्टी' मनाना ये फिजूलखर्ची समझते हैं। न कहीं जाते हैं, न किसी को बुलाते हैं··· ! बड़ी नीरस

और बोरियत भरी है मेरी जिंदगी···बिल्कुल ठंडी सपाट और अकेली···।''

कामकाजी महिलाएं ही नहीं, सामान्य गृहिणियां भी कभी रिश्तेदारों की मदद को लेकर कभी आधी-अधूरी अपेक्षाओं को लेकर या फिर अन्य ऐसे ही विषयों को लेकर पति-पत्नी में नोक-झोंक होती ही रहती है। ऐसी छोटी-छोटी बातें भले ही देखने-सुनने में 'खास बात नहीं है' हों, लेकिन दाम्पत्य-जीवन में इनकी चुभन आंख में पड़ी किरकिरी बन जाती है और दाम्पत्य-जीवन को प्रभावित करती है। पति-पत्नी में बातचीत बंद होने की स्थिति बनी रहती है। वे दोनों ही कई-कई दिनों तक आपस में 'हंस-बोल' भी नहीं पाते। पास आने को भी तरस जाते हैं। कई-कई रातें करवटें बदलते-बदलते बीत जाती हैं। जबकि दाम्पत्य जीवन का एक आदर्श यह भी है कि पति-पत्नी में आपस का यह अनबोलापन चौबीस घंटे से अधिक का नहीं होना चाहिए।

विवाहपूर्ण के यौन संबंधों के कारण पति-पत्नी जिस अपराध बोध से ग्रस्त होकर एक-दूसरे से नहीं जुड़ पाते, उससे संबंधित अनेक समस्याएं विशेषज्ञों के पास विचारार्थ आती हैं। इन समस्याओं के समाधान विशेषज्ञों के पास उतने कारगर नहीं होते जितने कि स्वयं पति-पत्नी की सोच में होते हैं। विवाह पूर्व यौन संबंधों के कारण जहां पति-पत्नी मानसिक रूप से तनावग्रस्त रहते हैं, वहीं उनकी ये उलझनें अनेक यौन बीमारियों से भी संबंधित होती हैं। ऐसा ही एक पत्र देखिए, जो इस प्रकार का है–

''विवाह पूर्ण यौन संबंधों के कारण मैं कुंआरी मां बन गई थी। मेरे सामने गर्भपात कराने के सिवाय और कोई विकल्प ही न था। मुझे उसी समय बता दिया गया था कि मुझे मेरी करनी का फल भोगना पड़ेगा और मैं जीवन भर मां न बन सकूंगी। मैं जीवन की अपनी सच्चाई को अपने पति से छिपाए हुए हूं। मन का अपराध भाव अब मेरे सिर चढ़कर बोल रहा है। मेरे सामने एक ही रास्ता है और वह है आत्महत्या···सिर्फ आत्महत्या...। क्या मेरे लिए आपके पास कोई समाधान है... सिर्फ आपके पत्र के इंतजार तक जिंदा रहूंगी···।''

विवाह पूर्ण यौन संबंधों की सच्चाई दाम्पत्य जीवन की सच्चाइयों के सामने छिप नहीं सकती। इन संबंधों को झुठलाकर अथवा झुठलाने की सोच ही दाम्पत्य जीवन की सरसता को बनाए रख सकती है। अतः आप विवाह पूर्व के यौन संबंधों के कारण अपने जीवन को दांव पर लगाने की मूर्खता न करें। विवाह पूर्व यौन संबंधों का सीधा अर्थ यह होता है कि आप जानबूझ कर अपने जीवन से खिलवाड़ कर रही हैं। जानबूझकर आग से खेल रही हैं। अतः दाम्पत्य जीवन में उग आए इन

कैक्टसों को स्वयं ही साफ करें। दाम्पत्य जीवन में इस प्रकार के कैक्टस न उगने दें। जाने-अनजाने में अथवा अन्य किन्हीं विषम परिस्थितियों के कारण कुछ ऐसे कैक्टस उग आए हैं, तो ऐसे में आप स्वयं ही इन्हें साफ करें। इनकी जड़ें काटें।

इस विषय में इस सत्य को स्वीकारें कि पति-पत्नी एक-दूसरे के प्रति मानसिक रूप से बड़े उदार होते हैं। एक-दो बार तो पति अथवा पत्नी छोटी-मोटी गलतियों को केवल इसलिए सह जाते हैं अथवा अनदेखा कर जाते हैं कि अनजाने अथवा भोलेपन में ऐसा कुछ हो गया होगा, लेकिन उनकी सोच, उनका विश्वास और उनकी सहनशक्ति तब जवाब देने लगती है, जब पति अथवा पत्नी बार-बार कहने के बाद भी आशाओं और अपेक्षाओं के विपरीत व्यवहार करते हैं। ऐसे व्यवहार ही दाम्पत्य-जीवन के कैक्टस बनकर एक-दूसरे के दिल में चुभन पैदा करते हैं।

हमारा संपूर्ण दाम्पत्य जीवन, सारे व्यवहार, सारी अपेक्षाएं परस्पर विश्वास पर आधारित हैं। अतः इस विश्वास को कहीं भी कमजोर न पड़ने दें। आपकी सारी समस्याओं का एक मात्र समाधान विश्वासपूर्ण समर्पण है। इस विश्वास को इतना पारदर्शी बनाएं कि पति-पत्नी एक दूसरे के दिल में समा जाएं, बिल्कुल उसी प्रकार से जैसे गुलाब में सुगंध। यह सुगंध ही एक दूसरे के होंठों की मिठास बन एक दूसरे की चाहत बन जाए। अतः दाम्पत्य जीवन में उग आए कैक्टस को नष्ट करने के लिए सदैव ध्यान रखें–

- अपनी जीवनशैली को पति की अपेक्षाओं के अनुरूप बनाएं।
- पति अथवा पत्नी को तन की सुंदरता से नहीं, मन की सुंदरता से परखें।
- शादी के बाद ही प्यार करें, पहले नहीं।
- शादी के बाद एक-दूसरे के प्रति समर्पित भाव से जुड़ें।
- युवा बच्चों को उनके कैरियर के प्रति प्रेरित करते रहें।
- अपने शयन-कक्ष को अपना प्राइवेट कक्ष बनाएं और इसे सुरुचि पूर्ण ढंग से सजाएं। वास्तव में यह दाम्पत्य-जीवन का मंदिर है।

ऐसा बिल्कुल न करें

- एक-दूसरे की कमाई को बहस का मुद्दा न बनाएं।
- पत्नी के किए हुए खर्चों को फिजूल खर्ची न मानें।
- पति अथवा पत्नी को बेवकूफ न मानें, न ही एक दूसरे पर इस प्रकार का आरोप लगाएं।

- "तुमने मेरे नाक में दम कर दिया है।"
  "न घर में चैन है, न दफ्तर में... ।"
- "तुम्हें बीवी नहीं औरत चाहिए··· ।"
  जैसी कर्कश बातें मुंह पर न लाएं।
- पति को हर समस्या का हल करने वाला जादुई चिराग न समझें।

इस परिभाषा को बदल दें कि घर घरवाली का होता है, इसे यूं कहिए कि घर पति-पत्नी का होता है।

अध्याय 30

दाम्पत्य संबंधों पर पैसे का प्रभाव

मध्यवर्गीय परिवारों में पत्नी 'गृह' और 'वित्त' दोनों ही महत्त्वपूर्ण विभागों की जिम्मेदारी संभाल लेती है। यदि पति-पत्नी की सोच एक जैसी होती है, तो इन विभागों में समन्वय बना रहता है, कहीं पर भी किसी को कोई परेशानी नहीं होती। इस मामले में जहां भी 'तेरा-मेरा' की स्थिति उत्पन्न होती है, वहां पैसे के कारण ही दाम्पत्य संबंधों में बिखराव आने लगता है।

अकसर पति अपर्याप्त कमाई का रोना रोते हुए यही कहते हैं कि कमाता तो बहुत कुछ हूं, पर कमाई न जाने कहां जाती है और फिर जहां कहीं भी दो-चार मित्र मिल बैठते हैं, तो पत्नियों की फिजूलखर्ची का रोना रोने लगते हैं। घरों में भी सुबह-सुबह 'घर खर्च' लेने-देने के मामले में पति-पत्नी में खींच-तान और नोक-झोंक होती ही रहती है। जहां पति-पत्नी दोनों कमाते हैं, वहां भी स्थिति थोड़े बहुत परिवर्तनों के साथ ऐसी ही बनी रहती है। बड़े परिवार में तो जैसे आर्थिक संकट हमेशा बने ही रहते हैं। सच तो यह है कि आर्थिक विवादों के कारण पति-पत्नी के मध्य दूरियां बढ़ती हैं, ऐसे में यदि पति-पत्नी समझदारी से काम नहीं लेते, तो शीघ्र ही संबंध बिगड़ने लगते हैं।

पता नहीं पड़ोस के शर्मा जी का मूड उस दिन खराब था या मैं ही गलत समय पर वहां पहुंचा था, शर्मा जी मेरी उपस्थिति की परवाह न करते हुए पत्नी पर बरस रहे थे – 'बीवी हो, बीवी की तरह रहा करो, अफसर बनने की कोशिश मत किया करो। कमाती हो तो मुझ पर अहसान नहीं करती हो। अपनी कमाई को अपने पास ही तो रखती हो, तुम अपनी कमाई से अपने ही शौक पूरे कर लो यही बहुत है। मुझे मूर्ख मत समझो, मैं अच्छी तरह जानता हूं कि तुम अपनी कमाई का क्या करती हो। मुझे आंखें दिखाने की कोशिश मत करना।'

पत्नी सुजाता ने भी जैसे मेरा समर्थन चाहने के लिए उसी तेवर में बात की, 'देख लीजिए भाई साहब! इनके लिए चाहे कितना ही करो, कोई अहसान नहीं, इनकी बला से। जब देखो तेवर चढ़े ही रहते हैं। रोज सुबह-ही-सुबह यह महाभारत लेकर बैठ जाते हैं। कहते हैं कि मैं पूरी-की-पूरी सैलरी मायके भेज देती हूं या फिर अपने बैंक अकाउन्ट में जमा कर आती हूं, फिजूलखर्ची करती हूं, रुपये उड़ाती हूं। जब देखो, तब मुझे 'उजाड़ू' कह कर अपमानित करते हैं। बात-बात में मुझे तंग करते रहते हैं। मैं तो तंग आ गई हूं इनकी रोज-रोज की चिक-चिक से। नफरत हो गई है मुझे रुपयों से और इनकी ऐसी जली-कटी बातों से।

यह किसी एक सुजाता, सरिता, शिल्पा, श्वेता की समस्या नहीं, बल्कि महानगरीय सामाजिक जीवन में जहां पैसे, फैशन और ग्लैमर-भरी जिन्दगी को सच समझा जाता है, वहां पति-पत्नी में अनेक प्रकार के आर्थिक विवादों का सामना एक दूसरे को करना पड़ता है। इन आर्थिक विवादों के कारण कई बार तो पत्नी को इतनी मानसिक हीनता सहनी पड़ती है कि वह इन मानसिक द्वंद्वों का सामना नहीं कर पाती और मन में हीनता पाले जीवन निर्वाह करने लगती है। ऐसी परिस्थिति में उनका उद्देश्य 'गुजर-बसर' करना भर होता है।

कामकाजी महिलाओं के सामने तो स्थिति कभी-कभी और भी विचित्र आ जाती है। इस प्रकार की महिलाएं यदि किसी के मन की बातों को पूरा नहीं पातीं, तो उन्हें पति की ही नहीं बल्कि घर में मां जी, ससुर, जेठ, जिठानी यहां तक कि कभी-कभी तो देवर की जली-कटी भी सुनने को मिलती है। भाभी का क्या है? अपना कमाती हैं, अपना खाती-उड़ाती हैं, भैया की क्या मजाल कि भाभी के सामने आंख उठाकर बात भी कर सकें, दुधारू गाय की दो लातें तो सहनी ही पड़ती हैं, भाभी चाहे जितना उड़ाएं खाएं उन्हें रोकने वाला कौन है?

अनुमान लगाइए कि ऐसे ताने सुनने-सुनाने के बाद परिवार में सुख की कल्पना कैसे की जा सकती है?

मानसिक सोच

एक सामाजिक अनुमान के अनुसार आज की युवा पीढ़ी यह तो चाहती है कि उसकी पत्नी प्रगतिशील सोच वाली, सुंदर, पढ़ी-लिखी कामकाजी लड़की हो, कमाती हो ताकि वह पति के साथ कंधे से कंधा मिलाकर परिवार की जिम्मेदारियों को निभाने में उसकी बराबर की सहयोगी बन सके, लेकिन जहां पत्नी की आर्थिक अपेक्षाओं की बात आती है, वहीं परिवार के लोग यहां तक कि पति भी पत्नी से पूरा-पूरा हिसाब लेते हैं। सब की नजर उसकी सैलरी पर तो रहती है, लेकिन उसकी आर्थिक अपेक्षाओं की कोई चिन्ता नहीं करता। यहां तक कि कई महिलाओं को तो जेब खर्च भी नहीं मिलता और यदि मिलता भी है, तो उसका भी हिसाब लिया जाता है।

कुछ लड़कियों अथवा महिलाओं का कुछ भी खर्च करना पति अथवा मां जी को इतना अधिक अखरता है कि वह उसके इस खर्च को उड़ाना-खाना कह कर कोसती हैं। कभी-कभी तो मामला इतना गंभीर हो जाता है कि पति अथवा मां जी सारी मर्यादाएं तोड़कर मन की भंडास निकालती हुई कह ही उठती हैं – 'सारा पैसा तो मां के पास जमा कर आती है, अपने नाम का अलग लाकर ले रखा है महारानी ने ... इसका ब्यूटी पार्लर का ही इतना खर्चा है कि तनख्वाह में से कुछ बच ही नहीं पाता।'

आशय यह है कि परिवार अथवा पति-पत्नी में अर्थ को लेकर उपजे इस प्रकार के अविश्वास दाम्पत्य जीवन पर भारी पड़ते हैं। इसलिए आर्थिक अविश्वास की इन दीवारों को अपने स्तर पर कहीं भी खड़ी न होने दें। पति-पत्नी यह प्रयास करें कि आर्थिक मुद्दों को लेकर इस प्रकार के अविश्वास पैदा न हों, ताकि पति-पत्नी को अपमान की इन किरचों को सहना पड़े।

विश्वास के दायरे

अकसर महिलाएं पति से छुपाकर कुछ पैसा बचा लेती हैं, बचाकर अपने पास 'प्राइवेट मनी' के रूप में घर में रखती हैं। वे अपनी इस बचत का उपयोग घर-गृहस्थी की छोटी-बड़ी वस्तुएं खरीदने में करती रहती हैं, या फिर आड़े समय में अपनी इस बचत को पति को दे देती हैं। बचत की यह आदत लड़कियों को मां-बाप के घर से ही विरासत के रूप में मिलती है। लेकिन दाम्पत्य जीवन में पति से छुपाकर पैसे जोड़ने का यह व्यवहार कभी-कभी उनके मन में कुछ भ्रामक धारणाएं भी पैदा कर सकता है, इसलिए इस विषय में पति अथवा सास की मानसिकता का अध्ययन किए बिना कुछ 'जोड़ने' की सोच मन में न लाएं। इस विषय में मेरे ही एक अत्यंत निकट संबंधी ने अपने दर्द को इस प्रकार से प्रकट किया –

'मैं पूरे मनोयोग से घर की सारी आवश्यकताओं, सबकी अपेक्षाओं को पूरा करता हूं, फिर भी मेरा ही पैसा मुझसे छुपाकर क्यों रखती है, मुझे उसकी इस प्रकार की बचत फूटी आंख भी नहीं सुहाती।'

जब पति-पत्नी में वैचारिक मतभेद हो अथवा सोच में भिन्नता हो, तब पत्नी का अच्छा व्यवहार भी बुरा लगता है। इस विषय में सच यह है कि यदि पत्नी घर के खर्चों में से कुछ कटौती कर कुछ रुपया बचा लेती है, तो इस प्रकार की बचत को वह उन मुद्‍दों पर खर्च करती है, जो उसकी पारिवारिक प्रतिष्ठा को बढ़ाने वाले होते हैं। सामाजिक जीवन के ऐसे अवसरों को पति उतनी गंभीरता से नहीं लेते, इसलिए ऐसे अवसरों पर पत्नी की बचाई हुई यह रकम ही परिवार की इज्जत बढ़ाती है, बचाती है। इसलिए पति को चाहिए कि वह पत्नी द्वारा छुपाकर की गई इस बचत को अन्यथा न लें, न ही इस विषय में मन में अविश्वास अथवा भ्रामक धारणाएं पनपने दें। इस सत्य को खुले दिल से स्वीकारें कि पत्नी द्वारा पति से 'हथियाया' गया घर-खर्च, जिसे पत्नी 'अंडरग्राउन्ड' कर दाल के डिब्बे या सिरहाने के नीचे बचाकर रखती है, अंत में परिवार के ही काम आता है। अप्रत्यक्ष रूप से पति के ही काम आता है। ठीक उसी प्रकार से जैसे खोदे गए कुएं की मिट्‍टी कुएं पर ही लग जाती है।

सुघड़ता का परिचय दें

पत्नी के 'गृह लक्ष्मी' अधिकार को चुनौती न दें और आर्थिक मामलों में उस पर पूरा विश्वास प्रकट करें। इस प्रकार से व्यक्त किया गया विश्वास परिवार की आर्थिक

अपेक्षाओं को पूरा करेगा। घर में आय चाहे कम हो अथवा अधिक, पत्नी की सुघड़ता इसमें है कि वह सीमित आय में ही परिवार को चलाए। यदि परिवार में पर्याप्त आय आती है अथवा पति-पत्नी दोनों ही कामकाजी हैं, परिवार छोटा है, तो अपनी बचत को संयुक्त नाम से खाता खोलकर 'दोनों में कोई भी' के नाम से बैंक से लेन-देन करे। 'आइदर आर सरवाइवल' के नाम से खोला गया बैंक खाता पति-पत्नी के विश्वास को बढ़ाता है। भविष्य में होने वाले विवादों को भी नहीं पनपने देता। पति-पत्नी के अहं की संतुष्टि भी होती है। पति अथवा पत्नी को एक-दूसरे के सामने हाथ पसारने की भी आवश्यकता नहीं रहती।

परिवार के बड़े खर्चों पर परस्पर मिल-बैठकर विचार-विमर्श करें और एक-दूसरे को विश्वास में लेकर ही अंतिम निर्णय करें। घर में आयोजित होने वाली पार्टियों, पर्यटन पर जाने का कार्यक्रम, मेहमानों को घर बुलाना, बहन-बेटी को दिए जाने वाले उपहार, पारिवारिक जिम्मेदारी के अन्य व्यवहार आदि ऐसे खर्चे हैं, जिन पर समय-समय पर मिल-बैठकर बातचीत करते रहें। विवाह-शादी पर जाना, कपड़ों आदि पर होने वाले खर्च आदि पर दोनों मिलकर बड़े उत्साह से किसी एक निष्कर्ष पर पहुंचें। इसी प्रकार से बीमारी का इलाज आदि कुछ ऐसे व्यय हैं, जिन्हें मिल कर करें।

पति-पत्नी नौकरी इसलिए करते हैं कि वे परिवार की आर्थिक अपेक्षाओं को पूरा कर सकें। पत्नी पति की कमाई को इतनी सुघड़ता से खर्च करती है कि वह समाज में घर की प्रतिष्ठा बना सके।

कुछ इस प्रकार की आर्थिक अपेक्षाएं जहां पति-पत्नी को जोड़ती हैं, वहीं पारिवारिक सुख-समृद्धि में भी सहायक बनती हैं। इसलिए पति अथवा पत्नी को अपनी कमाई पर इतराने की अपेक्षा उसके संतुलित और विवेक पूर्ण इस्तेमाल पर ही ध्यान रखना चाहिए। परिवार में होने वाले खर्चों पर ध्यान रखना चाहिए।

एक बात और ध्यान रखें कि धन अनेक बुराइयों की जड़ है। जहां यह पति-पत्नी में परस्पर स्नेह, लगाव और प्यार का कारण बनता है, वहीं इस धन के कारण पति-पत्नी एक-दूसरे के दुश्मन बन जाते हैं। एक-दूसरे की घृणा, तिरस्कार का कारण बन जाते हैं। इसलिए अपने धन का उपयोग उत्तम कार्यों के लिए करें। दाम्पत्य जीवन में धन के कारण विवाद न हो, इसके लिए आवश्यक है कि नौकरी, प्रभाव, सुंदरता, संपन्नता को उच्चता का पर्याय न समझें। परिवार की प्रगति और खुशहाली के लिए अपनी संपन्नता और प्रभाव का उपयोग करें। आर्थिक विवाद तो तनाव और बिखराव के सिवाय कुछ न देंगे।

दाम्पत्य जीवन में पैसा आड़े न आए, इसके लिए ध्यान रखें

- पति-पत्नी अपनी आर्थिक अपेक्षाएं जानें और इनके अनुरूप ही खर्च करें।
- आमदनी अठन्नी और खर्चा रुपया कर जग-हंसाई की पात्र न बनें।
- परिवार के सभी सदस्यों की आर्थिक आवश्यकताओं को मान्यता और प्रतिष्ठा दें।
- भविष्य के लिए बचत करें। इसकी जानकारी पति-पत्नी दोनों को हो।
- अपनी आर्थिक संपन्नता के प्रदर्शन के लिए फिजूलखर्ची न करें।
- घर आए मेहमानों पर अपना प्रभाव जमाने के लिए शराब न परोसें।

भूल कर भी न करें

- उधार लेकर अपनी आवश्यकताओं की पूर्ति न करें। यह मानसिक तनावों का बड़ा कारण है।
- पत्नी, बच्चों को तंग रख कर अपनी मौज-मस्ती पर खर्च बिलकुल न करें। यह पारिवारिक बिखराव का कारण बन सकता है।
- पत्नी पर फिजूलखर्च होने का आरोप न लगाएं। सामान्यतः पुरुष महिलाओं की अपेक्षा अधिक फिजूलखर्च होते हैं।
- कामकाजी पत्नी के कुछ खर्चों को 'इग्नोर' करें, उससे ऐसे खर्चों का हिसाब न मांगें।
- पत्नी की कमाई को खुले दिल से स्वीकारें, लेकिन उस पर आंखें न गड़ाएं।

अध्याय 31

दाम्पत्य संबंधों में मधुरता के 31 टिप्स

दाम्पत्य जीवन में स्थायी मधुरता लाने के लिए हर स्तर पर व्यावहारिक सोच अपनाएं। मधुर दाम्पत्य संबंधों के लिए दैनिक जीवन में पति-पत्नी को ध्यान में रखने के लिए यहां 31 टिप्स दिए गए हैं, जिन्हें अपना कर आप अपने पारिवारिक जीवन में सरसता के नए स्रोत पैदा कर सकती हैं।

1. परिवार के किसी भी सदस्य को अपना प्रतिद्वंद्वी न मानें। इन्हें सहयोग व सम्मान देकर ही आप उनसे सम्मान की अपेक्षा कर सकती हैं। उदाहरण के लिए पति को ही लें। आपका पति पहले किसी का पुत्र, भाई, चाचा, मामा है। आप परिवार के सदस्यों को उनके इस अधिकार से वंचित करने की सोच मन में न लाएं। इस विषय में आपकी दुराग्रही सोच ही घर में तूफान खड़ा कर सकती है, जबकि थोड़ा-सा विवेक ही आपको सबका बना सकता है। इस विषय में एक ही आदर्श अपनाएं 'सास की अधीनता स्वीकारें। जब आप सास बनें, तो इसी अधीनता को बहू को स्वाधीनता के रूप में उपहार दें। आपके दाम्पत्य-जीवन में कभी भी तनाव अथवा टकराव की स्थिति पैदा नहीं होगी।
2. अपनी हमउम्र ननद, जेठानी, बहन, भाभी को अपनी अंतरंग सहेली बनाएं, उसे अपना शुभचिंतक समझें। ऐसे रिश्तों को हमेशा शिष्टता, शालीनता और पवित्रता का आधार दें।
3. घर में आने वाले पुरुषों-महिलाओं को सदैव सम्मानजनक संबोधन दें। उन से बातें करते समय आंखें नीचे, आंचल संभालकर बात करें। समय व्यतीत करने के लिए दूसरे की निंदा करने और अपनी प्रशंसा करने के लिए अनावश्यक बहस न करें।
4. देवर, जीजा, ननदोई अथवा ऐसे ही अन्य मुंहबोले रिश्तेदारों की किसी भी प्रकार की अनुचित इच्छाएं, व्यवहारों को अपने स्तर पर कोई मान्यता अथवा प्रतिष्ठा न दें, न ही इन्हें सहन करें। इस प्रकार अनुचित संबंध पारिवारिक जीवन की गरिमा को कलुषित करते हैं।
5. अपनी आर्थिक आवश्यकताएं मांग कर पूरी न करें। आर्थिक अभावों का रोना रोकर आप न केवल अपनी हीनता प्रदर्शित करती हैं, बल्कि अपनी पारिवारिक प्रतिष्ठा भी दांव पर लगाती हैं। आर्थिक तंगी के कारण किसी भी प्रकार के अनुचित समझौते किसी भी स्तर पर न करें। वह चाहे बच्चों के शादी ब्याह के हों अथवा अन्य किसी पक्ष के। पत्नी को पर्याप्त जेब खर्च दें और इस जेब खर्च का कभी हिसाब न पूछें। वास्तव में यह एक प्रकार की 'आपात कालीन राशि' होती है, जो पत्नी की सुघड़ता को बढ़ाती है। दाम्पत्य-जीवन को संकट से बचाती-उबारती है।
6. विवाह पूर्व के संबंधों को विवाह बाद जारी रखने की मूर्खता न करें। ऐसे संबंधों की खिड़कियां पक्की कीलों से हमेशा के लिए बंद कर दें। यहां तक

कि अगर कभी जाने-अनजाने इन संबंधों का कोई पृष्ठ खुल भी जाए, तो बिना पढ़े ही उलट जाएं, भूल जाएं।

7. कामकाजी जीवन में संपर्क में आने वाले प्रत्येक पुरुष से एक मर्यादित दूरी बनाकर रखें। यह दूरी जहां आपको सामाजिक सुरक्षा और संरक्षण प्रदान करेगी, वहीं आपकी मान-प्रतिष्ठा भी सुरक्षित रहेगी और आप कहीं भी विवाद, चर्चा अथवा निंदा की पात्र नहीं बनेंगी। संस्थान में सबकी विश्वास-पात्र बनेंगी।

8. पड़ोसी महिलाओं, पुरुषों से शिष्टता और शालीनता के संबंध बनाए रखें। उन्हें यथेष्ट मान-सम्मान देकर उनसे आशीर्वाद प्राप्त करें। उनके ये आशीर्वाद जहां आपको मानसिक रूप से संतुष्ट करेंगे, वहीं ये फलीभूत भी होंगे। इनसे आपकी सामाजिक-प्रतिष्ठा बढ़ेगी।

9. वर्ष में एक-दो बार परिवार के सभी सदस्यों का विश्वास प्राप्त कर घर में सामाजिक अथवा पारिवारिक आयोजन अवश्य करें। वह चाहे बच्चे का 'बर्थ डे' हो अथवा अन्य कोई अवसर। इस प्रकार के आयोजन में उन शुभ-चिंतक मित्रों, रिश्तेदारों को अवश्य बुलाएं, जिनसे आपके पारिवारिक संबंध हैं अथवा जो आपके पारिवारिक संबंधों को समृद्ध बनाते हैं। ऐसे अवसरों पर परिवार के उन सभी सदस्यों को भी याद करें, जो आपसे दूर हैं लेकिन आपके दिल में पास रहते हैं। यदि आप को ऐसे लोगों के आमंत्रण प्राप्त होते हैं, तो आप भी उन्हें पत्र लिखकर इस प्रकार के आमंत्रण के लिए धन्यवाद दें। आशय यह है कि अपने सामाजिक क्षेत्र का दायरा कम न होने दें।

10. अपने कार्यों, व्यवहारों और मधुरवाणी से ससुराल और मायके में स्नेह सेतु बनें। किसी भी हालत में इन संबंधों को अपेक्षाओं के अंधेरे में न खोने दें।

11. पति-पत्नी हमेशा एक-दूसरे को मन की आंखों से पढ़ें।

12. मां ने बेटे को जन्म दिया है, पाला है, उसकी हर सुख-सुविधा का ध्यान रखकर आपके पति होने योग्य बनाया है, अतः बेटे पर मां का अधिकार और मां के प्रति बेटे का झुकाव बहुत स्वाभाविक है। आप भी अपने पति की मां को सास न मानकर मां की तरह ही सम्मान दें। बहू का दर्जा आपको स्वयं ही प्राप्त हो जाएगा।

13. छोटी-छोटी बातों पर नाराज न हों और नाराज होकर मायके जाने की भूल

तो बिल्कुल न करें। इस व्यवहार से आप पति और ससुराल वालों की नजर में गिर सकती हैं।

14. परिवार के सदस्यों के प्रति पति के दायित्वों को समझें और उन्हें महत्त्व दें। यदि आप पति की सहधर्मिणी का दायित्व निभाएंगी, तो स्वयं ही उनके प्रेम का केंद्र बन जाएंगी।
15. दाम्पत्य जीवन को नीरस और उबाऊ न बनाएं। दिनचर्या में मनोरंजन को भी पर्याप्त स्थान दें। आस-पास ही सही, पति के साथ घूमने अवश्य जाएं। इससे प्रेम और अंतरंगता में वृद्धि होगी।
16. अपने परिवार वालों की मदद के लिए पति पर अनावश्यक दबाव न डालें।
17. आपका प्रेम दिन भर तनावपूर्ण भागदौड़ करके लौटे पति के लिए संजीवनी है, इसमें कोताही न करें।
18. आप (पति) को चाहिए कि पत्नी को सदैव बराबर का सम्मान दें। उनकी सलाह को ध्यानपूर्वक सुनें और उचित सुझावों को अवश्य मानें।
19. पत्नी दिन भर घर की चारदीवारी में रहती है। उसकी स्थिति को समझें तथा ऊब से बचाने के लिए मनोरंजन के उचित अवसर जुटाएं।
20. छोटी-छोटी भेंट दाम्पत्य जीवन को प्रेम में सराबोर कर देती है। प्रेम के आदान- प्रदान में कंजूसी न करें।
21. बच्चों के भविष्य को प्राथमिकता के आधार पर महत्त्व दें।
22. पत्नी के संबंधियों के प्रति आपकी सहृदयता पत्नी के मन को जीत लेगी। अतः उनकी उपेक्षा न करें।
23. पत्नी पर व्यर्थ शक-संदेह न करें। उसे स्वतः निर्णय लेने का अवसर दें। विश्वास करें कि पत्नी आपकी प्रतिष्ठा को आंच नहीं आने देगी।
24. कार्य के तनावों को घर के दरवाजे के बाहर ही छोड़ दें। बाहर के तनाव घर में न ले जाएं।
25. पत्नी की मानसिक स्थिति और शारीरिक स्वास्थ्य का पूरा-पूरा ध्यान रखें। उसकी कमजोरी दाम्पत्य के प्रति अरुचि का कारण हो सकती है। अतः पत्नी की शारीरिक कमजोरी को दूर करें।
26. नशे और जुए की बुरी आदत या फिजूल खर्ची पारिवारिक तनाव का मुख्य कारण बन जाती है।

27. पूरी पड़ताल के बाद ही मित्र बनाएं और मित्रों को भी पूरी पड़ताल के बाद ही घर में प्रवेश दें।

28. पत्नी यदि कामकाजी महिला है, तो उसकी परेशानी को समझें और अपनी परेशानी की तरह ही उसे पूरी तरजीह दें।

29. नोक-झोंक परिवार में स्वाभाविक है, किंतु मन में इसकी जड़ें न जमने दें।

30. आप यदि चरित्रवान् पत्नी चाहते हैं, तो आपको भी चरित्रवान् पति बनना चाहिए।

31. आपसी प्रेम, विश्वास, सहयोग और सम्मान सुखद दाम्पत्य-जीवन के चार स्तंभ हैं।

अंत में इतना कहना ही पर्याप्त होगा कि पति-पत्नी एक-दूसरे के लिए होते हैं, इनमें किसी तीसरे का हस्तक्षेप हर हालत में दाम्पत्य संबंधों में चुभन पैदा करता है। अतः इन टिप्स को गुरुमंत्र के रूप में स्वीकारें और इनका पालन करके दाम्पत्य जीवन को सुख और आनंद से भर लें।

❑❑❑

बच्चों की प्रतिभा कैसे उभारें

लेखक: चुन्नीलाल सलूजा

टाइप: पेपरबैक

भाषा: हिन्दी

पृष्ठ: 192

प्रकाशक: वी एण्ड एस पब्लिशर्स

बैजू बावरा का नाम आज कौन नहीं जानता? वह विधवा मां के आंचल में ही पलें-बढ़े। देवयोग से मां-बेटे को एक महान गुरु के दर्शन हो गए। उनकी दिव्य दृष्टि में बैजू की प्रतिभा समा गई और उनके विद्यावान से एक दिन वह इतने बड़े गायक बने कि पारखी उन्हे संगीत सम्राट तानसेन का प्रतिद्वन्द्वी मानने लगे।

- क्या आप भी इसी तरह बच्चों को प्रतिभा सम्पन्न बनाने के लिए जागरूक हैं?
- क्या आप जानना चाहते हैं कि बच्चों को सफल और बुद्धिमान कैसे बनाया जा सकता है?
- क्या आप उन्हें शिक्षा, खेल तथा अन्य क्षेत्रों में निरंतर हिस्सेदारी दिला रहे हैं?
- क्या आप उनके अंदर छिपी हुई क्षमताओं को खोज निकालने में सफल हो पाए हैं?
- क्या आप उनमें चुस्ती, स्फूर्ति, बुद्धिमानी, सच्चरित्रता, शिष्टाचार, व्यवहार कुशलता एवं संवेदनशीलता आदि गुण उभारना चाहते हैं?
- क्या आप अपने बच्चों को सबसे अलग, सबसे ऊंचा, सबसे स्वस्थ और सुंदर देखना चाहते हैं?

तो बच्चों के आकर्षक भविष्य के निर्माण के आपके सपने साकार करने में यह पुस्तक आपको बहुत कुछ दे सकती है।

खुशहाल जीवन जीने के व्यावहारिक उपाय

लेखक: चुन्नीलाल सलूजा

टाइप: पेपरबैक

भाषा: हिन्दी

पृष्ठ: 128

प्रकाशक: वी एण्ड एस पब्लिशर्स

अब जमाना बदल गया है। उसी हिसाब से व्यक्ति की सोच-समझ, उसका रहन-सहन, आचार-व्यवहार और परस्पर संबंधों की गरिमा तथा मिठास भी बदल गई है। अब सब कुछ अधिक व्यावहारिक हो गया है। व्यक्ति की जागरूकता व आकांक्षाएं पहले से बढ़ गई हैं। इसी तरह आज के जीवन की आपाधापी, होड़, तनाव, हताशा और बेगानेपन ने व्यक्ति को जिस तरह परेशानी में डाल रखा है, उसके लिए खुशहाल जीवन जीने का मार्ग प्रशस्त करती है- यह पुस्तक।

आपके लिए यह महत्त्वपूर्ण पुस्तक लिखी है जाने माने लेखक चुन्नीलाल सलूजा ने। इसमें 21 अध्याय हैं और यह तय है कि हर अध्याय आपके जीवन में नए-नए रंग भरेगा, जैसे ✦ परिवार से जुड़ना सीखें ✦ अप्रिय प्रसंगों व हादसों को भूलें ✦ गलतियां फिर न दोहराएं ✦ परिचय का दायरा बढ़ाएं ✦ अपनी सोच को व्यापक बनाएं ✦ खुश रहें, खुशियां बांटें ✦ व्यक्तित्व को आकर्षक बनाएं ✦ दिल खोल कर हंसें ✦ दाम्पत्य-जीवन को सरस बनाएं ✦ अति भावुकता से बचें ✦ हमेशा कुछ नया करें ✦ सकारात्मक सोचना सीखें ✦ सदा सत्य का साथ दें ✦ सफलता के लिए श्रम करें और इन सब उपायों पर अमल करके जीने की कला सीखें। ये सभी उपाय इतने सटीक, चुस्त और परखे हुए हैं कि इन्हें अपनाकर आप निश्चय ही खुशहाल जीवन जीने में सक्षम बन सकेंगे।

जीवन में सफल होने के उपाय

लेखक: स्वेट मार्डेन

टाइप: पेपरबैक

भाषा: हिन्दी

पृष्ठ: 144

प्रकाशक: वी एण्ड एस पब्लिशर्स

विश्व विख्यात लेखक 'स्वेट मार्डेन' की बहुचर्चित पुस्तक ''टू सक्सीड इन लाइफ'' का अविकल हिन्दी रूपान्तर। अपने में छिपी शक्तियों को पहचानने, तनाव और निराशा से मुक्त होने, भय को दूर भगाने तथा कर्म का आदर करने के उपाय सुझाने वाली पुस्तक। यह प्रेरणा देती है, प्रोत्साहित करती है और व्यक्ति को आत्मविश्वास से भर देती है। बाधाएं हटाकर रोशनी भरा रास्ता दिखाने वाला प्रकाश-स्तम्भ है- यह पुस्तक।

धैर्य एवं सहनशीलता

लेखक: पवित्र कुमार शर्मा
टाइप: पेपरबैक
भाषा: हिन्दी
पृष्ठ: 152
प्रकाशक: वी एण्ड एस पब्लिशर्स

क्या आप भी धैर्य एवं सहनशीलता को अपनाकर जीवन में सफल एवं आदर्श व्यक्ति बनना चाहते हैं?

- ✦ तो आइए, जटिल, भयावह और बदहवास कर देने वाली परिस्थितियों में भी हंसते-हंसते जीना सीखें।
- ✦ हर कष्ट, हर विपत्ति, हर तरह के संकटों, उलझनों और परेशानियों के प्रहारों को फूलों की वर्षा की तरह लें।
- ✦ सागर की तरह धीर, गंभीर और शांत बन जाएं।
- ✦ चट्टानों के समान हर तरह की चोटों को सहना सीखें।
- ✦ पर्वत की तरह आंधी, तूफान और वर्षा में भी अडिग खड़े रहें।
- ✦ क्या आप में ऐसा बनने की इच्छाशक्ति, साहस एवं आत्मविश्वास है?
- ✦ यदि है, तो सचमुच आप निश्चित रूप से सर्वगुण संपन्न बन जाएंगे तथा धैर्य एवं सहनशीलता आपकी रग-रग में रच-बस जाएगी।
- ✦ क्या आपको मालूम है कि धैर्य एवं सहनशीलता ही वह दिशानिर्देशक यंत्र है, जो उन्नति का सही रास्ता दिखाता है? इस अनूठी पुस्तक में बताए गए 101 उपाय आपको सफलता एवं उन्नति के सर्वोच्च लक्ष्य की तरफ अवश्य ही ले जाएंगे।

आओ अपनायें मॉडर्न जीवन शैली

लेखक: रोमी सूद

टाइप: पेपरबैक

भाषा: हिन्दी

पृष्ठ: 124

प्रकाशक: वी एण्ड एस पब्लिशर्स

लगभग आधी सदी का परिदृश्य हमारे सामने है। इस बीच भारतीय जीवनशैली में तेजी से बदलाव आया है। उपभोक्ता संस्कृति और बाज़ारवाद ने लोगों के जीवन को ही मूल्यहीन बना दिया है। पश्चिम से आयातित सभ्यता और संस्कृति के अंधानुकरण ने भारतीय मूल्यों और परंपराओं को क्षतिग्रस्त कर दिया है। हर कोई उधार की जिंदगी जी रहा है। उसकी स्थिति त्रिशंकु की तरह हो गई है। आइए! बेहतर और उन्नतिशील जीवन जीने की कला में पारंगत हो जाएं। सर्वप्रथम पुस्तक के आरंभ में दी गई जांच प्रश्नोत्तरी आपको यह पहचान कराएगी कि वास्तव में आप में कितनी कमियां और कमजोरियां हैं। इतना पता चलने के बाद आप पुस्तक के सभी अध्यायों को पढ़ लें। यह एक ऐसी प्रयोगशाला साबित होगी, जो आपमें संपूर्ण सुधार करके जीवन जीने का तरीका सिखाएगी। इस पुस्तक का उद्देश्य आपकी सोच और आपके जीवन को सार्थक बनाना है।

निराशा छोडो सुख से जिओ

लेखकः हरेन्द्र 'हर्ष'
टाइपः पेपरबैक
भाषाः हिन्दी
पृष्ठः 136
प्रकाशकः वी एण्ड एस पब्लिशर्स

व्यक्ति अचानक आई विपत्ति या मामूली अवरोध से ही घबरा जाता है। इससे उसके हाथ से बहुत से अवसर जाते रहते हैं। अतएव आशा की डोर कभी मत छोड़ो, इसके साथ डटे रहो, फिर देखो आपके जीवन में खुशियां आएंगी। आप उन्नति के लिए आशा की ज्योति जलाकर सतत प्रयास करते रहें। इस कार्य में इस पुस्तक के विचार ही नहीं, उद्धरण, प्रसंग और घटनाएं पग-पग पर आपका मार्गदर्शन करके आपके विकास में सहायक सिद्ध होंगे।